北京市教师发展研究课题(GJ2023001,GJ2023014)
北京市教委科研计划社科一般项目(SM202211232001)

系统集成推进应用型大学内涵式发展的探索

主编 解江凌

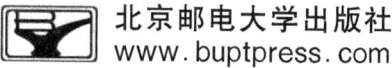

北京邮电大学出版社
www.buptpress.com

图书在版编目（CIP）数据

系统集成推进应用型大学内涵式发展的探索 / 解江凌主编 . -- 北京：北京邮电大学出版社，2025.
ISBN 978-7-5635-7508-4

Ⅰ．G649.21

中国国家版本馆 CIP 数据核字第 20253VY483 号

策划编辑：刘纳新　　责任编辑：王晓丹　杨玉瑶　　责任校对：张会良　　封面设计：七星博纳

出版发行	北京邮电大学出版社
社　　址	北京市海淀区西土城路 10 号
邮政编码	100876
发 行 部	电话：010-62282185　传真：010-62283578
E-mail	publish@bupt.edu.cn
经　　销	各地新华书店
印　　刷	保定市中画美凯印刷有限公司
开　　本	787 mm×1 092 mm　1/16
印　　张	12.75
字　　数	322 千字
版　　次	2025 年 4 月第 1 版
印　　次	2025 年 4 月第 1 次印刷

ISBN 978-7-5635-7508-4　　　　　　　　　　　　　　　　　定价：68.00 元

·如有印装质量问题，请与北京邮电大学出版社发行部联系·

编 委 会

主编 解江凌

编委 米 洁　闫 健　贾明慧　雷思嘉

序

习近平总书记在全国教育大会上提出,"建设教育强国是一项复杂的系统工程"。新时代高等教育肩负着为强国建设、民族复兴培养高素质人才,推动科技创新、服务社会发展等重大使命。北京信息科技大学始终坚持立德树人根本任务,积极探索建设高水平应用型大学特色化、内涵式、高质量发展的新路径,创新办学理念,推进改革发展,在首都高校高等教育的舞台上绽放耀眼光彩。

为进一步加强教师思想政治工作,建立高素质专业化教师队伍,汇集高等教育教学改革与实践探索中的成果与经验,北京信息科技大学以"系统集成推进应用型大学内涵式发展的探索"为名出版论文集。本论文集从"理论与方法""调查与研究""实践与探索"三个方面展开。

本论文集涵盖了高等教育教学改革与实践的诸多领域,探索了深化新时代高等教育教学改革的重要举措,深刻讨论了如何推进应用型大学特色化、内涵式、高质量发展,彰显了北京信息科技大学青年教师的专业素养、探索勇气和创新精神。

在理论与方法方面,深入探讨了高等教育教学基本理论、教学方法和教学模式,以习近平新时代中国特色社会主义思想为引领,立足教育强国建设的宏伟目标,探索理论创新、方法创新。通过对先进教育理念的汲取与融合,探索多元化的教学模式,为高等教育教学改革提供了坚实的理论支持,为培养具有创新精神和实践能力的高素质人才奠定了坚实基础。

在调查与研究方面,从立德树人根本任务出发,通过广泛收集数据、实地走访考察、深入访谈交流等多种方式,全面了解高等教育在教学质量、师资队伍建设、学生发展等方面的实际状况。对调查所得的数据和信息进行严谨分析,深入剖析高等教育在新时代面临的机遇与挑战,不断探索适合首都高校教育发展的新路径。

在实践与探索方面,将理论转化为行动,精心设计课程,融入立德树人理念,勇于创新教学模式,不断拓展产教融合、科教融汇的教学资源,强化课内课外实习实践实训,在实践中不断总结经验,持续改进,为培养德智体美劳全面发展的社会主义建设者和接班人而不懈努力,为高等教育教学改革深入推进及内涵式发展贡献我校的智慧和力量。

本论文集的出版,是北京信息科技大学教育教学改革与实践探索的成果展示,也是学校特色化、内涵式、高质量发展的生动写照。在阅读本论文集的过程中,读者可以深刻感受到北京信息科技大学广大教师对高等教育事业的热爱和执着追求。他们以严谨的治学态度、扎实的专业知识和丰富的教学经验,为高等教育教学改革与实践做出了积极贡献。展望未来,系统集成推进应用型大学内涵式发展依然任重而道远。北京信息科技大学将继续坚持内涵式发展道路,以提升办学水平为核心,以深化改革创新为重点,勤学善思,勠力同心,为全面建设信息特色鲜明的高水平应用型大学而努力奋斗。

目 录

理论与方法 1

前沿人机交互技术助力机电类新工科专业教学改革的思考 3
多维度培养模式下数据挖掘应用型人才能力提升策略的探讨 8
基于数据素养提升的大数据管理与应用专业教学研究 15
"三全育人"视域下"Z世代"大学生基层就业能力提升路径研究 24
基于管理视角的高等教育教学改革创新研究 31
整合高校教师资源优势,助力中小学体育科学教育高质量发展 37
高校财政专项资金绩效审计研究 43
基于胜任力素质模型的高校教师分类考核评价研究 51
高校管理人员考核激励机制优化研究
　　——以北京信息科技大学为例 57
深化教师发展工作的系统集成式改革,助力培养符合时代发展的精英人才 61

调查与研究 67

"多元化过程性+X"教学改革探索下的 Linux/UNIX 应用与实践课程建设 69
长学制下的高端技术技能人才贯通一体化培养的实践与探究 76
新质生产力与生成式 AI 驱动的专业课程教学改革
　　——新质赋能教师队伍与教学内容 81
基于创新能力培养的数值分析教学改革探索 86
基于建构主义视角的高等教育教学改革:理论框架与实践路径 91
创新教育教学模式培养学生自主创新意识和正向创造力 97
"新工科"背景下面向大学生创新能力培养的工程项目管理课程教学改革探讨 102
研究生就业心理现状调查及对策分析 109
"新工科"背景下高校国际化人才培养模式探究 115

实践与探索 ··· 121

生成式人工智能赋能下管理信息系统课程教学改革探索研究
　　——以北京信息科技大学为例 ··· 123

高校科研产出与学科竞争力分析
　　——以北京信息科技大学为例 ··· 128

基于多校区空间整合的高校固定资产处置问题与对策研究
　　——以北京信息科技大学为例 ··· 134

高校青年助力乡村振兴实践探索
　　——以北京信息科技大学机电工程学院为例 ······································· 142

新工科背景下基于OBE理念的"以学生需求为中心"研究生课程教学改革
　　——以精密测量理论与技术课程为例 ··· 149

嵌入式系统设计与应用课程实践教学改革与探索 ·· 156

AI4SE:面向新质生产力的软件工程教育改革探索 ·· 163

数智化背景下的商务数据分析课程教学改革路径探索 ······································ 169

会计信息系统课程的"融合式"教学改革与实践探索 ··· 174

数智时代的新闻传播教育:高校教学模式创新与实践探索 ·································· 183

构建以学生为中心的大学物理实验课程体系与实践 ··· 189

理论与方法

前沿人机交互技术助力机电类
新工科专业教学改革的思考

北京信息科技大学　机电工程学院　郑一磊

摘　要　在新一代信息技术席卷全球科技领域与新工科专业建设的大背景下，本文围绕信息技术与新工科专业教学交叉融合主题，介绍了信息技术领域中与人机交互相关的前沿关键技术，探讨了多模态人机交互、虚拟现实、脑机交互在机电类新工科专业教学改革中的潜在优势与实施路径，旨在为培养具备扎实工程实践能力、卓越创新能力和多学科交叉思维的高质量复合型人才提供参考方案。

关键词　新工科；教学改革；人机交互；虚实融合

人机交互、普适计算、大数据等新一代信息技术的迅猛发展推动了全球范围内的科技革命和产业变革，产生了大量创新型、交叉型人才空缺。在此背景下，2017年教育部提出要以工程教育改革为重点，推进新工科的建设与发展。在"复旦共识""北京指南""天大行动"等一系列重要事件的引领下，全国超过200所高校设立了机器人、智能制造、人工智能等新工科专业[1-2]。新工科专业建设已经成为我国高等工程教育改革的共识和趋势。

对于机器人、智能制造等机电类新工科专业，如何培养未来信息时代所需要的工程实践能力扎实、创新能力突出、具备多学科交叉思维的高素质复合型人才，是一个值得关注且颇具挑战的问题。为此，本文结合作者在人机交互领域的科研体会和在机电类课程中的教学经验，简要介绍当前人机交互领域的前沿关键技术，并对人机交互技术驱动机电类新工科专业教学改革的理念和路径进行分析与探讨，以期为我国新工科专业建设和教学改革提供参考。

一、信息时代呼唤新工科教学改革的新思维

以信息技术为代表的科技革命和产业变革正在全球范围内加速进行，国家之间的科技竞争也愈演愈烈。我国的"创新驱动发展""建设创新型国家"等重大战略部署急需大批具备复合知识结构和综合能力素养的高素质工程科技人才投身至服务国家战略的队伍中，以持续提升我国在信息时代的国际竞争力。这对新工科专业学生的培养模式、教学体系、教学内容等都提出了新的要求。

新工科专业普遍具有多学科交叉、强调工程实践能力和创新思维能力的共性特点。这些特点也给新工科专业建设带来了知识体系大幅扩展、技术工具和实验平台全面更新的挑

战。知识体系扩展将直接导致课程内容显著增加,因此,如何在有限的课时要求下新增、筛选、合并课程内容,在有限的知识教育环节实现学生综合能力的提升,是当前新工科专业教学面临的现实问题。与此同时,实践教学是新工科专业培养中的重要环节。实践教学平台建设普遍存在周期长、成本高、模式单一的问题,而新工科实践教学的教学内容具有多元化和更新速度快的特点,这进一步增加了实验平台建设的风险。因此,探索新型实践教学模式,建设新型实践教学平台,将先进信息技术手段融入教学全环节,是深化新工科教学改革,满足创新型工程技术人才培养要求的必经之路。

目前,许多高校已经利用MOOC、云班课、学习通、雨课堂等工具将信息化教学资源与教学过程相融合,给新工科专业建设注入了新的教学内容和教学方法。总体来看,这些尝试多采用网络教学平台实现,但存在两个突出问题:一是缺少针对机器人工程、智能制造等机电类新工科专业的课程体系与课程内容深度融合的整体规划和实施方案;二是在人机交互等前沿信息技术的具体应用方面仍有待探索。为此,下文对人机交互领域的几项前沿关键技术及其在高等教育教学中的潜在优势进行简要介绍,进一步就其助力机电类新工科专业教学改革的实施路径进行探讨。

二、人机交互技术:教育创新的驱动力

人机交互(Human Machine Interaction)是现代信息技术领域的热门研究方向之一。广义的人机交互是指人与计算机(包括一切计算平台,如手机、机器人等)之间通过输入、输出设备进行双向信息传递和交流的过程。传统的人机交互方式主要是用户操作鼠标、键盘等外接设备向计算机输入信息,计算机通过屏幕显示、声音信号等将信息输出给用户,强调输入信息与输出信息之间的准确性。近年来,人机交互的研究方向逐渐从人适应计算机转换到计算机适应人的方向,倾向于发展"自然人机交互"的方式,使人们以更加自然、舒适的方式与计算机进行交互。人机交互包括多模态人机交互、虚拟现实、脑机交互等方面。

(一)多模态人机交互:重塑学习体验

多模态人机交互(Multi-modality Human Machine Interaction)是指利用人的多种感官通道,如语音、眼神、手动、手势、触觉、嗅觉、味觉等,与计算机进行交互。通过融合多通道信息的冗余性、互补性等特性,综合运用触觉、嗅觉、味觉等多种感官通道,人机交互过程更加自然、高效。其中涉及的关键技术包括多模态信息的采集和感知、多模态信息的处理和融合,以及交互策略和反馈技术等。以触力觉交互技术为例,在触力觉交互过程中,触力觉交互设备需要借助运动、力传感器等感知设备实时采集用户肢体的运动姿态和力觉信息,采集到的数据经过预处理、特征提取和融合后映射为用户的运动或行为意图,进而根据制定的交互策略生成触力觉反馈信息,并通过触力觉反馈设备将反馈信息输出给用户[3]。基于这些技术,用户即可通过触力觉交互设备与虚拟环境进行交互,如身临其境般地获得与虚拟环境中各类物体接触的丰富触力觉体验,以及操作各类物体。

（二）虚拟现实：构建沉浸式学习环境

关于虚拟现实（Virtual Reality，VR）的定义较为严谨的表述是：虚拟现实是以计算机技术为核心，结合相关科学技术，生成与一定范围真实或假想环境在视、听、触等方面高度近似的数字化环境[4]。用户借助必要的装备与数字化环境中的对象进行交互，产生如身临其境般的感受和体验。VR具有沉浸感、交互性和构想性，不仅实现了从二维显示到三维显示的突破，也打破了固定屏幕显示的局限。当与手势、眼动、触力觉交互等多模态人机交互技术相结合时，VR能够使用户摆脱键盘、鼠标等传统计算机输入方式，实现手眼协调的人机自然交互。因此，VR被许多学者和行业专家认为可能是继个人电脑、智能手机之后的新一代计算平台。

VR已经在军事预演、特种装备操作培训、医学手术模拟等多个领域取得了广泛的应用。近年来，其在教育领域中的教育教学情境设计、实验教学方面的应用也逐渐广阔。例如，通过虚拟情景创设使学生逼真地感受微观世界的分子、原子运动，开展危险性高的实验操作教学或者开展在现实生活中难以开展的解剖实验、宇宙知识教学等，以达到学生加速知识理解和知识体系构建的效果。VR技术可以实现任何设想的学习环境和教学内容，使学生沉浸式地体验学习对象和投入教学过程，将知识升维，并催生新的教育教学模式和方法。可以预见，随着信息技术的不断发展，VR将与人工智能、大数据等相互渗透融合，对未来高等教育发展产生广泛和深刻的影响。

（三）脑机交互：探索人机交互新边界

脑机交互也称脑机接口（Brain-Computer Interface），是从2003年快速发展的一种新兴人机交互方式。相较于依赖外部输入输出设备与计算机进行交互的人机交互方式，脑机交互直接在人脑和计算机之间建立信息传输通道。计算机接收的指令直接来自中枢神经系统，传输过程不依赖于脊髓等外周神经系统与肌肉骨骼系统，目前已经较为广泛地用于修复、辅助、增强人体的感觉运动机能以及提升人机交互系统性能。一个典型的脑机交互系统主要包括神经信号采集、信号处理和特征提取、信号解码和反馈信号生成四个模块。首先，采用侵入式〔如局部场电位（Local Field Potential）、脑皮层电图（Electrocorticography）等〕或者非侵入式设备〔如头皮脑电（Electroencephalogram）、功能近红外光谱成像（Functional Near-Infrared Spectroscopy）等〕实时采集用户大脑皮层或者头皮外的神经信号，并对神经信号进行预处理、伪迹去除、特征提取等操作。进一步地，根据提取出的神经信号特征，利用机器学习、深度学习等方法识别出用户当前的运动意图或大脑状态，进而转换为控制信号，控制外接设备（如计算机、机器人、轮椅等）。

脑机接口技术高度融合了机械电子、计算机、生物医学、心理学、脑科学等多学科知识，具有多学科交叉、多技术融合以及强渗透性的特点，非常适合引入新工科专业教学环节中，使学生全面感受和理解信息技术领域的最新研究方向、技术应用和发展趋势，提升学生的创新研究能力和交叉学科思维。

三、基于前沿人机交互技术的机电类新工科教学改革路径

机器人工程、智能制造等机电类新工科专业的课程体系主要聚焦于机器人设计和控制，工业制造相关的知识、方法、技术与工具，涉及的基础理论繁多、工程技术复杂。不同于计算机、软件、通信等纯信息类专业，在机电类新工科专业教学改革中，教师不仅需要面对知识体系和教学内容大幅扩展的问题，还需要重点面对实践教学环节革新和实践教学平台建设的挑战。

(一) 科技成果反哺教学，推动课程资源升级

教育的一个重要理念是注重通过多感官通道、自然化的交互来全面提升学生的学习体验，降低理解知识的难度。这与自然人机交互技术的特征不谋而合。受限于传统教学环境和条件，目前课堂教学大多只能通过语言表达、互动问答和实物演示的方式开展，学生难以发挥主体作用，难以通过交互的方式充分体验教学内容。通过引入虚拟现实、多模态人机交互等新技术和新工具，构建智慧型、沉浸式学习环境，可以帮助学生理解抽象概念和规律，同时提高学习兴趣和自主性。

在实际的机电类课程教学改革进程中，教师需要有针对性地将与课程内容紧密相关的人机交互新技术融入课程内容中，全面而谨慎地革新教学资源，更新包括课程教材、讲义、课件、习题、试卷、实验方案在内的一系列教学资料。作为教学改革进程中工作量最多、难度挑战最大的一个环节，在教学资源更新时，教师应该充分考虑知识层级的选择和内容的衔接自洽性，结合授课对象的特点和水平，更新的内容范围不宜过大。例如，在面向机器人工程专业本科生讲授"机器人感知和控制"课程时，教师有必要拓展新的机器人控制理论成果和研究方法，适当介绍基于脑机接口技术的机器人控制方法，重点讲解基于经典机器学习方法的神经信号分类知识点，以扩展学生对先进技术应用场景的认识，同时避免引入过于前沿和不稳定的理论和方法作为主要教学内容。

(二) 构建虚实融合实践教学平台，培养创新型学科交叉人才

实践教学是机电类新工科专业教学的重要环节，对于提高学生的工程实践能力，培养创新意识和创造性思维具有重要作用。对于实践教学环节，教师有必要借助人机交互领域的先进技术，探索新型虚实融合实验平台的建设方法，在此基础上开展项目型实践教学，引导学生开展科技创新活动，培养学生系统综合问题的解决能力和跨学科知识整合能力。实验平台建设投资大、周期长，机电类新工科专业的技术更新速度非常快。因此，为了降低实验平台建设成本和风险，提高实验平台的使用收益，学校需要重点考虑实验平台的普适性、灵活性和创新性，基于前沿信息技术构建交互性和临场感更好的实践教学平台，建设多学科交叉融合的实践教学体系。

围绕多模态人机交互领域的科研成果，学校可以研发具备视听触力觉多模态交互功能

的虚实融合机电装备实践教学平台,实现人与机电装备的多感官融合交互,在帮助学生理解理论教学疑难知识点的同时锻炼动手操作能力,提高创造性思维。具体而言,实践教学平台主要由多种自由度的力觉反馈设备、VR视觉呈现设备以及配套的交互软件组成。借助该实验教学平台,教师可以在虚拟空间中建立多种经典机构(如齿轮、凸轮、曲柄滑块机构)和各类复杂机器人机构(如串并联混合机器人)的演示模型。学生不仅可以在三维空间中如身临其境般地观看内部结构、近距离观察运动原理,还可以借助多种自由度的力觉反馈设备操作机构,通过多感官交互方式在更高维度的感知渠道中理解知识。

基于多模态人机交互的虚实融合机电装备实践教学平台融合了机械、电子、通信、控制等多学科知识,可以突破传统人与实际机器装备交互方式的局限,实现人与虚实融合机电装备的视听触多感官交互。该平台可以服务于机械原理、机械设计、机器人技术等机电类专业核心课程的实践教学,帮助学生理解疑难知识点,锻炼工程实践能力,培养创新性思维,为信息时代下机电类新工科专业复合型交叉人才培养做出贡献。

四、结　语

我国高等教育已经进入以提高人才培养质量为核心的新发展阶段,全球范围内以信息技术为代表的新一轮科技革命和产业变革也对我国高等工程教育提出了新的要求。科教融通,以前沿科技成果反哺教育教学,是当今信息时代背景下培养创新型复合人才的必经之路。对于机电类新工科专业的教学改革,有必要补充跨学科、交叉型、前沿性的知识内容,深度融合虚拟现实、多模态人机交互等前沿技术和科研成果,构建虚实融合新型实践教学平台,为课堂主体提供高沉浸感和高交互性的教与学设备,通过多感官融合的自然交互方式帮助学生在更高维度的感知渠道中理解知识,全面提升学生的工程实践本领、创新研究能力和交叉学科思维。

参考文献

[1] 顾佩华. 新工科与新范式:概念、框架和实施路径[J]. 高等工程教育研究,2017(06):1-13.
[2] 林建. 面向未来的新工科建设——新理念 新模式 新突破[M]. 北京:高等教育出版社,2021.
[3] 王党校,张玉茹. 触力觉人机交互导论[M]. 北京:人民邮电出版社,2022.
[4] 沈阳,逯行,曾海军. 虚拟现实:教育技术发展的新篇章——访中国工程院院士赵沁平教授[J]. 电化教育研究,2020,41(01):5-9.

多维度培养模式下数据挖掘应用型人才能力提升策略的探讨[①]

北京信息科技大学　理学院　吴浪

摘　要　数据挖掘课程秉持以学生为中心，以研学融合、合作学习、德育为先的教育理念，充分利用智慧教室、线上教学平台和信息技术等教学资源，实现线上线下、课内课外互联互通。从案例融入、思政融入、科研融入和图谱融入的角度出发，建立"多元融入"，对教学内容进行重构。基于分组研讨、学科竞赛、挑战项目和企业讲座，形成"多轨并行"方式，丰富教学活动。引入"创新评价"，对具有突出成果的项目小组和成员给出相应得分，开展多元评价，来建立"多维度"培养模式，从而提升学生的实践创新能力。

关键词　多维度；思政融入；学科竞赛；科研融入

一、引　言

在数据驱动决策的时代背景下，各行各业的运营模式正在被高速发展的数据挖掘技术改变。企业和组织通过对大量数据进行分析和挖掘，从数据中提取有价值的信息，来优化决策，提升运营效率，开拓新的市场机遇。与此同时，随着大数据的广泛应用和数据科学技术的不断进步，数据挖掘的需求日益增长，对高素质的应用型人才的需求也随之增加。[1]

然而，数据挖掘的完成并不仅仅局限于技术工具的使用与算法的运用，还需要有综合运用统计学、计算机科学、业务知识等多方面的能力。因此，培养具备综合技能的数据挖掘应用型人才变得至关重要，这类人才不仅要掌握先进的数据挖掘技术和方法，还需具备良好的数据分析、业务理解和解决实际问题的能力。

为了适应这一趋势，教学内容、教学活动和评价方式等都需要创新性地进行调整和优化，来构建与市场需求相契合的人才培养模式，即构建"多维度"培养模式，从多个层面系统性地提升学生的综合素质，包括理论知识的学习、技术技能的提升、实际应用的实践以及跨学科的整合等方面，形成一个完整的应用型人才培养模式。

数据挖掘课程的教学目标（如图1所示）是培养懂数据挖掘算法，会应用数据挖掘算法解决实际问题，具有家国情怀、精益求精的大国"工匠精神"、科学思维、哲学思维等的人才。数据挖掘课程的难点在于课程涉及数学、统计学和机器学习理论，这对于数学基础较弱或者

[①] 基金项目：北京信息科技大学2024年度教学改革项目（2024JGYB46）；2024年北京信息科技大学"青年骨干教师"支持计划项目（YBT202447）。

没有编程经验的学生来说可能是一个挑战。

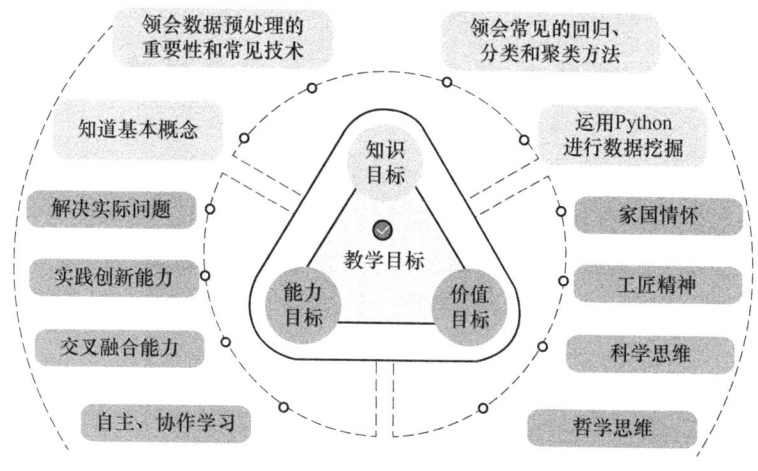

图 1　教学目标

基于"多维度"培养模式,通过系统的课程设计、实践应用与跨学科融合,培养既具备扎实理论基础,又能灵活应用技术的复合型人才,从多个层面对人才培养的核心要素进行深入挖掘,这一模式的最终目标是提升学生的实际操作能力和创新思维,以更好地面对数据挖掘领域的挑战与机遇。

二、传统数据挖掘课程教学中的痛点问题

在学习数据挖掘课程之前,已学习过概率论与数理统计等数学类课程的学生,通常具备扎实的数学基础;已掌握 Python 数据分析及数据结构等课程的学生,则能更好地进行编程实现。此外,在信息技术高速发展的新时代背景下,互联网上海量的、纷繁的信息会让学生感到迷茫和压力,难以筛选出真正有价值的知识体系。目前,数据挖掘课程主要存在以下问题。

1. 案例选择单一,交叉融合探索不够深入

课程未能展现同一知识点在各个领域的广泛应用,导致学生难以深入理解其在不同场景下的实际应用,从而限制了学生对其潜在应用的认知。

2. 知识关联欠缺,知识要点深度理解受限

传统的数据挖掘课程忽视了对知识点间关联性的探讨和知识结构的直观展现,影响了学生对学科知识的深度理解和掌握。

3. 教学方式简单,创新批判思维培养不足

数据挖掘课程并不是仅仅应用现有的算法来解决问题,更应培养学生提出新方法的能力。而传统的教学模式限制了学生的参与和思考,学生习惯按部就班地完成任务,这就导致

学生无法创造性地提出新问题和新方法的同时,创新和思辨能力也得不到提高。

三、数据挖掘课程创新教学整体方案

面向"新工科"人才培养需求,数据挖掘课程以学生为中心,以研学融合、合作学习、德育为先的教学理念,结合案例式、研讨式教学方法,线上线下混合教学模式,重构教学内容,优化教学方法,丰富教学资源和教学活动,完善教学评价,形成"多维度"培养模式,全面解决痛点问题,数据挖掘课程采用如图2所示的创新教学模式框架进行教学创新与实践。

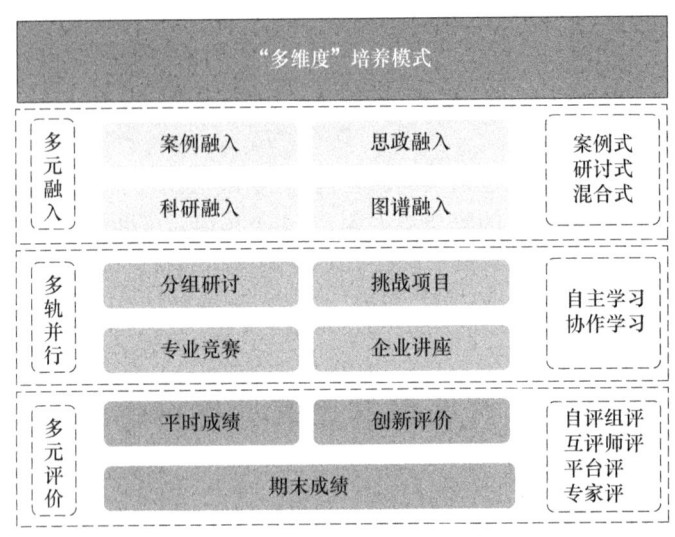

图 2 创新教学模式框架

四、数据挖掘创新教学举措

以项目驱动为纽带(大创项目、挑战项目、科研项目等);用不同数据引出不同模型;以数据之间的关联性关联不同模型,对比不同模型之间的区别与联系;以社会实际需求为指引(开发能力、创新能力、协作能力、学习能力),增加学生对知识的认知,以及综合运用知识的能力,做到项目驱动理论知识学习,理论知识为课程实践提供实验方法和技术路线。

(一) 重构教学内容:多元融入

从案例融入、思政融入、科研融入和图谱融入的角度出发,对教学内容进行重构。

1. 案例融入,多样教学

基于"以学生为中心"的教学理念,引入最新行业案例,创新案例集,以案例为驱动力,以Python为技术手段,形成案例式教学进行数据挖掘课程学习,从而提升课程趣味性,增强学生数据思维能力。

将部分毕业设计课题作为教学案例,结合授课内容,将大学生创新创业训练计划项目中的一些项目作为案例引入教学中。通过多样化的教学案例,帮助学生根据兴趣选择适合的方向进行交叉融合的探究,让学生了解同一知识点在不同领域的应用。

2. 思政融入,育人先行

课程以"德育为先"为基础,在创造案例背景驱动的课程思政元素后,融入马克思主义哲学原理的思想政治教育元素,结合科学精神的培养,提高学生正确认识问题、分析问题、解决问题的能力。为此,注重培养学生精益求精的大国"工匠精神",科技报国的家国情怀和使命担当,科学思维方法的训练和科学伦理的教育,以及勇于探索未知、追求真理、勇攀科学高峰的责任感和使命感。[2]

3. 科研融入,协同互助

"以研促学、以研促教",以培养高素质、创新能力为目标,把课程与基金项目、最新科技论文相融合(如表1所示),把科研成果转化为教学内容,实现科研资源与教学的协同互助,形成研究式教学、探索式学习模式,促进学生思考、分析、比较、判断推理能力的提升。

表1 科教融合项目表

项目名称	科教融合切入点
多场耦合作用下功能梯度材料旋转曲板的非线性振动研究	基于线性和非线性方法对描述气动力、气动热的非定常Navier-Stokes方程开展降阶算法研究
石墨烯增强铰接桁架结构的动力学建模与非线性振动控制	将非线性动力学方程转化为常微分方程,利用SVM、多层感知器等方法对其非线性动力学进行预测,并对比结果

4. 图谱融入,关联知识

基于neo4j(https://neo4j.com/)图数据库,把课程的知识点构成一个个节点,通过知识点之间的联系连接节点,构成知识图谱展现在前端页面(如图3所示),目前共包含234个节点,209种关系。

这种直观的方式可以使学生理解不同知识点间的关联,对特定节点的前、后驱进行查询并展示(如图4所示),替代传统查找方式,对需学习的知识进行快速获取,高效省时。

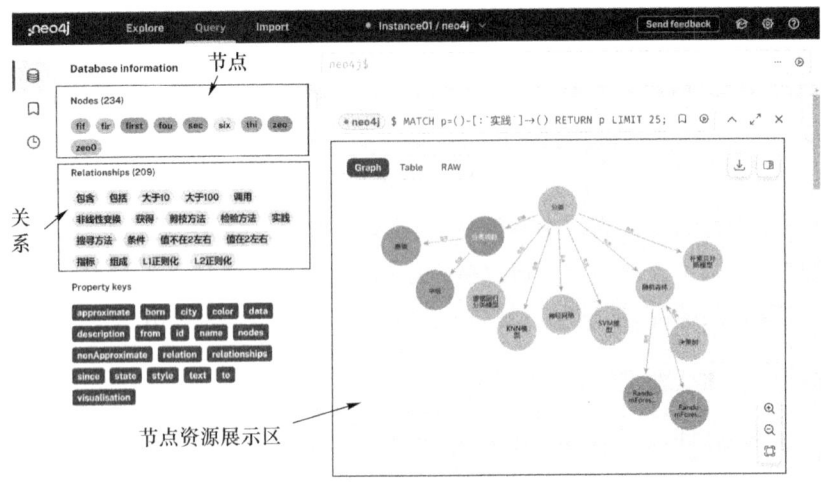

图3　知识图谱功能区展示

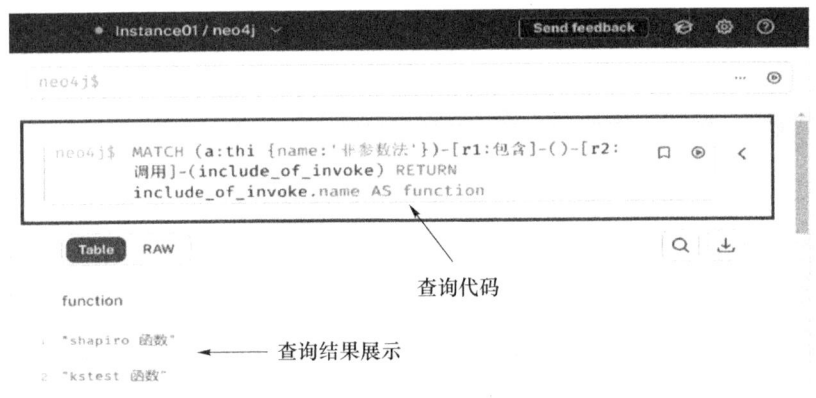

图4　知识谱图的查询功能

（二）丰富教学活动：多轨并行

针对行业前沿，组织学生进行小组讨论汇报，参加"大学生创新创业训练计划项目"和各类专业竞赛，参加"数据挖掘挑战赛"分层实践，结合企业讲座活动的开展构建多轨并行方式丰富教学活动，实现线上线下[3-4]、课内课外互联互通，营造"协作""互探"的学习环境，激发学生自主学习、协同学习的能力，全方位培养学生的创新实践能力。

1. 分组研讨，思辨集群

在数据挖掘课堂成立讨论小组，让学生从不同的角度来分析问题，学会批判性地评估不同方法的优缺点，培养学生质疑已有方法和结果的能力，为学生探索新方法奠定基础。

2. 挑战项目，分层实践

以提高学生创新实践能力为导向，建立数据挖掘项目挑战赛，项目选择要具有"高阶性"和"创新性"，在难度上具有挑战性，同时还需要有一定的区分度，即层次化设计难度分级的挑战项目，以满足不同层次学生的学习需要，激发学生在竞争中发挥创造力。

3. 竞赛引导，创新启迪

鼓励学生参加"大学生创新创业训练计划项目""全国大学生数学建模竞赛""全国大学生市场调查与分析大赛"等比赛，通过参加这些比赛，学生不仅可以将课堂上学到的理论知识运用到实际问题中，还可以在解决复杂问题的过程中培养创新思维和团队协作能力，以应对竞赛过程中的实际挑战。[5]

4. 企业讲座，行业探秘

授课过程中，邀请国内外知名科技公司的专家，为学生讲解实际工作中的复杂问题和多样化需求，与专家的深入互动，使学生对当前技术应用领域及发展前景有深入的了解和认识，激发学生对未来职业的浓厚兴趣和工作热情。此外，学生将有机会得到宝贵的行业见解和实用建议，并得到与业界专家面对面交流的机会，使学生对自己的职业目标、职业的发展规划有更清晰的认识和定位。

（三）完善评价体系：多元评价

评价体系中，平时成绩由基础能力、协作能力和作业能力组成，且平时成绩占比30%，期末成绩占比为60%，创新评价占比10%，从而综合地考查学生在答题、讨论、在线学习和实践等方面的完成情况。

其中，创新评价主要针对学生完成挑战项目、大学生创新创业训练计划项目和各类竞赛等，完成其中一项即可获得相应的得分，且采取自评、组评、校内外专家评的方式。创新评价考核方式是多样的，可以是现场汇报、视频汇报，也可以提交获奖证书或相关文档来获取学分。

五、总 结

随着数据挖掘技术的迅猛发展和应用范围的扩展，培养具备综合技能的数据挖掘应用型人才变得越来越重要。而"多维度"培养模式的构建，即通过系统性的课程设计、实践操作和跨学科融合，可以有效提升学生的理论基础和实际应用能力，从而为数据驱动的社会提供坚实的人才支持，对各行业的持续进步和发展起到重要的推动作用。

参 考 文 献

[1] 任丽媛.应用型人才培养与大数据课程教学改革[J].百科知识,2024(15):71-73.

[2] 王康毅.思政元素融入"机器学习与数据挖掘"课程的教学实践研究[J].大学,2024(15):96-99.

[3] 张雅檬,刘洋洋,田源.线上线下混合式数据挖掘课程教学模式研究[J].中国现代教育装备,2024(13):99-101.

[4] 周长敏,佘佐明,杨光临.基于"雨课堂"的SPOC混合式教学研究与实践——以数据挖掘技术课程为例[J].电脑知识与技术,2024,20(12):171-173.

[5] 吕琼帅,杨雨,巩跃洪,等.基于"教赛协同"的数据挖掘课程教学改革研究[J].高教学刊,2024,10(10):136-139.

基于数据素养提升的大数据管理与应用专业教学研究[①]

北京信息科技大学 管理科学与工程学院 庄文英 张一鸣 彭慧洁

摘　要　数据素养是数字人才能力的直观体现,也是培养体系持续改进的重要依据。本文以大数据管理与应用专业学生为主要研究对象,以学生数据素养提升为主线,立足于高质量数字人才培养,基于文献调研和教学实践,构建了数据素养五力模型,并从专业课程设计、教学方式探索和评价体系设计等方面进行专业教学研究,力求通过专业建设培养学生数据素养能力,进而提升数字人才培养质量。

关键词　数据素养；五力模型；教学体系；人才培养

一、引　言

随着新一代数字技术日新月异的发展,数字经济逐渐成为经济高质量发展的重要引擎之一。根据国家数据局发布的《数字中国发展报告(2023年)》统计,我国数字经济保持稳健增长,数字经济核心产业增加值占GDP的10%左右,数字经济总规模超过55万亿元,占GDP超40%。快速发展的数字经济、新兴的数字技术以及数字化转型的新业态,都离不开人才的支撑。因此,培养既懂产业又懂数字技术的复合型专业人才,成为推动数字经济发展的关键因素。

然而,据《产业数字人才研究与发展报告(2023)》测算,我国当前数字人才总体缺口约为2 500万至3 000万,而且呈现扩大趋势,尤其是人工智能、智能制造、大数据等领域人才需求量激增。随之而来的是数字人才短缺,人才素质与岗位需求不匹配,创新能力不足等亟待解决的问题[1]。

数字人才的培养,教育是基础也是关键。2024年4月,人力资源社会保障部等九个部门发布《加快数字人才培育支撑数字经济发展行动方案(2024—2026年)》。该方案的提出将加强高等院校数字领域相关学科专业建设,增加数字人才有效供给,以更好地支撑数字经济高质量发展。大数据管理与应用专业等新兴专业应运而生。该专业立足于国家战略需求,旨在培育"懂数据、懂技术、懂业务、懂管理"的专业人才。

[①] 基金项目:本文系北京信息科技大学2021年度高教研究课题(课题编号:2021GJYB25)"大数据管理与应用专业人才画像与培养路径研究"、2019年北京市社科重点项目(课题编号:19JYA001)、北京信息科技大学"青年骨干教师"支持计划(YBT202439)研究成果。

2017年,大数据管理与应用专业进入普通高等学校本科专业目录,2018年西安交通大学、哈尔滨工业大学、东北财经大学、南京财经大学、贵州财经大学5所院校成为首批设立大数据管理与应用专业的高校,2019年包括北京信息科技大学在内的25所院校成为第二批设立该专业的院校[2]。迄今已有200余所高校成功申报大数据管理与应用专业,涵盖了综合类、财经类、理工类、师范类等各类院校。近年来,该专业逐渐发展成为大数据人才培养的新兴专业。

数据素养是数字化人才培养质量的重要体现,而数据素养评价能够直观地展现高校学生的数据素养能力。因此,本文面向大数据管理与应用专业,从数据素养五力模型的构建出发,详细探究专业教学设计与评价机制建设,力求形成可行性建设意见,对于专业人才培养具有一定的理论和实践意义。

二、数据素养教育研究现状

信息素养由Zurkowski于1974年提出,数据素养是其延续和扩展,也是大数据时代的必备素养之一,最早由学者Love于2004年提出并将其定义为能够掌握不同类型数据,思考研究并得出科学推理的能力[3]。对于其概念当前学术领域呈现多元化的阐释,如Schield[4]认为,数据素养是指个体采集、存储、运用、整合及可视化展示数据的综合能力;Mandinach等[5]则提出,数据素养是收集、分析和解释不同类型数据,进而转化为知识并合理运用的能力;我国学者杨丽等[6]将其概括为在理解数据意义的基础上,能够获取、理解、评价、传递、处理和合理利用数据,从而培养数据敏感性、收集能力、分析处理能力、利用数据进行决策的能力以及对数据的批判性思维等。

数据素养的研究国外研究相对起步较早,相关研究项目、课程设计也日益增多[7],近年来,国内研究成果也不断增加。本文首先以数据素养为关键词,检索知网中相关文献,获取强相关文献样本500个,以全面了解我国数据素养教育的研究脉络。从总体趋势图可知,2004—2016年文献数量呈现缓慢增长;2017—2022年文献数量快速增长,该阶段研究文献较多;后续随着AI的发展,人工智能教育逐渐成为研究热点[8],数据素养教育研究趋于平稳。总体趋势如图1所示。

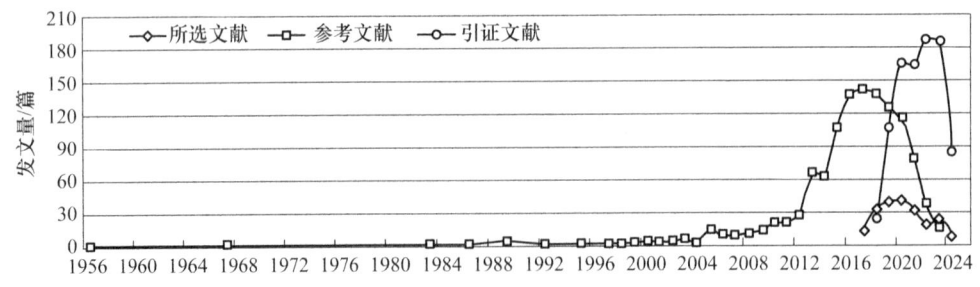

图1 总体趋势图

通过进一步检索得出,专门针对大数据管理与应用专业的相关研究相对较少,仅90余篇,而作为建设中的新兴专业,其后续仍有较大研究空间。

进而筛选 CSSCI 来源论文,经过数据清洗,获取有效数据 303 条,通过 Citespace 进行可视化分析,结果如图 2~图 4 所示。鉴于大学图书馆是提及数据素养模型占比最大的主体,因此,其词频整体较高。通过剔除"图书馆""用户"等主体词汇,本文构建了领域关键词共线网络,并进行聚类分析,形成关键词聚类图谱,得出当前数据素养教育的研究大致可分为以下几类:数据素养教育、信息素养、数据素养、课程设计、成果导向、数据分析和人工智能等。

结合关键词分析可以发现 2014—2016 年研究焦点为信息素养教育到数据素养的过渡,2017—2022 年研究侧重于数据素养教育的具体策略和评价体系的研究,此后侧重于人工智能、知识图谱等新兴技术的应用。

综上所述,我国数据素养教育研究涉及范围较广,涵盖内容体系研究[9],国外数据素养教育经验与实践的总结[10],国内外数据素养模型的比较分析[11],数据素养培养实现路径[12],数据素养定量研究[13],以及信息素养到数据素养[14]、人工智能素养的演进等。

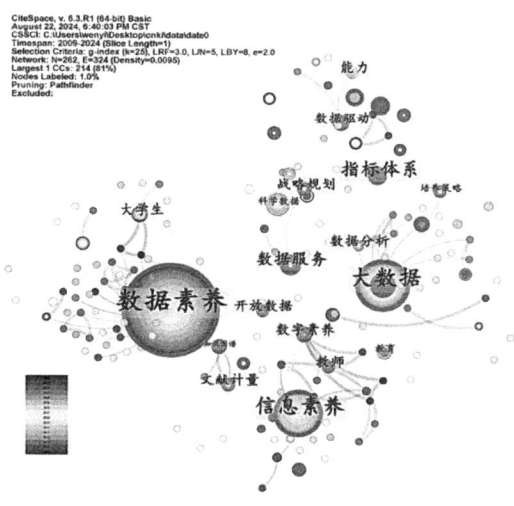

图 2 数据素养教育关键词共现知识图谱

图 3 关键词聚类图谱

关键词	年度	突现强度	起始年份	终止年份	2009—2024年
大数据	2014	4.4	2014	2017	
信息检索	2014	1.21	2014	2015	
教育	2016	1.24	2016	2017	
元素养	2017	1.34	2017	2019	
教学内容	2017	0.92	2017	2018	
教学模式	2017	0.92	2017	2018	
数据应用	2018	0.88	2018	2019	
数据驱动	2019	1.74	2019	2021	
指标体系	2015	1.19	2019	2022	
教育模式	2017	1.2	2020	2021	
数据服务	2014	1.02	2020	2021	
成果导向	2020	0.95	2020	2021	
评价	2015	1.41	2021	2022	
新文科	2021	1.05	2021	2022	
数智时代	2021	0.91	2021	2024	
知识图谱	2022	2.21	2022	2024	
数字素养	2019	1.96	2022	2024	

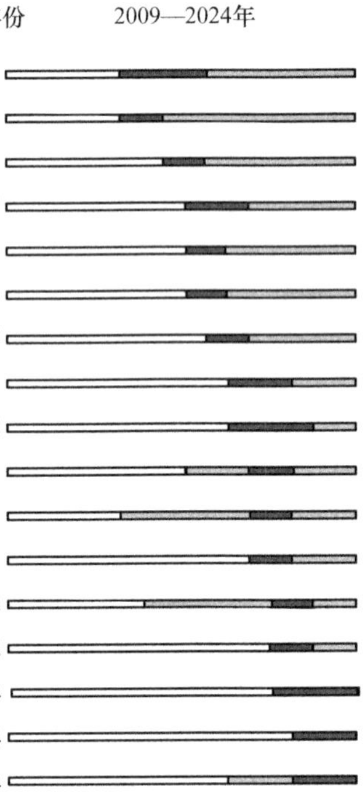

图 4 主题词分布

对于数据素养教育体系以及数据素养能力评价研究相对占比较高,而数据素养评价能够直观地展示数据素养能力,也是培养体系持续改进的重要依据。纵观当前研究成果,数据素养能力模型大致可分为能力导向和成果导向两类。通常,自然科学领域以能力导向模型为主,而人文社科领域则更多采用成果导向模型[15]。研究者从数据素养能力的细化[16]与科学数据生命周期理论[17]等多角度构建了多样化的模型架构。实际运用中,数据素养能力模型的构建需要依据教育原理,考虑特定情境,结合专业实际需求,才能更具针对性和实用性[18]。因此,本文以大数据管理与应用专业学生素养提升为主线,开展能力模型构建和教学体系研究。

三、数据素养五力模型构建

基于现状分析和教学实践,以大数据管理与应用专业学生为主要研究对象,结合当前数据素养能力模型以及专业特点,从OBE理念出发,本文构建了数据素养五力模型,如图5所示。模型涵盖数据感知能力、数据分析能力、数据思维能力、数据决策能力、数据沟通能力五个维度。

数据感知能力涵盖了个体对数据的获取、采集、理解和利用的综合能力。该能力可以从多源数据的采集和预处理技术以及大数据平台的灵活运用等角度来量化。

数据分析能力定义为能够正确运用相关理论、方法与模型对数据开展适宜的分析,并得出合理的结论的能力。因此,其既包括使用数据分析算法与模型的能力,也包括数据分析语言运用能力、可视化展示以及结果的分析能力。其量化可通过大数据理论与方法掌握程度、数据语言的综合运用、算法分析以及可视化分析。

数据思维能力指在数据研究与实践过程中形成的思维方式,包括辩证思维、批判思维、创新思维、关联思维、系统思维、数据伦理等各个方面的思维能力。尤其需注重人工智能时代的社会伦理能力和批判性思维的养成。

数据决策能力是指能够基于数据的采集、处理、分析及可视化,解决实际社会问题或管理问题的能力。该能力可通过课程实践、实习及竞赛等环节中的实际管理问题,基于领域知识进行有效的解决来量化。

数据沟通能力指个人或团队在处理和交流数据时所体现出的能力,能够将数据转化为有意义的信息并进行清晰地传达,从而开展团结协作的能力。数据分析往往需要跨领域的团队协作才能够有效地解决相关问题,因此,数据沟通能力也应是必备能力之一。

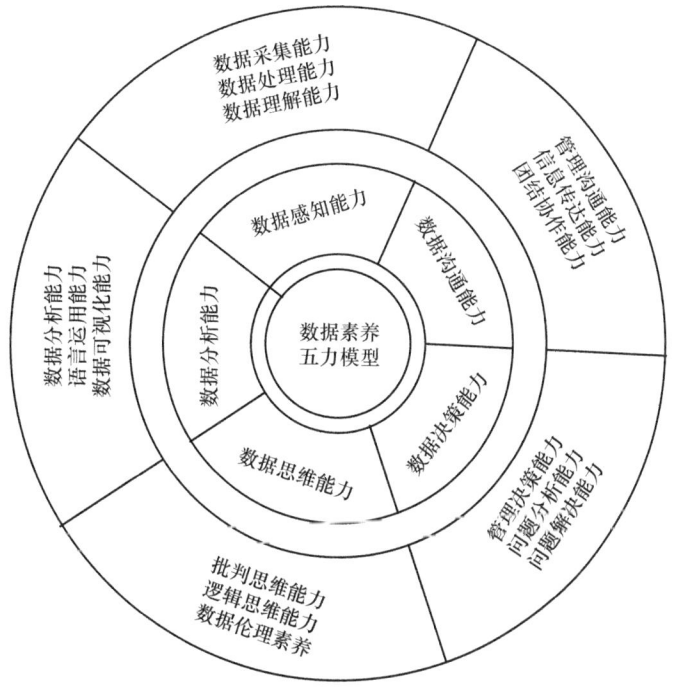

图5 大数据管理与应用专业数据素养五力模型

四、大数据管理与应用专业数据素养教育体系研究

基于文献调研和培养方案详细解读,面向数据素养提升,以成果导向,从专业培养目标出发,基于数字人才需求和专业毕业要求,本文结合数据素养五力模型从课程体系设计、教学方法设计和评价体系设计三个维度开展大数据管理与应用专业数据素养教育框架的设计与研究,如图6所示。通过专业建设,培养学生数据素养能力,在教学实施中培养有竞争力的大数据专业人才。

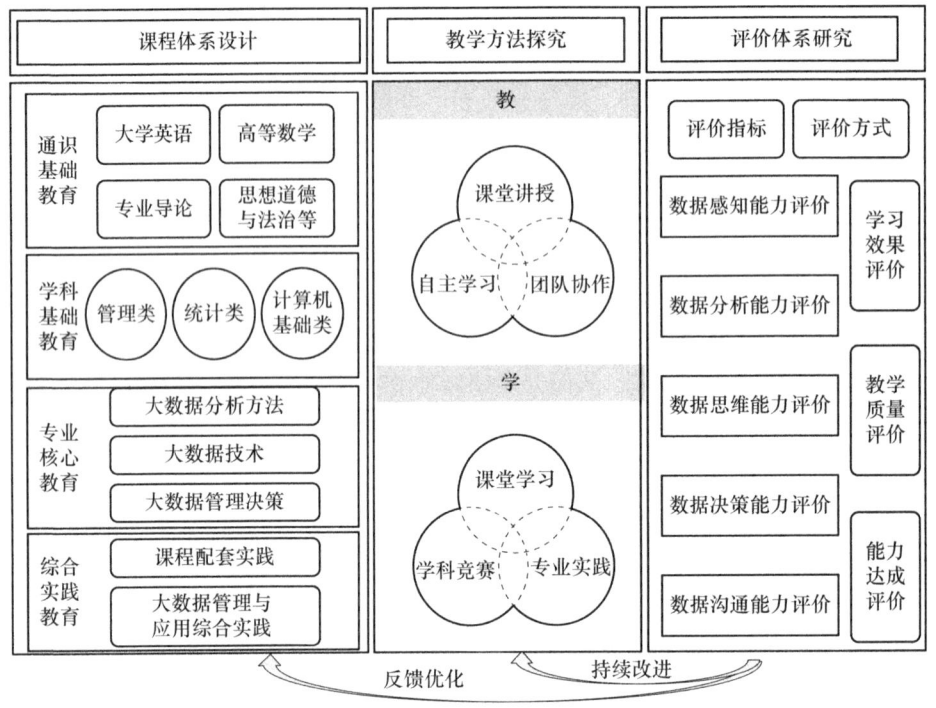

图 6 大数据管理与应用专业数据素养教育体系

(一) 课程体系设计

　　课程体系的科学设计有助于学生更好地掌握大数据分析与管理知识、技术并融会贯通，切实解决经济管理问题，对于数据素养能力的提升具有重要意义。而实践表明，当前大数据管理与应用专业仍存在技术与理论割裂，方法运用不清晰，知识运用不全面等方面的问题。因此，本文基于北京信息科技大学大数据管理与应用专业教学实践，从培养兼具数据分析能力意识和管理应用能力的复合型数字人才这一目标出发，通过梳理能力目标达成与课程体系之间的关系，开展"互联网＋"和"大数据"背景下的专业课程设计，依托于专业教学、实践教学与课程改革项目的联合运用，探索人才培养新模式。

　　课程体系宏观层面从通识基础教育、学科基础教育、专业核心教育和综合实践教育四个模块进行划分，将各模块知识与能力培养相对应。在课程知识层面，一方面，课程知识包括基础通识知识、基础管理知识、基础统计知识等，使学生从理论层面对其专业形成深刻的认识和理解；另一方面，课程涵盖大数据分析的具体理论和方法、大数据分析技术以及相关理论在管理决策中的实际应用，从而形成更具灵活性和科学性的培养体系。

　　依据数据素养五力模型，结合 OBE 教育理念，课程设计应为学生提供多元化选择。因此，在具体课程体系的具体设计方面，以数据导论、数据采集与处理等课程为先导，提升学生专业认知和数据感知能力；以统计学、数据挖掘、大数据智能分析、Python 程序设计、数据分析语言等课程为依托，培养学生数理思维，使其掌握数据分析工具，提升学生数据分析能力；以数据治理、管理学原理等课程为支撑，锻炼学生数据思维能力，并在课程中融合思政内容；

以数据分析综合实践课程为主线,打破课程间壁垒,将各个知识节点融为一体,从而帮助学生提升数据应用与沟通能力,消除学生在解决实际问题时无从入手的难点,实现知识吸收与能力提升的有效衔接。

该课程体系设计立足于学生能够切实掌握大数据管理与应用专业相应数据科学知识,提升学生数据素养,从而为学生专业能力提升提供保障。在后续的专业建设过程中,需通过数据素养能力与课程教学设计之间映射关系的进一步明晰,对课程体系设置、课程教学目标、课程知识结构等进行跟踪与持续优化迭代。

(二) 教学方法设计

大数据管理与应用专业人才需要综合能力,因此,其更适用于混合式、探索式教学方式。通过运用多样化的教学方式,开展多元化实践活动,优化人才培养体系,切实提升学生数据素养和实践能力。

在教的层面,将课程讲授、实践教学、学科竞赛有机结合,开展协同育人;在学的层面,将教师讲解、自主学习和团队相结合贯穿整个教学实践。

(1) 课程讲授环节:突破传统授课方式,充分利用当前线上资源和线上学习平台,发挥信息技术和大数据优势,采用线上线下相结合的教学方式。大数据管理与应用专业自身具有较强的探索特点,其知识体系更新较快,因此,通过翻转课堂和团队学习等方式开展探究性学习既可以增强对于前沿知识的熟悉,又可以进一步培养学生团结协作与创新能力,从而提升数据沟通能力。

(2) 实践环节:产学研相结合,开展面向领域基于场景的实践设计,并通过邀请行业和企业的专业技术人员、工程师等授课和对师生进行培训等形式,紧贴行业需求,提升学生工程实践能力和课程的应用价值。同时,结合专业特色建设大数据综合实训平台,以满足师生实践需求。

(3) 学科竞赛:它不仅是一个学习和竞争的平台,更是一个促进学生实践能力发展的独特方式。相较于校内实践,大数据竞赛更具有挑战性、创新性和实用性。学生通过参与学科竞赛,可以接触到更多的前沿理论与技术,磨炼其数据分析技术,锻炼其解决问题的逻辑思维能力,对于高校数字人才培养具有重要意义。

对于教学而言,机器学习、深度学习、AI 的快速发展既是机遇又是挑战。在教的层面,科技的快速发展对教师提出了更高的要求,其需善用技术工具拓展 AIGC 等教学方式提升教学效率[19],推进自适应学习和因材施教的落实;在学的层面,在新技术不断涌现的背景下,教师需重视数字伦理和社会责任教育,结合课程思政,引导学生形成正确的学习观和荣辱观,让 AI 等新兴技术助力学习,而非依赖技术开展学习。

(三) 评价体系设计

评价是对教学产出成果的直接呈现,也是对数据素养能力的直观展示。评价体系的构建主要依赖于数据素养能力模型,从而量化学生能力目标的达成程度,实时发掘实际教学过程中存在的问题与不足,进而以此为依据,持续改进课程体系与教学方式。

在"新工科＋新商科"背景下,基于大数据管理与应用专业特点,为了更好地分析和评价数据素养教育的有效性,在具体评价实施中,本文将学习效果评价、教学质量评价和能力达成评价相结合,实施三位一体的动态评价。

其一,学习效果评价立足于学生在授课过程中知识掌握和能力达成,通过练习与测验,雨课堂、学习通等学习平台的灵活运用,可极大地提升评价效率,从而开展实时有效的测评;进一步,可结合评价结果,实时、动态调整课程内容与教学方式。其二,教学质量评价主要面向教学效果的后评估,开展学生评教能够有效监督教学的实施过程,及时形成教学反思,从而改进教学方法,督促教学质量提升。其三,能力达成评价则为综合评价,是对学生数据素养的综合量化与评估,以发现教学短板,为下一轮教学实践改进提供依据,从而更好地达成能力培养的整体目标。

当前研究领域已形成了较多数据素养评价体系,涵盖数据素养能力的各个方面,不同的体系具有不同的出发点和侧重点,本文主要从数据素养五力模型出发,从数据感知能力、数据分析能力、数据思维能力、数据决策能力和数据沟通能力五个方面形成评价体系。在实际应用中,对于评价体系可进行具体的细化与量化,在教学和评价的不同环节,探究适用于大数据管理与应用专业发展的评价指标,进而结合动态评价与反馈调整机制,持续优化学生培养路径。

五、结 语

随着数字经济的快速发展,数字人才需求与日俱增,而大数据管理与应用逐渐成为数字人才培育的热门专业之一,该专业立足于培养具有计算机基本技能、数据分析基本技能和管理实践技能的综合数字人才。

本文以大数据管理与应用专业学生为主要研究对象,面向数据素养教育,首先开展了研究现状和专业发展现状的深入分析,进而结合文献调研和专业实践分析,构建了数据素养五力模型的构建。另外,按照以专业建设促进数据素养能力提升的主体思路,结合大数据管理与应用专业课程与学生特点,紧跟智能时代发展需求,本文从课程体系设计、教学设计和评价体系等方面,探究面向数字人才需求的数据素养教育体系,将数据素养提升贯穿专业教学和人才培养全过程,从而为专业建设提供可行化建议。

后续我们将从数据素养能力量化分析、智慧教育新模式等方面深入开展探究,以持续优化课程体系,为完善专业建设提供数据支撑,提升数字人才培养质量。

参 考 文 献

[1] 朱恬恬,杨菲.高等教育与数字经济耦合发展的困局及"双适应"进路[J].中国地质大学学报(社会科学版),2024,24(05):134-144.

[2] 徐晓敏.大数据管理与应用新专业建设探索与实践——以北京信息科技大学为例[J].教育教学论坛,2020(31):229-231.

[3] LOVE N. Taking data to new depths[J]. Journal of Staff Development, 2004, 25(4):22-26.

[4] SCHIELD M. Information literacy, statistical literacy, data literacy[J]. IASSIST Quarterly, 2005, 28:6.

[5] MANDINACH E B, GUMMER E S. A systemic view of implementing data literacy in educator preparation[J]. Educational Researcher, 2013, 42(1):30-37.

[6] 杨丽,徐绪堪,李一铭.面向大数据管理与应用专业的数据素养教育研究[J].情报理论与实践,2020,43(10):45-49.

[7] 孟祥保,李爱国.国外高校图书馆科学数据素养教育研究[J].大学图书馆学报,2014,32(03):11-16.

[8] 兰国帅,杜水莲,肖琪,等.人工智能赋能教育4.0:挑战、潜能与案例——《塑造未来学习:人工智能在教育4.0中的作用》的要点与思考[J].开放教育研究,2024,30(04):37-45.

[9] 黄如花,李白杨.数据素养教育:大数据时代信息素养教育的拓展[J].图书情报知识,2016(01):21-29.

[10] 唐玉溪,何伟光.美国大学图书馆数字素养教育实践研究及启示[J].图书馆,2024(06):30-38.

[11] 惠恭健,曾磊.智能时代的数据素养:模型构建、指标体系与培养路径——基于国内外模型的比较分析[J].远程教育杂志,2021,39(04):52-61.

[12] 许志强,杨良河.数智时代大学生数字素养培育的实现路径——以传媒类专业大学生为例[J].中国广播电视学刊,2024(04):40-45.

[13] 孙绍伟.大学生数字素养调查研究[J].图书馆建设,2024(03):127-138.

[14] 余维杰,周晟欣.信息素养与数字素养的对比研究[J].图书馆理论与实践,2024(04):120-129.

[15] 张靖,何靖怡,肖鹏.数据素养能力模型研究[J].图书馆论坛,2019,39(04):29-39.

[16] 高伟,郭书宏,吴悦昕,等.双一流高校学生数据素养能力评价及提升策略[J].新世纪图书馆,2024(01):27-34.

[17] 梁磊,吴晓红,王巧玲.数智时代档案学专业本科生数据素养能力评价指标体系构建研究[J].档案学研究,2023(06):47-55.

[18] 徐绪堪,薛梦瑶.面向大数据管理与应用专业的数据素养能力评价指标体系构建[J].情报理论与实践,2021,44(09):50 56.

[19] 李白杨,唐昆.AIGC背景下全民数字素养教育的内涵变革与应对策略[J].图书与情报,2024(03):32-39.

"三全育人"视域下"Z世代"大学生基层就业能力提升路径研究

北京信息科技大学 公共管理与传媒学院 姜凌昊

摘 要 "Z世代"大学生因其独特的成长背景,形成了具有融合化、个性化、数字化与理性化特点的行为取向,进而具备前瞻性、平衡性、跨界性与创新性的择业就业特点。虽然高校承担着为大学生提供科学的职业生涯规划和就业指导的重要职责,但当前高校就业教育体系存在开展主体单一、知识结构孤立和体系结构不连贯的问题。基于此,未来应从"三全育人"思维出发,从主体、知识结构和教育体系三方面不断提高学生的就业能力和就业质量。

关键词 "三全育人";"Z世代"大学生;就业能力

近年来,在社会诸因素综合影响下,"Z世代"大学生择业就业发生新变化,呈现出缓、慢就业现象。据市场招聘软件"智联招聘"2024年数据显示,毕业生去向呈现多元化,自由职业和慢就业比例上升,同时,选择深造的比例在双一流院校上升,二本和专科院校下降。在就业偏好上,毕业生倾向于求稳,希望进入国企工作的比例连续5年上升,达到48%,且51%的毕业生更看重工作稳定性。不难看出,2024届毕业生在寻求就业机会时,心态更加趋向放缓。教育面向社会,为国家输送人才。引导学生在就读期间培养和提升相应的工作能力,学生树立正确就业观、责任观,是高等院校的重要责任和义务。但在大学生就业指导服务过程中,存在工作主体的专业性不强、工作内容缺乏融合、工作时间的持续性较差等问题。习近平总书记在主持学习时强调,促进高质量充分就业,是新时代新征程就业工作的新定位、新使命。因此,从实际出发,"三全育人"对于全面提升"Z世代"大学生就业指导与帮扶具有重要的意义。

一、"Z世代"大学生的行为取向及择业就业特点

(一)"Z世代"大学生的行为取向

1. 数字化依赖与技术融合

"Z世代"大学生作为数字时代的"原住民",其生活与学习高度依赖于互联网与数字技术。[1]他们不仅熟练运用各类数字工具,还展现出对新兴技术如人工智能、大数据等的敏锐

感知与创新能力,体现了技术与个体发展的深度融合。

2. 个体意识觉醒与个性化追求

在全球化与信息化的背景下,"Z世代"大学生的个体意识显著增强,他们追求个性表达与自由探索,对传统权威与规范持批判性态度。这种个性化追求不仅体现在生活方式上,也深刻影响着他们的价值观与行为选择。

3. 社交模式的数字化转型

"Z世代"大学生的社交行为呈现出显著的数字化转型特征,他们更倾向于通过社交媒体、即时通信等线上平台进行社交互动。这种社交模式的变革不仅拓宽了他们的社交圈层,也改变了社交互动的方式与深度,对社交心理学与社会关系网络研究提出了新的挑战。

4. 理性消费与可持续发展意识

在消费观念上,"Z世代"大学生展现出理性务实的一面,他们注重性价比与实用性,同时关注环保与可持续发展问题。这种消费观念的转变反映了年轻一代对社会责任与可持续发展的深刻认识,也对消费文化与社会经济模式产生了深远影响。

(二)"Z世代"大学生的择业就业特点

1. 职业认知与规划的前瞻性

"Z世代"大学生在择业时展现出较高前瞻性的职业认知与规划能力。为确保自己的职业选择最优化,他们在关注当前就业市场形势的同时,还会进一步考虑行业未来发展前景。[2]这种带有前瞻性的职业规划能力有助于他们在职业生涯中保持竞争力与可持续发展。

2. 工作与生活平衡的价值观

随着社会时代的发展,"Z世代"大学生更懂得平衡工作与生活,二者之间不再是此前惯性认知中的"合二为一",而是有着清晰的划分界限。他们认为工作是实现自我价值的重要途径,但并非生活的全部。因此,在择业时,他们更倾向于选择那些能够提供良好工作环境、合理工作制度以及充足个人时间的岗位,以实现工作与生活的和谐统一。

3. 跨界融合与多元发展

"Z世代"大学生在择业时展现出跨界融合与多元发展的特点。他们不再局限于所学专业的传统就业领域,而是积极尝试将不同领域的知识与技能进行融合,以应对复杂多变的就业市场。这种跨界融合的能力不仅有助于他们拓宽就业渠道,还为他们提供了更多的职业发展空间与机会。

4. 求职方式的创新与效率

在求职方式上,"Z世代"大学生展现出高度的创新与效率。他们充分利用互联网与数字技术,通过社交媒体、在线招聘平台等新兴渠道寻找工作机会。同时,他们还注重与招聘人员的线上沟通与交流,以提高求职效率与成功率。这种求职方式的创新不仅体现了他们对新技术的熟练掌握与运用,也反映了他们在求职过程中的主动性与积极性。

5. 就业稳定性与安全感的追求

在当前经济环境与社会背景下,"Z世代"大学生对就业的稳定性与安全感表现出更为强烈的追求。[3]工作稳定与否、就业前景是否乐观、福利待遇是否优厚、社会保障是否完善等一系列指标,已经成为"Z世代"大学生在进行职业选择首要考虑的指标。这种对就业稳定性与安全感的追求不仅反映了他们对未来生活的担忧与不确定感,也体现了他们对职业发展的长远规划与深思熟虑。

二、当前高校大学生就业教育体系的得失分析

(一)就业教育工作开展主体单一

1. 主体集中化现象显著

在高校教育体系中,就业教育工作的责任高度集中于就业指导中心或学生工作部门。尽管这些部门在就业指导与服务领域具备专业能力和丰富资源,但由于人力资源的局限性和工作任务的多样性,往往难以实现对所有学生提供个性化与深度的就业指导,从而限制了就业教育的有效性和广泛性。

2. 专业教师参与度低下

专业教师作为连接专业知识与就业市场的桥梁,其参与就业教育对于提高学生职业认知与就业能力至关重要。然而,在学术与教学双重压力下,专业教师普遍面临时间资源紧张的问题,难以将足够的精力投入就业教育活动中。这种参与度不足的现象,不仅削弱了就业教育与专业教学的融合度,也限制了学生从专业视角出发深入理解与把握就业市场。

3. 辅导员角色边缘化

高校辅导员既担任与学生沟通的职责,也担任管理教育学生的工作,对学生的成才成长发挥着重要作用。然而,由于辅导员队伍规模有限、工作任务繁重且缺乏系统的就业教育培训,其在就业教育中的实际作用往往被边缘化。这种角色定位的模糊与功能发挥的受限,进一步加剧了就业教育主体单一的问题。

4. 校企合作机制浅尝辄止

校企合作作为促进教育与产业深度融合、提高就业教育质量的有效策略,在当前高校就业教育体系中却面临深度不足的困境。长期以来,校企由于社会职能不同,彼此间合作未能

真正有效、深入、系统地推进,这种模式亟须打破。但企业参与就业教育的积极性不高,导致教育内容与市场需求之间的脱节现象日益严重,影响了学生就业竞争力的提升。

5. 社会资源整合力度不足

就业教育是高等院校教育的一部分,与传统课堂教育、知识教育不同,就业教育更仰赖政府、学校、企业、社会等多方力量共同参与。但高等院校往往不具备高效、系统、全面整合社会各方面资源的能力,高校未能充分利用行业协会、社会招聘机构等外部资源,为学生提供更加全面、多元的就业服务与指导。这种资源整合的局限性,不仅限制了学生就业信息的获取与就业机会的拓展,也影响了就业教育整体效能的发挥。

(二)就业教育课程知识结构孤立

1. 与专业教育脱节

就业教育课程往往被边缘化于专业课程体系之外,缺乏与核心专业课程的深度整合与互补。这种割裂状态导致学生难以在专业知识学习与就业技能培养之间建立有效桥梁,进而难以构建全面而系统的职业认知体系。例如,理工科学生可能因缺乏对行业趋势与市场需求的深入理解,在职业定位上显得盲目;而文科学生则可能因缺乏将理论转化为实践的能力,在就业市场中难以脱颖而出。

2. 理论与实践分离

结合就业教育实际来看,理论教育无法替代实践操作,甚至可以说实践操作的重要性往往高于单纯传授理论。这种理论与实践的脱节不仅限制了学生对就业技能的掌握与应用,也削弱了他们在真实就业环境中的适应能力与竞争力。理论知识的传授虽为基础,但若缺乏实践检验与应用,将难以转换为解决实际问题的能力。

3. 课程内容单一

当前,许多高校的就业教育课程内容设置较为单一,主要聚焦于职业规划、简历制作与面试技巧等基本技能的培养。这种单一化的课程设置忽略了学生个性化需求与多元化发展的重要性,限制了他们职业发展的广度与深度。此外,从社会层面来讲,企业往往更重视求职者的创新能力、合作能力等,高校单一的课程规划往往无法真正满足社会层面的需求。

4. 跨学科视角的缺失

市场、商机瞬息万变,相应地,就业市场也必然复杂多变,其运作往往涉及经济、管理、法律、心理等多个学科领域。然而,当前高校就业教育课程往往缺乏跨学科视角的整合与运用,导致学生难以从多角度、多层次全面理解就业问题。这种知识结构的局限性不仅限制了学生综合素质的提升,也削弱了他们对就业市场变化的敏锐洞察与应对能力。

5. 课程内容更新滞后

随着科技的快速发展与市场环境的不断变化,就业领域的新趋势、新挑战层出不穷。然而,部分高校就业教育课程内容更新滞后,未能及时反映市场动态与行业需求。这种滞后性不仅导致学生在求职过程中面临信息不对称的风险,也削弱了他们对未来职业发展路径的准确预判与规划能力。

(三) 就业教育体系结构不连贯

1. 教育阶段断层

就业教育在高等教育体系中呈现出显著的阶段性集中现象,主要聚焦于学生临近毕业阶段,如大三下学期至大四下学期,而低年级学生则鲜少获得系统性的就业教育与规划指导。这种"临时抱佛脚"的教育模式割裂了学生职业意识与规划能力的连续培养过程,导致低年级学生对职业认知缺失,高年级学生则面临信息过载与决策困境,难以形成稳健的职业规划与决策框架。

2. 课程内容缺乏衔接

就业教育课程之间缺乏必要的逻辑联系与递进关系,不同年级、学期的课程往往孤立存在,内容重复或跳跃,未能构建成一个内在统一、层次分明的知识体系。这种课程内容的碎片化状态阻碍了学生形成连贯、系统的就业认知与技能体系,进而削弱了就业教育的整体效能。

3. 理论与实践脱节

就业教育体系中理论与实践的分离现象显著,理论课程偏重于职业规划理论与求职技巧的传授,而实践环节则因资源限制、组织难度等因素而难以深入实施或流于形式。这种理论与实践的脱节不仅限制了学生将理论知识转化为实际技能的能力,也削弱了其在真实就业市场中的竞争力。

4. 师资力量分散

就业教育师资力量分散于不同部门或学院,缺乏统一的协调机制与管理平台,导致教育资源分配不均、利用效率低。此外,教师间缺乏有效的沟通与协作机制,难以形成合力共同推动就业教育体系的完善与发展。这种师资力量的分散状态进一步加剧了就业教育课程之间的不连贯性。

5. 评价体系不完善

当前就业教育体系的评价体系过于偏重结果导向,如就业率、就业质量等量化指标的考核,而忽视了对学生职业规划过程、个性化需求及多元化发展的全面评估。这种偏颇的评价体系不仅误导了学校与学生对就业教育的关注点,也削弱了就业教育在促进学生全面发展与长期职业规划方面的作用。因此,构建一个既关注结果又重视过程的综合就业教育评价体系对于提升就业教育的连贯性与有效性至关重要。

三、三全育人视域下高校就业教育体系提升的策略与措施

(一)促进教育主体多元化,提升专业性

在高等教育领域,为实现就业教育的全面覆盖与深度渗透,需积极推动教育主体的多元化发展。[4]教育主体的多元是指应该将高校、企业、专家、校友等多方有机力量和元素融为一体,整合多方力量,搭建完善的"教育—就业"生态系统。校企合作机制的深化,企业导师资源的引入,职业规划工作坊、实习实训项目等的开展,使学生能够直面行业挑战,把握职场脉搏。同时,加强校内就业指导教师队伍的专业化建设,通过定期培训、学术交流等方式提升其专业素养与实战指导能力。此外,充分利用校友网络,建立校友导师制,借助校友的职场经验为学生提供个性化、精准化的职业指导,进一步拓宽学生职业视野与资源网络。

(二)推动知识结构广泛化,注重聚焦性

在构建就业教育知识体系时,应秉持广泛性与聚焦性并重的原则。[5]一方面,广泛吸纳职业规划、求职策略、行业动态、法律法规等多领域知识,形成跨学科的就业教育知识体系,以提升学生的综合素养与适应能力。另一方面,针对不同专业背景及学生个性化需求,设置具有针对性的课程内容与教学模块,实现知识的精准聚焦与深度挖掘。跨学科交叉融合的教学方式可以培养学生的复合能力与创新思维,从而更好地适应复杂多变的就业市场需求。

(三)完善教育体系系统化,强调统摄性

为了提升就业教育体系的整体效能,高校应着力构建系统化、一体化的就业教育体系。[6]首先,要明确就业教育的目标定位,将其纳入学校人才培养的总体方案之中,确保就业教育与专业教育、素质教育等相互衔接、相互促进。其次,要优化课程设置,形成从低年级到高年级,从理论到实践,从课堂到课外的全方位、多层次就业教育体系。再次,要加强就业教育过程的监控与评估,建立科学的评价体系和反馈机制,及时调整和优化教育方案。最后,应该将就业教育纳入高校教育中的重要一环,不能只是在学生大四求职阶段开展就业教育。千里之行,积于跬步。高校应该转变观念,自学生入学时便分阶段、分步骤开展就业教育,并注重长期性、持续性和系统性。通过这些措施的实施,可以确保就业教育体系具有高度的统摄性和协同性,从而更好地帮助学生全面发展和终身成长。

四、结　语

"三全育人"不仅是教育理念的创新,更是对教育实践的重要指导。高校应将"三全育人"的理念与实际就业指导工作相结合,充分发挥"三全育人"理念的整体性、实践性、统摄性,让就业指导教育工作正确地发挥其应有的功能,助力"Z世代"大学生高质量就业。

参 考 文 献

[1] 张换平,田大勇,杜慧.高校就业创业指导课开展状况及优化策略研究[J].创新创业理论研究与实践,2024,7(6):8-10.

[2] 阿丽也·吾买尔,赛福丁·哈德尔.三全育人背景下大学生就业指导与帮扶工作研究[J].中国就业,2024(7):86-88.

[3] 叶华丹."三全育人"理念下职业本科大学生就业指导工作探索[J].就业与保障,2024(6):133-135.

[4] 苏旭,唐艺军."三全育人"视域下大学生就业指导工作体系构建[J].辽宁工程技术大学学报(社会科学版),2024,26(2):145-149.

[5] 曹克亮.《大学生职业发展与就业指导》课程思政元素引入与知识体系构建研究[J].质量与市场,2020(17):124-126.

[6] 阎凤桥,沈文钦,刘继安,等.全球高等教育研究的未来(笔谈)[J].中国高教研究,2024(8):1-8.

基于管理视角的高等教育教学改革创新研究

北京信息科技大学 计算机学院 林海怀

摘　要　本文探讨了基于管理视角的高等教育教学改革创新的必要性,分析了当前高等教育教学管理中存在的问题,如教学理念滞后、教学模式单一、评价体系不完善等,并提出了改革路径,强调利用信息技术促进教学互动和创新管理办法,如优化专业设置、明确院系职责、建立教学管理网络系统等。同时,本文提出构建多元化教学评价标准,以提升教学质量和高校竞争力。高校应探索适合的教学管理改革路径,以适应时代发展,培育具有创新精神和实践能力的人才。

关键词　高等教育;信息技术;改革;创新

一、引　言

随着全球经济一体化进程的加速和科技领域的迅猛发展,高等教育已经成为培养高素质人才的重要基地。高等教育的教学管理水平和教学质量不仅关系到学生个人的成长和发展,更关系到一个国家的竞争力和未来发展。然而,当前的高等教育教学管理实践仍然存在许多亟待解决的问题。例如,教学理念相对滞后,难以跟上时代的步伐;教学模式过于单一,缺乏多样性和灵活性;评价体系不够完善,难以全面准确地衡量学生的学习效果和教师的教学质量。这些问题的存在,严重制约了高等教育的创新与发展,阻碍了教育质量的提高。

因此,从教学管理的视角出发,积极探索和实施教学改革创新的路径显得尤为重要。我们需要重新审视和更新教学理念,引入多元化的教学模式,以适应不同学生的学习需求和特点;同时,完善评价体系,确保评价方法的科学性和公正性,提高高教质量和管理水平,培养创新与实践人才,为国家发展提供人才和智力支持。

二、研究意义

在全球化和知识经济的浪潮中,高等教育正迎来前所未有的挑战与崭新机遇。技术的迅猛飞跃,特别是人工智能、大数据与云计算等前沿科技的广泛应用,正在将教育模式带入一场深刻而全面的变革。根据国际教育技术协会(ISTE)的报告,截至2025年,预计全球将有超过200亿个互联设备,这将极大地推动在线教育和远程学习的发展。例如,中国的"双一流"大学建设项目旨在提升国内高校的国际竞争力,这不仅要求高校在科研上取得突破,更要求其在教学方法和内容上进行创新。同时,高等教育的普及导致学生群体的多样性增加,这对教学管理提出了更高的要求。正如哈佛大学前校长德鲁·吉尔平·福斯特所言:"教育的真正挑战在于如何将知识转化为智慧。"因此,高等教育机构必须在保持教育质量的同时,探索新的教学模式,以适应不断变化的社会和经济需求。

在高等教育领域,教学改革已成为提升教育质量的关键驱动力。在全球化和技术革新浪潮的推动下,传统教学模式的局限性日益凸显,难以满足当前社会对高素质、多样化人才的迫切需求。根据联合国教科文组织的数据,21世纪的教育目标强调了终身学习和创新思维的重要性,这要求高等教育机构必须不断更新教学内容和方法,以培养学生的批判性思维、解决问题的能力和适应未来挑战的技能。教学改革不仅涉及课程体系的创新,还包括教学方法的现代化,如采用翻转课堂、项目式学习等互动式教学手段,以提高学生的参与度和学习效果。正如约翰·杜威所言:"教育不是为了生活做准备,而是生活本身。"教学改革正是通过不断适应和引领社会变革,使教育成为学生终身发展的基石。

三、高等教育教学管理的现状分析

我国正处于经济与社会发展的重要阶段,随着产业升级加速,各领域对人才的要求也逐渐提高。在互联网、人工智能、云计算等技术的推动下,传统专业面临挑战。高校应积极设立新兴专业,紧跟时代,满足市场需求,培育创新人才。然而,当下创新人才培养管理领域存在问题,制约创新人才培养工作的实际成效[1]。目前,部分高校在教学管理方面仍秉持传统理念,过分强调知识传授,未能充分重视学生创新能力和实践技能的培养。这种以教师为中心的教学理念,难以激发学生的学习兴趣和积极性,限制了学生综合素质的提升。在当前教学管理领域中,高等教育机构所面临的问题集中体现于以下几个关键方面。

(一)教学模式单一、理念相对滞后

传统教学模式以教师讲授为主,缺乏互动性和启发性。随着信息技术的发展,虽然部分高校开始尝试信息化教学,但整体应用水平不高,未能充分发挥信息技术的优势,导致教学效果不佳。同时,部分高等院校在教育过程中,仍存在过度侧重于理论知识的传授的问题,而相对轻视了对学生的创新思维及实践能力的全面培养与提升。

(二)管理机制缺乏合理性,管理方式不够灵活

目前,高等教育机构普遍采纳模块化管理架构,将教育管理职能分别归属于学生事务、后勤服务以及教学管理部门,以实现各职能的独立运作。然而,此种做法在教育与管理层面难以形成有效的协同效应。高等教育机构缺少专门的监督部门,导致管理策略难以有效执行,问题反馈不及时,信息流通不顺畅,进而影响了教育工作的效率。教学管理方法过于单一,未能充分考虑学生个体差异,缺乏必要的灵活性,这不利于创新教育方案的实施。同时,

教育管理工作未能充分利用信息技术,且过度依赖传统的人工处理方式,这导致了管理效率的低下,进而影响了教育管理的整体成效[2]。

(三)教学管理师资队伍结构有待优化

部分教师缺乏实践经验,对行业最新知识知之甚少,教学水平和专业素养有待提高。同时,当前人员组成结构呈现出较为单一化的特点,高校的教学管理领导层主要源自教学队伍内部,他们不仅熟悉教学环节的运作,还深刻理解各自专业领域的教学特点,并在长期的教学实践中积累了丰富的教学经验与管理知识。然而,由于这些领导层成员同时身为某学科的专家,并需兼任教学管理工作,往往使得他们在面对学术研究与管理职责的双重压力时,难以充分调配个人精力。因此,在实际工作中,他们常出现因精力分配不均而感到力不从心的现象,甚至不少成员因此选择跳槽[3]。

(四)评价体系不完善,机制不够科学

当前高等教育评价体系主要侧重于学生的学业成绩,忽视了对学生创新能力、实践能力以及综合素质的评价。这种单一的评价体系难以全面地反映学生的真实水平和潜力,也无法有效引导学生全面发展。这不仅限制了学生潜能的发挥,也与终身学习的理念背道而驰。因此,教学管理的改革应着眼于学生的全面发展。

四、高等教育教学管理改革的必要性

在全球范围内,高等教育的规模正在经历一场前所未有的扩张浪潮。根据最新的统计数据,全球高等教育的入学人数已经突破了2.35亿大关,这一数字相较于2000年的数据,实现了惊人的翻倍增长。与此同时,全球高等教育的毛入学率也从2000年的不到五分之一迅速提升到了五分之二,显示出高等教育普及程度的显著提升[4]。然而,随着高等教育在数量上的大众化程度不断提高,人们现在更加关注高等教育在质量上的变革和突破。越来越多的人意识到,仅仅扩大高等教育的规模是不够的,更重要的是要确保教育的质量和效果。这包括提高教学水平、改进课程设置、加强学术研究,以及提升学生的综合素质等方面。只有在这些方面取得实质性的进展,高等教育才能真正实现其应有的价值,为社会培养出更多高素质的人才。因此,各国政府和教育机构正在努力推动高等教育在质量上的提升,以期在全球竞争中占据有利地位[5]。在国际高等教育学界,以教师为中心(Teacher-Centeredness,TC)的传统模式转换为以学生为中心(Student-Centeredness,SC)的变革已获得共识[6]。这已然成为新时期我国高等教育改革与高校转型的重要衡量指标,但SC改革实践却因理念的偏差、理论探讨欠深入而备受限制[4]。

一方面,在知识经济时代,高等教育的教学管理必须适应快速变化的市场需求,以培养学生的创新能力和实践技能。根据世界经济论坛的数据,到2025年,全球将有超过50%的工作岗位需要员工具有较高的数字技能。因此,教学内容的创新显得尤为重要,跨学科课程

的整合能够帮助学生构建更为全面的知识体系,例如,斯坦福大学的"设计思维"课程,就是将工程学、商业和人文学科相结合,培养学生的创新思维和解决复杂问题的能力。同时,项目式和问题导向学习(PBL)的引入,能够让学生在实际操作中学习,如麻省理工学院(MIT)的"动手实验室"项目,通过实践项目让学生在解决真实世界问题的过程中学习,从而更好地适应知识经济时代对人才的需求。

教学方法与手段创新,以应对知识经济挑战。混合式教学模式结合线上、线下资源,提升教学灵活性和可及性。如哈佛的"哈佛X"项目,该项目通过网络开放课程,扩大了教育覆盖面,促进了知识的共享。信息技术(如在线讨论板、虚拟实验室)的应用促进了教学互动,提高学生学习积极性。同时,教学评价改革如引入同行评审和学生反馈,确保教育质量。教师角色转变和专业发展也很重要,教师成为学习引导者和促进者。如牛津教师培训项目,该项目鼓励互动式教学,激发学生的批判性思维和自主学习能力。教师专业发展需持续、系统,如终身学习计划和定期教育研讨会,以适应知识经济挑战。

另一方面,在高等教育教学管理的改革路径中,培养创新型人才的迫切性日益凸显。随着全球化和知识经济的快速发展,社会对高等教育的期待已从传统的知识传授转变为对创新能力和实践技能的培养。根据世界经济论坛的报告,到2025年,创新能力和复杂问题解决能力将成为劳动力市场中最受重视的技能。因此,高等教育机构必须调整教学内容和方法,以适应这一转变。例如,斯坦福大学设计学院(D. School)通过跨学科的项目式学习很好地培养了学生的创新思维和解决实际问题的能力。这种教学模式强调设计思维,鼓励学生在真实世界的情境中学习,从而有效提升了学生的创新实践能力。

教学管理需整合跨学科内容,打破壁垒,促进知识融合与创新。如MIT的OpenCourseWare项目,该项目促进了全球知识共享和创新思维传播。引入项目式和问题导向学习,如哈佛案例教学,能激发学生探索和解决问题热情,提升学习兴趣和职场创新能力。创新教学方法与手段,如混合式教学模式和信息技术应用,是培养创新型人才的关键。混合式教学模式结合线上、线下资源,如Coursera和edX,提供了灵活的学习方式。信息技术,如VR和AR,创造了沉浸式学习体验。

五、高等教育教学管理改革创新的策略

(一) 创新教学管理办法

(1) 优化专业设置:由学校统一进行专业设置,避免院系设置过程中存在混乱和重复问题,以利于教学资源的优化配置,稳定人才队伍,更好地适应市场需求。

(2) 明确院系职责:确立院系在教学管理中的主体地位,减少管理层,提高效率。学校调整政策、机制和规章,评估教学效果;院系监管教学过程和质量,建设科学高效体系,促进自我发展。

(3) 构建教学管理网络系统:学校使用信息技术,实现选课、查分、评估、排课等网络管理。强化考试管理,健全考试制度,主要考核学生的知识运用和问题解决能力,完善学分制,

取消补考,建立重修制,激发学生学习积极性[7]。

(二)利用信息技术促进教学互动

在高等教育教学改革的洪流中,教学方法与手段的现代化成为提升教育品质的核心推动力。随着信息技术的迅猛发展,传统的教学模式正逐渐被翻转课堂、在线开放课程(MOOCs)、虚拟现实(VR)和增强现实(AR)等现代教学手段取代。例如,翻转课堂通过让学生在课前借助视频等材料自主学习,课堂时间则用于讨论和实践,有效提升了学生的参与度和学习深度。根据研究可知,翻转课堂能够使学生的成绩提高10%~20%。此外,利用大数据分析学生的学习行为,教师可以更精准地进行教学调整,实现个性化教学。例如,通过分析学生在在线学习平台上的互动数据,教师可以识别出学习困难的学生,并及时提供帮助。正如教育家约翰·杜威所言:"教育不是生活的准备,而是生活本身。"现代化的教学方法与手段正是将这一理念转化为实践,使学习过程更加贴近学生的生活实际,从而激发他们的学习兴趣和创新潜能。

(三)构建多元化教学评价标准

在高等教育教学管理改革的进程中,构建多元化的教学评价体系是提升教育品质的核心要素。传统评价体系多聚焦于考试成绩与标准化测试,而往往忽略了对学生批判性思维、创新能力和实际操作技能的培育。因此,教学评价体系的革新应着力于突破单一评价模式的局限,采纳包括自我评价、同伴评价、项目评价和实践能力评价在内的多种评价方法。例如,哈佛大学商学院采用的案例教学法不仅重视检验学生对理论知识的掌握程度,更重视培养学生分析和解决问题的能力。此外,依据布鲁姆教育目标分类学,评价标准应包含知识、理解、应用、分析、综合和评价六个层面,以确保评价的全面性和深入性。通过实施这样的多元化评价,能够更精确地反映学生的学习成效,同时促使学生在多个维度上成长,从而为社会培育出更全面、更适应未来挑战的人才。

六、结　　语

在现代社会,高等教育的教学管理改革与创新显得尤为关键,因为这不仅能够显著提高教学品质和成效,还能培育出更多符合时代发展需求的高素质人才。此外,通过教学管理的创新,高校能够进一步提升自身的竞争力,从而在激烈的教育市场竞争中脱颖而出。因此,高校必须重视教学管理的改革与创新,将其作为提升教育水平和培育优秀人才的重要策略。

从高等教育教学管理的角度来看,高校应当坚定地实施以学生为本的教育理念,将学生的全面发展和个性化需求置于首位。同时,高校还需要不断进行教学管理方法的创新和完善,以适应不断变化的教育环境和学生需求。建立一套科学、合理的评价体系,对于确保教学品质和成效具有至关重要的作用。通过科学的评价体系,高校能够及时发现教学过程中的问题和不足,从而有针对性地进行改进和优化。

此外，各高校应当结合自身的实际情况，积极探索适合自己的教学管理改革路径，包括但不限于课程设置的优化、教学方法的创新、师资队伍的建设及教学资源的合理配置等方面。凭借这些详尽且具体的举措的落地执行，高等院校将更加契合时代变迁的需求，进而培育出更多具备创新思维及扎实实践技能的杰出人才。

总而言之，高等教育教学管理的改革与创新是一项系统工程，需要高校管理者、教师和学生共同努力，不断探索和实践。只有这样，方能确保教学管理的创新愿景得以实现，驱动高等教育事业的稳步进展，为社会不断孕育出具备强大竞争力及卓越素质的人才。

参 考 文 献

[1] 林为国.基于创新人才培养的高校教育管理研究[J].湖北开放职业学院学报,2023,36(19):18-20.

[2] 程春.基于创新人才培养的高校教育管理改革研究[J].佳木斯职业学院学报,2024,40(03):190-192.

[3] 李竟雄.高等教育供给侧改革背景下的高校教学管理人员创新意识培养研究[C]//辽宁省高等教育学会.辽宁省高等教育学会2016年学术年会暨第七届中青年学者论坛三等奖论文集.大连财经学院,2016:7.

[4] 张银,宋文红."以学生为中心"新论:理论基础,分析框架与国际镜鉴[J/OL].中国人民大学教育学刊,1-16.[2024-08-16].http://kns.cnki.net/kcms/detail//11.5978.G4.20240805.1341.004.html.

[5] 张大良.用现代信息技术赋能高质量人才培养的内涵与路径[J].中国高教研究,2022(09):14-17.

[6] 龚放.唯有确立"教师为要"方能落实"学生为本"——对我国大学教学理念嬗变的再思考[J].江苏高教,2020(01):7-15.

[7] 吴伟红.浅谈高校教学管理的改革和创新[J].当代教育实践与教学研究,2016(02):102.

整合高校教师资源优势,助力中小学体育科学教育高质量发展

北京信息科技大学　体育部　郭文超
清华大学附属小学清河分校　王守强

摘　要　高校教师具备深厚的体育科学专业知识和前沿的研究成果、优质教学资源、先进教学理念等,能够为中小学体育科学教育提供专业指导和支持,激发学生对体育科学的兴趣,提高学习积极性,提升人才培养质量。

关键词　高校教师资源;中小学体育科学教育;资源互补;理念创新

一、高校教师资源对中小学体育科学教育发展具有重要意义

高校教师资源师资专业水平高、教学理念先进、教学资源完善、科研创新能力强等对中小学体育科学教育发展具有多重重要意义。

首先,高校教师资源能够弥补中小学体育教师在专业知识深度和广度上的不足,提升教学质量,为学生提供更科学、更全面的体育科学教育。

其次,高校教师采用的先进教学方法与观念对优化中小学体育教学模式具有积极作用,同时激发学生学习积极性,培育其自主探索与创新精神。

再次,高校教师的学术成果及创新思维可以充实和丰富体育教学内容与方法,发挥引领作用,为中小学体育科学教育注入新活力,使之更具科学性和时代性。

最后,高校教学资源充分、设施全面,可以有效弥补中小学体育科学教育资源不足的问题,同时还可以进一步推动双方师资合作交流,如共同编写教材、开发特色课程等,有利于提升中小学体育科学教育的专业化和特色化水平,促进我国中小学体育科学教育的持续进步。

二、当前中小学体育科学教育面临的挑战

进入21世纪以来,虽然经过国家与社会各界多年的努力,中小学体育科学教育取得良好的成效,但当前中小学体育科学教育依然面临着一系列的挑战,制约着中小学体育科学教育的发展与人才培养。一是师资力量薄弱,尤其欠发达地区。许多初中、小学体育教师数量不足,且专业素养参差不齐,缺乏系统的体育科学知识和先进的教学方法。二是教学资源不

足。体育教学设施、器材有限,课程内容的陈旧性较高,无法满足学生多样化的需求。三是教学方法不当。传统的体育教学方法注重技能传授,忽视了学生兴趣的培养和自主学习能力的提升。

三、高校教师资源在中小学体育科学教育中的潜在价值

(一) 专业知识与技能

高校教师在体育学科教育方面具有较高的专业深度和广度。在专业深度方面,高校教师往往在特定的体育领域进行了深入的研究和探索,为优化运动训练和预防运动损伤提供科学依据。高校教师有的专攻运动心理学,探究运动员的心理状态、动机、注意力等对运动表现的影响,以及如何通过心理干预提高竞技水平和促进大众的运动参与积极性;还有的致力于体育教育理论与方法的研究,不断优化体育教学模式和评价体系,旨在提升体育教育的成效与质量。

在专业广度方面,高校教师通常对体育学科的多个领域都有了解和涉猎。高校教师不仅了解传统的运动项目如跳绳、抖空竹、拔河、踢毽子等,还对新兴的体育项目如攀岩、滑板、电子竞技等有所研究;不仅掌握相对科学的体育教学的方法,还了解体育管理、体育康复、体育社会学等相关领域的知识。这种广泛的知识储备使他们能够从多个角度审视体育学科,为中小学体育科学教育提供全面、综合的指导。

(二) 教学方法与理念

高校教师先进的教学方法和理念对改进中小学体育教学模式具有多方面的显著作用。

一是激发学生兴趣。高校教师以学生为中心的理念,能促使中小学体育教师更加关注学生的个体需求和兴趣爱好。通过设计多样化、个性化的体育课程,如根据学生兴趣开设不同的运动社团或选修课程,让学生主动参与到体育活动中,从而激发他们对体育的持久热情。

二是创新教学形式。多样化的教学方法,如案例教学、小组讨论等引入中小学体育教学,可以改变传统单一的技能训练模式。例如,在讲解篮球战术时,可以通过实际比赛的案例进行分析,然后组织学生小组讨论,让学生更好地理解和运用战术,提高他们的团队协作和思维能力。

三是促进实践与理论结合。高校教师强调的创新与实践结合的理念,能帮助中小学体育教师在教学中注重技能传授,并加强体育理论知识的讲解。例如,在进行长跑训练时,向学生讲解呼吸调节、能量代谢等生理知识,使学生更科学地进行运动,减少运动损伤。

四是培养综合素养。高校教师的跨学科教育理念与对学生的全面素质的培育意识,能够引导中小学体育教学与其他学科融合。例如,将数学中的统计知识用于分析学生的运动成绩,将语文的表达能力培养融入体育比赛的解说中,提升学生的综合能力。

（三）科研成果与创新

1. 高校教师的科研成果对中小学体育教育内容的丰富和更新

首先，在运动训练方面，高校教师的研究可能涉及更科学有效的训练方法和计划制定。其次，在运动康复领域，高校教师的科研可能专注于如何帮助受伤学生更快恢复。他们的成果能够引入中小学体育教育中，制订常见运动损伤的预防和康复措施，让学生在参与体育活动时懂得如何保护自己，受伤后如何正确处理和恢复。最后，在体育心理学方面，高校教师可能研究如何提高学生的运动动机和自信心。这些成果可以转换为中小学体育课堂中的激励策略，帮助学生克服对体育的恐惧和抵触，培养积极的运动心态。

2. 体育教学创新思维在运动教学中的引导与训练的引导

第一，在教学方法的创新方面，高校体育教师能够引导中小学体育教师突破传统的教学模式。例如，引入游戏化课堂，把体育运动的技术融入有趣的游戏中，让学生在快乐中学习和锻炼；采用翻转教学的方式，让学生在课前通过影像等资源自主掌握基本概念，并进行教学活动中的操作，培养学生的自学能力，提高课堂活动的效率和效果。

第二，在课程内容的创新方面，高校体育教师的创新思维可以为中小学体育课程带来新的元素。例如，结合科技发展，引入虚拟运动体验课程，让学生通过虚拟现实技术感受不同的运动场景和项目；开展融合多学科知识的体育课程，将地理知识与定向越野结合，增加课程的趣味性和综合性。

第三，在评价方式的创新方面，高校体育教师能够推动中小学改变单一的以成绩为标准的评价模式。提倡多元化评价，关注学生的参与度、进步幅度、团队合作能力等，更全面地评估学生的体育学习成果，激发学生的积极性。

第四，在体育活动组织形式的创新方面，高校体育教师可以引领中小学开展主题式的体育活动周、亲子运动日等，营造浓厚的体育氛围，促进家校合作，增加学生对体育的热爱。

第五，在场地和器材利用的创新方面，高校体育教师能够启发中小学体育教师充分利用学校和周边环境的资源，开发独特的体育活动。例如，利用楼梯进行体能训练，或者将校园的空地改造成简易的运动场地，丰富体育活动的开展形式。

四、中小学体育科学教育利用高校教师资源的可行途径

（一）建立合作交流机制

围绕提升中小学体育教学质量、促进师资专业发展、推动体育课程创新、培养学生体育特长等目标，确定双方合作涵盖的具体领域，如教学交流、师资培训、课程开发、体育活动组织等。

一是促进资源共享。规定双方共享的资源类型，包括体育场地设施、教学资料、科研成

果等。

二是推动人员交流。确定高校体育教师到中小学讲学、指导,以及中小学体育教师到高校进修、观摩、专题讲座的频率和方式。进一步建立体育科学教育的工作坊,并积极参与体育教学方法、课程设计、运动训练等主题的工作坊,进行实践操作和交流讨论。形成稳定、可持续的合作关系,实现中小学体育与高校体育的协同发展。

三是保障经费与支持。在各自承担的责任和义务基础上,双方出资保障合作交流期间的经费需求。

(二)共同开发课程与教材

第一,围绕探讨合作开发特色体育课程的思路和方向,坚持以学生需求为中心,通过调查和了解中小学学生的兴趣爱好、身体状况和发展需求,确定课程的重点和目标。第二,融合多元文化,将不同地域、民族的体育文化元素融入课程,丰富课程的内涵和形式。第三,推动跨学科整合,结合其他学科知识,如数学(运动中的数据分析)、科学(人体运动原理)、语文(体育故事和精神的讲述)等,使体育课程更具综合性。第四,利用虚拟现实、智能设备等现代技术,增强课程的趣味性和互动性,例如,可以设置户外探险类课程、亲子体育课程、传统体育传承课程、康复体育课程、创意体育游戏课程、心理健康与体育融合课程、奥运项目普及课程以及新兴运动课程等。

五、可能遇到的难题及应对策略

(一)时间与精力协调问题

高校体育教师通常承担着繁重的教学、科研及部分管理任务,致使参与中小学体育教育中存在冲突时间、精力分散等难题,导致他们无法按时参与相关活动,也难以全身心地投入中小学体育科学教育中,从而影响参与的程度和质量。

高校体育教师工作的繁忙可能会在多个方面导致其在中小学体育科学教育中的参与度不足,需要通过合理的安排和有效的激励机制来缓解这些问题。例如,制定详细的合作计划、灵活安排参与方式、集中活动时间、团队协作与分工、优化任务流程等,通过这些措施,可以在一定程度上缓解高校体育教师时间与精力的限制和参与中小学体育科学教育之间的矛盾,进而提高高校体育教师参与度。

(二)教育理念与方法的融合难题

一是在教学理念上,二者存在差异。主要体现在如下几个方面。首先,中小学教育更侧重于为学生打下全面的知识基础,培养良好的品德和行为习惯,注重基础知识的传授和基本技能的训练,以帮助学生建立正确的价值观和世界观;高校教育则更注重培养学生的专业能力与创新思维,以便于学生为今后的职业发展和创业道路做决策,为学术研究做准备。其次,在知识的广度与深度方面,中小学教育追求知识的广度,涵盖多个学科领域,让学生对各方面有初步的了解;高校教育则在特定专业领域追求知识的深度,要求学生对专业知识有深入的研究和理解。最后,在对个体发展的关注方面,中小学教育往往更强调学生的整体发展和共性培养,注重遵循统一的教育标准和规范;高校教育则在一定程度上更尊重学生的个性和兴趣,鼓励学生自主探索和发展独特的才能。

二是在教育方法上,二者存在差异。主要体现在如下几个方面。首先,中小学教学多采用讲授式、示范式等较为直接的教学方法,教师在教学中起主导作用,引导学生学习;高校教学则更倾向于启发式、讨论式、研究式等方法,鼓励学生自主思考和研究。其次,在课程设置方面,中小学课程设置相对固定,课程内容和进度较为统一;高校课程设置则更加灵活多样,学生有一定的选课自主权,可以根据自己的兴趣和专业方向选择课程。再次,在评价方式方面,中小学评价学生主要依据考试成绩和日常表现,评价标准相对统一;高校评价方式则更加多元化,除了考试成绩,还包括论文、项目实践、课堂参与等,且更注重学生的整体素养与创新成果。最后,在实践教学方面,中小学实践教学相对较少,主要以课堂教学为主;高校则更注重实践教学,通过实验、实习、社会实践等方式,将理论知识与实际应用相结合。

因此,围绕中小学和高校教师理念融合、方法互补的问题,我们提出如下策略。

一是共同开展教研活动。定期组织中小学和高校教师共同参与的教研活动。在活动中,双方可以就特定的教育主题展开深入讨论,分享各自在教学中遇到的问题和解决方案,促进理念的交流与融合。

二是师徒结对。建立中小学教师与高校教师的师徒关系。高校教师可以凭借深厚的学术背景和前沿的教育理念指导中小学教师,中小学教师则能为高校教师提供实践经验和真实的教学案例,实现互补。同时,师徒可以合作研究项目,申报教育研究项目。在研究过程中,双方共同探索教育规律,融合不同的视角和方法,推动教育理论与实践的创新。

三是联合课程开发。鼓励中小学教师和高校教师共同开发课程。在合作过程中,双方需充分考虑不同阶段学生的特点和需求,融合各自的理念,设计出具有连贯性和适应性的课程体系。在课程开发中,重视案例分析与研讨,收集并整理优秀的教学案例,组织中小学教师和高校教师一起进行分析和研讨。通过对具体案例的剖析,学习彼此的优点,实现方法的互补。

四是开展学术沙龙。举办学术沙龙,为中小学教师和高校教师提供一个轻松自由的交流环境。学术沙龙可以围绕教育热点、难点问题,分享观点和经验,激发创新思维,促进理念的更新与融合。同时,针对专业问题开展专题培训。例如,为中小学教师提供关于教育前沿理论的培训,为高校教师提供关于基础教育实践的培训。

五是互换教学体验。安排中小学教师到高校进行短期的教学体验,高校教师到中小学进行教学实践。通过亲身体验不同的教学环境和对象,深入理解对方的教育理念和方法。

六是设立激励机制。建立相关的激励机制,对在理念融合、方法互补方面表现出色的教师给予表彰和奖励,激发教师参与合作的热情。

六、高校教师资源与中小学体育科学教学未来合作空间

展望未来,体育强国的梦想在召唤,高校与中小学之间以推动中小学体育科学教育质量

提升为契机,进一步深化教学、科研与育人合作,有力地推动中小学体育科学教育质量的全面提升。在未来的合作交流中,可以开展但不限于以下若干个方面。

在合作模式方面,期望建立更加紧密和长效的合作机制,不仅仅是临时性的项目合作,而是形成稳定的合作伙伴关系,实现资源的持续共享和交流。

在师资培养方面,期望能够加大对中小学体育教师的培训力度和深度,开展系统的、长期的培训课程,帮助他们不断更新教育理念和教学方法,提升专业素养。

在课程开发方面,期望共同打造更多具有创新性和前瞻性的体育课程,融入现代科技元素和多元文化,激发学生对体育的浓厚兴趣。

在教学研究方面,期望携手开展深入的实证研究,探索适合不同年龄段学生的体育教学模式和评价体系,为提高教学质量提供科学依据。

在教学资源共享方面,期望实现更广泛的硬件设施共享,如体育场馆、训练设备等,同时加强数字化教学资源的共建与共享。

在校园体育文化建设方面,期望通过合作举办丰富多彩的体育活动和竞赛,打造积极向上的体育文化环境,塑造学生的体育精神和团队协作意识。

在人才选拔与培养衔接方面,期望建立更顺畅的人才输送渠道,尽早发现和培养有体育特长的学生,为高校体育专业储备优秀生源。

总而言之,高校与中小学携手共进,通过全方位、深层次的合作,不断提升学校体育科学教学的质量,推进青少年全面发展,让"体育大国"到"体育强国"的伟大梦想早日实现。

参 考 文 献

[1] 苟小军,杨彩虹. 新时期学校体育教育价值取向转变[J]. 科技资讯,2009(31):2.

[2] 芦艳林. 基于创新角度的小学体育教学方法探究[J]. 新课程,2019(35):2.

[3] 徐营. 立足练习密度让素质有效提高[J]. 小学科学(教师版),2019(2):134.

[4] 鹿志海. 中小学体育核心素养教育:学校体育与健康课程新课标理念的审视[J]. 青少年体育,2023(3):116-118.

[5] 张昕. 对中小学体育与健康课程标准几个问题的认识与思考[J]. 辽宁教育研究,2004(11):60-61.

[6] 张跃强. 基于专业背景下小学体育新教师学科实践技能培训的研究[J]. 体育教学,2019,39(12):55-58.

[7] 刘伟红. 情境教学法在培养小学体育核心素养中的应用分析[J]. 体育教学,2023,43(S1):203.

[8] 马书爽. 教育资源的开发与高校体育教学改革初探[J]. 当代体育科技,2018,8(25):2.

[9] 刘嘉. 教育资源的开发与高校体育教学改革[J]. 当代体育科技,2012(34):2.

[10] 翟芳,季浏. 国际中小学体育与健康课程目标构建的共性特征与经验启示[J]. 体育与科学,2022,43(4):81-87.

高校财政专项资金绩效审计研究

北京信息科技大学 审计处 张博文

摘 要 随着高等教育事业的快速发展,高校财政专项资金在高校经费中的地位越来越重要。专项资金的有效管理和使用直接关系到高校的教学质量、科研水平和办学效益。因此,开展高校财政专项资金绩效审计尤为重要。本文将从高校财政专项资金的特点,高校财政专项资金绩效审计的意义、评价指标体系的构建、现状、难点,以及优化高校财政专项资金绩效审计的具体措施等方面进行深入探讨,并提供了一个案例分析,以期为高校财政专项资金的合理使用和有效监管提供参考。

关键词 高效财政专项资金;绩效审计;评价指标体系;资金使用效率;监管力度

一、引 言

近年来,国家对高等教育的投入不断加大,尤其是对"985工程""211工程"等专项资金的投入,这为高校的发展提供了有力支持。然而,专项资金在使用过程中存在诸多问题,如资金利用效率低、项目执行不力、监管不到位等。这些问题严重影响了专项资金的使用和高校的持续发展。绩效审计作为一种新兴的审计方式,能够很好地解决传统财务收支审计对财政专项资金使用效益关注不足的问题,通过总结建设效益,查找出管理中的薄弱环节,加强控制措施,规避潜在风险,为学校未来发展提供支持。因此,开展高校财政专项资金绩效审计,对提高资金使用效率、加大监管力度具有重要意义。

二、高校财政专项资金绩效审计的理论基础

(一)绩效审计的定义与特点

绩效审计是对被审计单位在资金使用、项目管理、政策执行等方面所取得的成果进行评价和监督的一种审计形式。不同于传统的财务审计,它更侧重于对经济效益、社会效益和生态效益的综合评估。绩效审计的特点包括:

（1）经济性：它关注的是资金使用的节约性和合理性，即是否以最小的成本实现了既定的目标。

（2）效率性：它衡量的是投入与产出之间的比例关系，即资源利用的效率。

（3）效果性：它关注的是项目或政策实施后所取得的成果和影响，即是否实现了预期的目标，以及这些目标对社会、经济、环境等方面产生的影响。

（二）高校财政专项资金的特点

1. 专项性

高校财政专项资金具有明确的用途和目标，通常用于支持特定的教学、科研或建设项目。这种专项性要求资金在使用过程中必须严格遵守相关规定，确保资金用途的合规性和效益性。

2. 政策性

专项资金的使用往往受到国家政策的指导和约束。政策的变化直接影响专项资金的投入方向和使用效果。因此，高校在申请和使用专项资金时，必须密切关注政策动态，确保资金使用符合政策要求。

3. 时效性

专项资金的使用具有明确的时间限制。项目必须在规定的时间内完成，否则将面临资金收回或处罚的风险。这种时效性要求高校在项目管理过程中必须合理安排时间，确保项目按时完成。

4. 复杂性

高校财政专项资金涉及多个领域和方面，如教学、科研、基础设施建设等。这些领域的特点各不相同，导致专项资金的管理和使用具有一定的复杂性。因此，高校需要建立科学的管理体系，确保专项资金的合理分配和有效使用。

三、高校财政专项资金绩效审计的意义

（一）提高资金使用效率

通过绩效审计，可以全面了解专项资金的使用情况，发现资金使用中存在的问题和不足，并提出改进建议，从而提高资金使用效率。

(二) 加大监管力度

绩效审计是一种有效的监管手段。通过对专项资金进行审计,可以督促高校严格遵守相关规定,确保资金使用的合规性和效益性。同时,审计结果还可以为相关部门提供决策依据,加大对专项资金的监管力度。

(三) 促进高校发展

专项资金是高校发展的重要支撑。通过绩效审计,可以确保专项资金的有效使用,推动高校在教学、科研等方面取得更好的成绩,为高校的长远发展奠定坚实基础。

四、高校财政专项资金绩效审计评价指标体系的构建

(一) 评价指标体系的构建原则

在构建高校财政专项资金绩效审计评价指标体系时,应遵循以下原则:

(1) 全面性原则:评价指标应涵盖专项资金使用的各个方面,包括但不限于教学质量、师资队伍建设、科研能力等,确保评价的全面性和客观性。

(2) 量化原则:评价指标要能够用具体数据进行量化,以便进行实际数据的比较和绩效的评估。

(3) 可操作性原则:评价指标要能够为高校提供实际可操作的改进措施,帮助高校改善财政专项资金的使用效果。

(4) 长期性原则:评价指标要考虑长期的发展需要,而不仅仅是短期效果的评价。

(5) 内外部评价相结合原则:在构建评价指标体系时,既要考虑高校内部因素,也要兼顾外部因素,确保评价的全面性和客观性。

(二) 构建内容

高校财政专项资金绩效审计评价指标体系通常包括以下四个方面的内容。

1. 教学质量评价指标

(1) 毕业生就业率:反映高校教学质量的直接结果。
(2) 学生满意度调查结果:通过问卷调查等方式收集学生对教学质量的反馈。
(3) 教师教学质量评估结果:包括同行评价、学生评价等多种方式。
(4) 课程建设质量评价:对课程设置、教学内容、教学方法等进行综合评价。

2. 师资队伍建设评价指标

（1）师资队伍结构比例：如高级职称教师占比、博士学历教师占比等。

（2）师资队伍教学水平评估结果：通过教学观摩、教学比赛等方式评估教师的教学能力。

（3）师资队伍科研能力评价：考察教师在科研方面的成果和创新能力。

3. 科研能力提升评价指标

（1）科研项目数量与质量评价：包括国家级、省部级等各级科研项目的申报和完成情况。

（2）科研成果转化效果评价：考察科研成果在实际应用中的效果和价值。

（3）科研团队建设评价：对科研团队的整体实力、协作能力等进行评估。

4. 教育资源配置评价指标

（1）财政专项资金使用效益评价：分析专项资金的使用是否达到了预期效果。

（2）教育设施建设质量评价：包括教学楼、实验室、图书馆等教学设施的建设和使用情况。

五、高校财政专项资金绩效审计的现状

（一）审计对象与主体

审计对象方面，从已经开展绩效审计的高校来看，以重大财政专项资金为审计对象的占比最多，其中以双一流建设引导专项为主。审计主体方面，多数是学校审计处自行审计，但也有部分高校采用外部审计机构进行审计。

（二）审计内容与重点

审计内容主要围绕绩效目标、资金使用、绩效管理体制、项目立项、预算安排、执行过程等方面。其中，绩效目标和资金使用是审计关注的重点。然而，从已开展绩效审计的高校反馈来看，审计的深度不够，有的高校将绩效审计结合在其他审计项目之中，没有将绩效审计当作单独项目来投入足够的审计力量，导致难以做到审深、审透。

（三）审计效果与问题

尽管高校财政专项资金绩效审计取得了一定成效，但仍存在一些问题。一是高校内部审计自身能力不足，难以胜任复杂的绩效审计工作；二是审计评价难度较大，大多数高校没

有制订明确的绩效审计评价指标,内审机构自行制订难度较大,认可度差;三是审计结果质量不高,相关部门没有形成共识,奖惩问责机制缺失,审计结果运用较差。

六、高校财政专项资金绩效审计的难点

(一)专项资金的政策性强

高校财政专项资金具有明确的建设目标和规划内容,资金必须按照申请项目的规划内容严格执行,不得随意调整项目金额或变更项目内容。这就要求项目申请者在项目测算时不仅要明确项目的目标和内容,还要对项目的人、财、物需求进行精细化预算。这种政策性强的特点增加了审计的难度。

(二)专项资金的时效性突出

项目资金必须在规定时间内执行完毕,否则将面临财政收回的风险。这种时效性要求项目执行者在推进项目进展的同时要密切关注时间节点,避免因时间紧迫而引发问题。然而,在实际操作中,由于设备采购周期长、关税减免手续复杂等原因,往往导致项目执行时间紧张,审计难度增加。

(三)绩效审计标准难以确定

高校专项建设涉及的资金量巨大,且产出多为社会公共产品或无形资产,难以用简单的投入产出比来衡量效益。因此,如何确定合理的绩效审计标准成为高校绩效审计的难点之一。

七、优化高校财政专项资金绩效审计的具体措施

(一)提升审计人员绩效审计意识与技能

审计人员是影响绩效审计开展的重要主体,其综合素质将直接影响审计工作的质量和效果。因此,高校应建立完善的审计人才培训规划,定期组织审计人员学习最新的审计知识和相关法律法规。同时,加强对审计人员的绩效审计意识培养,树立全面审计的意识,尤其是树立社会效益意识。此外,还应加强审计人员在大数据技术方面的技能培训,提高审计工作的效率和准确性。

(二) 构建科学的绩效审计评价指标体系

针对高校财政专项资金绩效审计评价指标体系难以确定的问题,高校应构建科学的绩效审计评价指标体系。该体系应综合考虑经济效益、社会效益和生态效益等多个方面,采用平衡计分卡(BSC)、层次分析法(AHP)、数据包络分析法(DEA)等工具建立评价指标体系。同时,结合高校实际情况和专项建设目标,制定具体的评价指标和评价标准,确保评价结果的客观性和公正性。

(三) 加强审计结果运用与问责机制建设

为了提高审计结果的质量,高校应加强与校内相关部门的沟通与协作,形成审计结果运用的联动机制;对于审计中发现的问题和不足,应及时向相关部门反馈;建立健全的奖惩问责机制,对审计结果优秀的单位和个人给予表彰和奖励,对审计结果较差的单位和个人进行问责和处罚。通过加强审计结果运用和奖惩问责机制建设,推动高校财政专项资金绩效审计工作的深入开展。

(四) 利用信息化手段提高审计效率

随着信息化技术的不断发展,高校应充分利用信息化手段提高审计效率。例如,利用数据库等信息化审计工具进行数据分析和挖掘,构建专项资金使用情况表格等信息化审计工作,利用大数据技术对专项资金使用情况进行实时监测和预警等。通过信息化手段的应用,可以大大提高审计工作的效率和准确性,降低审计成本。

八、案例分析

(一) 案例背景

本案例聚焦于某高校获得的"创新人才培养计划"财政专项资金。该计划的核心目标是增强学生的创新能力和实践能力,具体通过建设创新实验室、举办学术竞赛、支持科研项目等形式实施。专项资金作为推动这一计划的关键资源,其使用效率和效果直接关系到计划目标的实现程度。审计部门对该专项资金的使用情况进行了绩效审计。

(二) 审计过程与发现

1. 经济性审计

在经济性审计阶段,审计团队深入调查了专项资金在实验室设备采购、装修装饰等方面的使用情况。

审计发现：①部分实验室设备的采购价格明显高于市场同类产品的平均价格,甚至存在个别设备价格异常偏高的情况；②实验室的装修、装饰标准超出了实际需求,如使用了高档的装修材料,配置了不必要的豪华设施等。

2. 效率性审计

在效率性审计方面,审计团队重点考察了项目实施进度和资金拨付情况。

审计发现：①项目实施进度缓慢,部分创新实验室的建设和改造工程未能按计划完成,导致实验室无法及时投入使用；②资金拨付速度不一,不同项目之间的资金拨付进度存在明显差异,部分急需资金支持的项目因资金不到位而面临困境。

3. 效果性审计

效果性审计是评估专项资金使用效果的关键环节。审计团队通过问卷调查、访谈师生、分析科研成果等方式,对专项资金的使用效果进行了全面评估。

审计发现：①创新能力提升有限,尽管创新实验室和学术竞赛的举办为学生提供了一定的实践机会和创新平台,但整体而言,学生的创新能力提升并不显著；②科研成果转化率低,部分项目成果未能得到有效转化和应用,对教学质量和科研成果的贡献有限。

（三）问题分析

（1）预算管理不精细：专项资金预算编制时缺乏充分的调研和论证,导致预算金额与实际需求存在偏差。

（2）项目管理不规范：项目实施过程中缺乏明确的目标导向和责任机制,项目负责人和责任部门之间职责不清、沟通不畅,导致项目进展缓慢、效率低下。

（3）评价体系不完善：对专项资金使用效果的评价体系存在缺陷,评价体系不够全面、科学,评价方法不够客观、公正。

（四）改进措施

（1）加强预算管理：科学编制专项资金预算,确保预算的合理性和前瞻性；加强预算执行过程中的监督和调整,确保资金使用的合规性和经济性。

（2）完善项目管理机制：建立健全的项目管理制度和流程,明确项目负责人和责任部门；加强项目实施过程中的监督和检查,确保项目按计划顺利进行；优化资金拨付流程,确保资金及时到位。

（3）建立健全评价体系：制订科学的评价指标和方法,对专项资金使用效果进行全面、客观的评价；及时发现问题并提出改进建议,确保资金使用的有效性和成果的最大化。

九、结论与展望

高校财政专项资金绩效审计是提高资金使用效率、加大监管力度和促进高校发展的重要手段。通过构建科学合理的评价指标体系和优化高校财政专项资金绩效审计的具体措施,对专项资金进行全面、客观和准确评价。未来应继续加强对绩效审计的研究和实践探索,不断完善评价指标体系,提高审计工作的质量和效率。同时,加强对审计结果的运用和反馈机制的建设,促进高校财政专项资金的合理使用和有效监管。

参 考 文 献

[1] 胡彦清.事业单位绩效评价与绩效审计探究[J].中国乡镇企业会计,2024(07):103-105.
[2] 严莉.关于行政事业单位财政资金绩效审计与财政税收探究[J].财经界,2024(20):156-158.
[3] 刘洪洁.公共部门绩效审计与政府责任[J].中国内部审计,2024(04):67-71.
[4] 李修远.高校绩效审计工作现状与优化路径探究[J].中国管理信息化,2024,27(06):13-15.
[5] 潘修中,张嘉琰,赵兆富.绩效审计的功能定位与推进路径:基于三种比较视角[J].财政监督,2024(04):78-82.

基于胜任力素质模型的高校教师分类考核评价研究[①]

北京信息科技大学　人事处　闫健

摘　要　教师教学胜任力一般是指教师为胜任教学所应该具备的专业知识、专业素质和专业能力。本文在总结各高校现有考核评价制度的基础上，构建了高校教师胜任力素质模型，包含师德基本素养、行为综合素养、教学应用素养和职业发展素养四个维度，并在此基础上，提出高校教师胜任力素质提升措施，进而推动新质教师培育，持续提升教师教书育人能力。

关键词　高校教师；胜任力；绩效考核；分类评价

一、引　言

教育、科技、人才是中国式现代化的基础性、战略性支撑。党的二十大报告指出："深化教育领域综合改革，加强教材建设和管理，完善学校管理和教育评价体系，健全学校家庭社会育人机制。"这是以习近平同志为核心的党中央在全面部署"实施科教兴国战略，强化现代化建设人才支撑"进程中，对加快推进教育现代化、建设教育强国、办好人民满意的教育提出的最新要求。党的十八大以来，中共中央、国务院相继出台《关于全面深化新时代教师队伍建设改革的意见》《关于分类推进人才评价机制改革的指导意见》《关于深化高等学校教师职称制度改革的指导意见》，为全面推进新时代教师队伍建设提供行动指南，对加快建设人才强国具有重要推动作用。

近年来，各地高校，特别是首都高校勇于探索，敢于创新，人事制度改革取得明显成效。但是，面对全面提升高等教育质量、建设现代大学制度的要求，高校人事制度改革还存在一些突出问题，主要表现在：高校教师分类考核评价机制需进一步完善，评价标准和评价手段相对单一、趋同，保障机制与分配激励还需进一步优化等。这些问题制约了高校发展的生机与活力，迫切需要在突破深层次体制机制屏障、激发改革内生动力、优化改革氛围等方面进行大胆探索和全新实践，从而进一步深化高校人事制度改革。

---

① 本文由北京市教师发展研究课题（课题编号：GJ2023014），2024年北京高等教育"本科教学改革创新项目""产教融合背景下地方应用型高校教学评价体系优化研究"项目支持。

二、高校教师分类考核评价研究评述

高校教师分类考核评价是建立现代大学制度的重要内容,重在体现过程性考核和分类性评价。通过对教师的绩效进行考核评价,为教师的引进和培养、晋升和聘任、发展和激励等提供了条件,也为教师追求卓越、实现自我价值、履行责任使命给予了促进,进而提升教育教学质量。

高校对教师分类考核评价进行了不断优化创新,在教师考核目标设计、考核机制创新、考核流程优化、考核结果运用等方面不断改革尝试,对推动教师分类考核评价机制改革起到了先行示范的作用。例如,南京大学按照"人才计划考核+聘期考核+一般性年度考核"的体系,实施教学工作与科研工作考核方式不同、考核权重一样,教学考核"一票否决制",不同考核类型侧重点差异化,通过弹性考核制,实现由短期考核向中长期考核转变;中国人民大学弱化数量考核,引导教师重视贡献度,淡化"学术GDP";北京交通大学建立"年度考核+聘期考核"的考核体系,对新入校教师试行了首聘期考核及非升即走考核。通过梳理我国高校教师考核实践发现,近年来,我国高校教师考核相关政策主要体现在重视综合考核及其制度化和规范化的设计。由于受到高校办学定位差异,高校考核评价机制存在缺乏整体性规划、评价过程未形成有效反馈闭环、评价内容复杂、评价方法单一、发展性功能体现还不够等问题。高校应在明确发展性导向与奖惩性导向兼顾、长期目标与短期目标兼顾、思想道德与业务水平兼顾、质与量兼顾、团队考核与个人考核兼顾,在分类别、分岗位、分层次明确考核基本标准和基本原则的基础上,将考核反馈机制运用到考核评价的各个环节,把考核结果作为续聘、解聘、晋级、聘任、增资、奖惩等的重要依据,多措并举优化现阶段高校教师分类考核评价体系。

因此,高校应根据自身特色优势和办学类型定位,设置促进高校自身发展的差异化学科专业和岗位要求,强化教师分类管理、绩效分类评价、人才分类发展的理念,构建适应不同学校发展、不同学科特点、不同岗位需求的科学考核评价方法。

三、高校教师胜任力内涵及素质模型建构

1. 胜任力内涵

早在1973年,哈佛大学戴维·麦克利兰(David McClelland)教授就提出了"胜任力"这个概念,它是区分在一项工作中成绩突出者和普通工作者的一种手段,可以是任何被测量或计数的,并且通过不同工作特点可以持续改进的。

教师胜任力聚焦教师在教学全过程中的表现,涵盖了围绕教师教学所需要的专业知识、专业技能或能力、专业态度或价值观、人格素养和心因要素等。教师胜任力需要在教学过程中,以可观测的行为特征或教育教学成果呈现出来,具有可指导、可观察和可衡量

三个特征。

2. 胜任力素质模型

胜任力素质模型是一种评估个体在特定岗位上有效表现而所需的知识、技能、态度和行为的框架,如图1所示。根据高校发展目标和外部环境变化,构建包括教师教学能力、科研能力和服务能力的胜任力素质模型,设置高校教师各类考核指标,动态调整胜任力素质模型指标权重,通过不断自我评估与反馈优化,运用定量与定性相结合的方法来科学、系统地评估和分类高校教师的教学能力、科研能力和服务能力,以提高教师整体综合素质,以及高校整体教育质量。

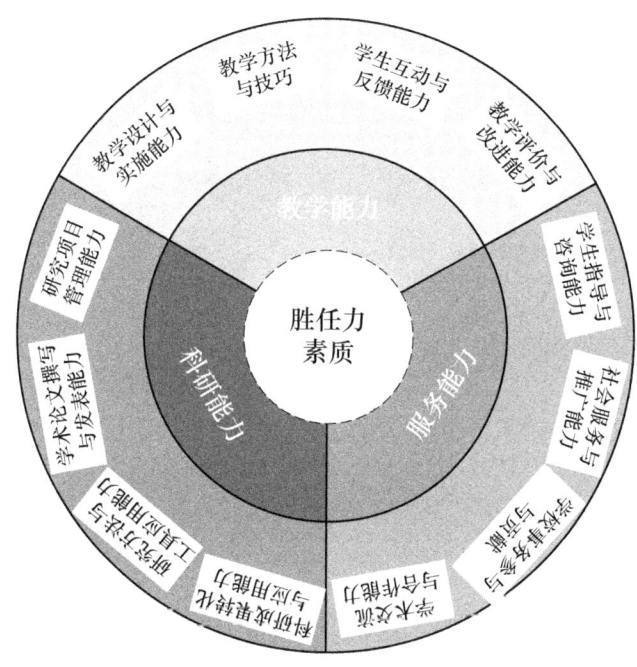

图 1 教师胜任力素质模型

3. 胜任力素质模型建构

教师应把教育本真贯穿于自身职业生涯的全过程,教师教学胜任力作为教书育人的根本性素质,教师要不断检视自身存在的不足,注重学术论文、奖项、科研项目数量的同时,更应该注重师德、素质、能力和业绩的提升,并将成果产生的效益和社会贡献度放在首位,把立德树人放在首位,把学校的发展放在首位,构建基于胜任力素质模型的高校教师分类考核评价体系,如图2所示,探索多元化考核指标和分类别分层次的评价标准,建立全周期考核用人制度,推进新质生产力赋能新质教师培育,推进教师队伍改革和教学胜任力素质水平。

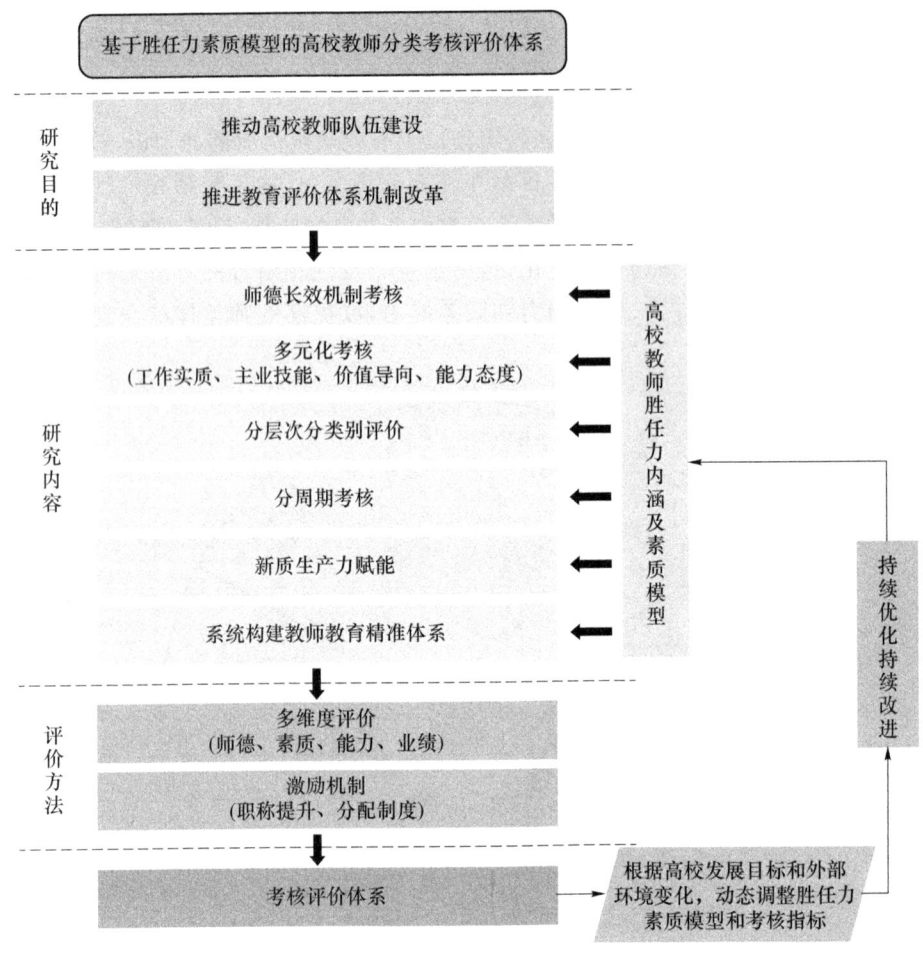

图 2 基于胜任力素质模型的高校教师分类考核评价体系

四、提升高校教师胜任力素质措施

1. 加强胜任力评估,优化高校教师分类绩效考核体系

教师教学胜任力的评估,能有效反映教师进行专业知识、专业技能、专业态度或价值观的资格和能力,通过年度考核、中期考核、聘期考核等阶段考核方式,建立一套科学有效、动态灵活的考核体系,对促进教师发展、提高教学能力具有重要的推动作用。

(1) 探索建立健全师德长效机制考核:坚持立德树人价值导向,坚持"德才兼备、以德为先",将教师思想政治和教风师风的考察与监督贯穿教师教育教学全过程,并作为教师职称晋升、岗位聘任、绩效考核、项目申报、评奖推优的首要标准,实施师德"一票否决",形成师德考核长效机制。

(2) 构建多元化考核指标体系:基于胜任力评估模型,按照岗位分类从工作实绩、专业技能、价值导向、能力态度等方面设置多元化考核指标;基于扎根理论从"达标性要求""鼓励性措施""高压和红线"等方面构建科学考核体系。

(3)构建灵活动态薪酬绩效分配机制:统筹规划薪酬分配体系,优化绩效工资结构,形成多劳多得、优绩优酬的分配机制,通过年薪制、预聘-准聘制、协议工资制等方式,灵活薪酬标准,实现对高层次人才、教学名师、"青椒"教师、新入职教师等不同类别的激励。

2. 推进教师分类管理,重视高校教师职业发展规划

教师专业发展应是教师的自主性活动,不受任何外部约束和方向预设,只有将其内化为教师的自觉行动,才能够真正促进教师的专业成长。要充分考虑学科差异特点,遵循教师专业成长规律,按照教师分类管理、考核分层评价,重视教师个人专业发展,全面提升教育教学效果。

(1)探索培养多样化复合型人才:坚持"不拘一格降人才",鼓励以学术质量和科技创新为导向,推行破格晋升制度、预聘制度、长聘制度,坚持"以岗定薪、严格考核",注重成果质量产出,突出"代表性成果",为优秀人才快速发展提供制度保障。

(2)建立分类别分层次的评价标准:坚持"尊重规律、分类评价",分学科制定教师评价标准,为不同岗位的教师提供不同职业发展平台和晋升渠道;坚持"服务国家需求、注重实绩贡献",引入"第三方评价"和专家评价,完善"代表性成果"评审制度,规范多主体评价方法,让教师有更多时间和精力深耕教学、学术创新。

(3)完善全周期考核用人制度体系:将考核评价结果与职称晋升、分配激励等有机结合,探索构建基于教师胜任力素质的"科学设岗、晋升聘任、分类考核、多元评价、结果运用""五位一体"全周期考核用人制度体系。

3. 注重系统集成,健全中国特色教师教育体系

教师教育是教育事业的工作母机,是培养师资的主要阵地,肩负着教师培养培训的重任,是教育事业的工作基础。育人由育师开始,建立科学高效的教师教育体系,使教师队伍规模、结构、素质能力不断满足中国式现代化内涵发展的需要,更好地适应新时代人才培养的需要。

(1)高位推动教师队伍建设改革:教育高质量发展依托高水平教师队伍,优化教师资源配置和能力素养结构,推进高水平教师队伍建设,探索教师能力、胜任力素质和教师教育标准,构建开放灵活、富有弹性的教师教育联动协同培养体系,为教师教育高质量发展提供系统理论支撑。

(2)新质生产力赋能新质教师培育:为加快发展新质生产力的部署要求,高校要在构建人才自主培养体系、深化拔尖创新人才培养方面进行不断改革和创新;推动各类先进优质教育要素资源向发展新质生产力顺畅流动,培养新质人才,培育新质教师。

(3)系统构建教师教育标准体系:依托文化属性,构建中国特色体系;依托胜任力素质,持续提升教师教书育人能力,持续赋能教师队伍发展,推进一体中国特色教师教育体系。

基于胜任力素质模型的高校教师分类考核评价研究,为高校教师的评价提供了一个科学、系统的框架,有助于提升教师队伍的整体素质和教育质量。在评价原则、评价内容、评价方法、评价结果使用等方面都得到了进一步完善和规范,对教师的师德、素质、能力、业绩等方面开展了卓有成效的综合考核。通过不断优化考核体系,可以进一步助力高校可持续发展。

高校管理人员考核激励机制优化研究
——以北京信息科技大学为例

北京信息科技大学　人事处　李　哲

摘　要　高校管理人员是学校政策落实的关键力量,对其考核激励机制的优化有助于学校管理,服务质量的有效提升。本文以北京信息科技大学为研究对象,通过剖析考核激励机制现状与问题,深入分析考核与激励的关系,并提出考核激励机制优化的建议。

关键词　高校管理服务人员;考核激励机制;优化路径

考核激励是激发高校管理人员工作活力,发挥目标导向作用,引领其为实现学校发展目标而努力工作的重要途径,本文以北京信息科技大学为研究对象,运用调查问卷的方式对管理人员考核激励机制进行讨论,以期对管理人员考核激励机制进一步优化,激发管理服务队伍潜能,不断提升学校管理水平,推动学校事业的高质量、内涵式发展。

一、管理人员考核激励机制的现状与问题分析

(一)管理人员情况及考核激励机制实施现状

学校管理人员分布结构如下:行政管理人员占全校教职工总数的20%,其中行政部门管理干部占比62%,教学单位管理干部占比38%,这些干部是维持学校运转和推动发展的关键节点,在制定学校发展政策,落实学校发展目标,服务教学科研一线,管理服务育人等方面都发挥着关键作用。

根据高水平应用型大学分类发展的目标,学校已建立了相对完善的考核激励机制,通过年度及聘期考核、薪酬改革、职级职称晋升、评优评先等多种方式,对管理人员的工作进行综合评价和激励。

(二)考核激励机制存在问题

为充分了解学校管理人员考核激励机制运行情况,在机关及教学单位发出了调查问卷。

---

① 本文由北京信息科技大学党建研究课题(课题编号:DJKTA202307)支持。

本次调查共回收有效问卷182份,参与调查人员中管理岗位干部占比60%,专业技术人员占比40%,从被评价者和参与评价者两个维度进行综合调查。主要存在以下五个方面的问题。

一是,注重考核,激励不足。考核体系建立较为完善,对管理人员会进行年度考核、聘期考核、平时考核,但是激励机制中的定期激励、重点激励等体系还未真正建立。二是,考核标准不够明确。与管理工作性质相关,评价标准较为主观,定性多、定量少,难以准确反映管理人员的实际工作效果。三是,激励手段较为单一。通过评优评先进行精神激励较多,物质激励和职业发展激励机制还须进一步完善。四是,沟通反馈不到位。考核结果与管理人员之间的沟通反馈机制不健全,只告知其是优秀还是合格这一最终结果,未能及时准确反馈具体优缺点,致使激励效果不好。五是,文化氛围建设有待提升。缺乏积极向上的组织文化氛围以及自由宽松发展氛围,需加强建立合理容错纠错的机制。

二、深度分析、深入认识考核与激励的关系

(一)实施考核是开展激励的基础

考核是依据明确的标准,对管理人员的政治品质、师德师风、日常表现、工作业绩等进行评价,同时找到其工作中存在的问题。调查结果显示,关于学校考核工作的事实,选择"客观公正"及"比较客观公正"的比例为74.17%,认为学校对行政管理人员的考核有一定的数据和指标支撑,能够相对客观地反映行政管理人员队伍工作的整体情况。以此为基础开展激励,激励标准和范围的确定就更加有针对性,从而做到相对合理。

(二)进行激励是对考核工作的延伸和强化

激励就是要充分发挥考核结果的导向性作用,通过有效手段充分调动优秀行政管理人员的工作积极性,帮助他们实现个人的全面成长和发展,最终推动学校组织目标的完成。调查结果显示,认为激励应该应用在"选拔任用"的占比81.32%,"与绩效工资相结合"占比73.63%,"运用到职称评聘"占比69.78%。

(三)考核与激励相互促进、推动发展

考核为激励提供了基础和标准,而激励促进了管理人员的改进和提升,考核的标准和内容根据实际情况进行修订和改进,激励依据新的考核标准转换力度和角度。在考核与激励不断改进、变革的过程中,学校管理服务队伍的能力素质得到较为全面的提升,从而推动学校的发展建设目标的推进和实现。

三、管理人员考核激励机制的优化路径

(一) 实现考核标准与评价体系的不断完善和动态调整

应坚持定性与定量相结合的考核评价标准。参与调查人员中有65.38%认为应对岗位职责、年度重点工作进行定量评价,提出考核标准要主管部门根据各自岗位、工作业务等进行民主商议制定,每年根据各部门各岗位工作内容变化而修订,避免不公平标准评价。63.74%认为在考核时要对行政管理人员进行师德、作风、态度等方面的满意度调查,从思想政治、师德师风、职业道德、服务态度进行定性评价;建议在考核体系中设置加分项,如在管理服务工作中做出突出贡献、参加学校发展重大项目等进行加分。

多角度考核,各方面意见相辅相成,互相补充,形成对管理人员的完整画像,减少由资历、人情、内部平衡等情况带来的不利影响,从而更加全面、客观地评价管理人员的工作绩效。

(二) 强化沟通反馈机制

应建立考核后沟通反馈的机制,通过个别谈话、座谈会、考核分析等方式,向管理人员反馈考核结果,共同分析工作中的优缺点,找到下一步的发展方向。

关于沟通反馈的内容,参与调查人员选择最多的是"值得肯定的工作成绩",占比80.22%,表明教职工对于激励和肯定有较强的需求;59.89%的参与调查人员希望"能够获知具体等级划分情况";58.24%的参与调查人员希望"能够了解本人需要重点整改的内容,找到工作中的缺点";57.14%的参与调查人员想"进一步了解下一考核期的工作目标",表明其谋求部门发展的决心。参与调查人员表示,希望在平时的考核和年度考核中得到及时、准确的反馈,无论是平时工作、急难工作中的优秀表现,还是在阶段性工作中取得良好成绩都希望能够得到激励;当然,对于工作中出现的纰漏和不负责任的工作态度也要进行及时的纠正,在纠偏改错后得到真正的成长。

(三) 采用更加多元化的激励手段

采用物质与精神相结合的方式对管理人员进行激励。充分认识到物质激励与精神激励的相互补充的重要性,着力构建多元化的激励体系。也就是要充分发挥考核结果的导向性作用,利用各种手段充分调动优秀行政管理人员的工作积极性,帮助他们实现个人的全面成长和发展,最终推动学校组织目标的完成。

物质激励方面,主要体现在将考核结果与绩效工资挂钩,建立起绩效考核与薪酬管理相联动的机制,充分体现各二级机构在管理干部考核和绩效工资发放过程中的作用。给予部门一定的权限,通过"多劳多得、优绩优酬"的方式,达到薪酬分配的公平性和合理性,进一步

激发管理人员做好工作的积极性。

精神激励方面,要从多角度充分提升优秀管理人员的自豪感和使命感,在各类评优评先工作中将考核优秀作为重要条件,从职业发展的方面为其提供更多机会,率先安排其参加职业发展培训。在职务职级晋升中,优先考虑讲奉献、有成绩的管理人员,为其提供更广阔的发展空间,通过不断增强其职业荣誉感等,激发管理人员的内生动力和不断向前的决心。

日常管理方面,强调更加以人为本的管理理念和方法,更加关注管理人员的心理需求和发展需求,为其提供更加灵活、个性化的管理方案,增加管理人员的归属感和忠诚度,提高其工作满意度和幸福感。

(四) 塑造奋发向上的校园文化氛围

厚植校园"勤信文化"特色,持续开展"勤实信行"作风建设,将"优作风、提能力、办实事、解难题、促发展"作为管理队伍建设的目标,并通过会议、新闻、新媒体等多种途径向管理人员进行宣传。通过组织团队建设活动、经验交流会等方式,分享工作体会和感受,切实提升管理人员对校园文化的认同感,不断提升团队协作、共促发展的认识和能力。

(五) 加强考核激励的信息化平台建设

拓宽沟通渠道,除传统沟通方式以外,还应体现出学校信息特色优势,利用现代信息技术手段,在学校和管理人员之间搭建便捷、高效的沟通桥梁。

建立管理人员信息库,收集、整理并及时分析管理人员的工作数据和信息资料,运用信息手段将定性内容与定量内容进行综合分析,将管理人员不同时间段、不同岗位工作表现进行对比,为考核和激励工作提供有力支持。

四、结论与展望

高校管理人员考核激励机制的优化是激发教职工潜能和创造力,提升高校治理水平的重要途径。不断完善考核的内容和标准,设置合理可行的工作目标,科学设置考核评价主体,重视考核结果应用,强化沟通反馈机制,综合运用多元化激励手段,营造奋发向上的校园文化氛围等多种策略和方法,可以构建更加科学、合理、有效的考核激励机制,有力推动高校高质量、内涵式发展。

深化教师发展工作的系统集成式改革，助力培养符合时代发展的精英人才[①]

北京信息科技大学　人事处　刘　晔

摘　要　党的二十大报告强调"教育、科技、人才是全面建设社会主义现代化国家的基础性、战略性支撑"。本文以在应用型高校建设中的教师教学发展中心为实践主体，探索教师发展工作在此背景下的系统集成式改革方式。

关键词　教师发展；应用型大学；系统集成；数字化应用；新生产力关系

一、高校教师教学发展工作改革的背景和依据

"科技是第一生产力、人才是第一资源、创新是第一动力"，这是习近平总书记在党的二十大报告上明确提出的。党的二十大报告首次把科教兴国、人才强国、创新驱动发展这三大战略放在一起集中论述、系统部署，明确到2035年建成教育强国、科技强国、人才强国。

在2024年7月18日结束的党的二十届三中全会，审议通过了《中共中央关于进一步全面深化改革、推进中国式现代化的决定》，强调"必须深入实施科教兴国战略、人才强国战略、创新驱动发展战略，统筹推进教育科技人才体制机制一体改革，健全新型举国体制，提升国家创新体系整体效能"。

习近平总书记在2023年5月29日，主持中共中央政治局第五次集体学习时强调："要把加强教师队伍建设作为建设教育强国最重要的基础工作来抓，健全中国特色教师教育体系，大力培养造就一支师德高尚、业务精湛、结构合理、充满活力的高素质专业化教师队伍。"

科技创新靠人才，人才培养靠教育，教育施行靠良师。强教必先强师，这是应用型高校建设中必须被重视的一个环节。应用型高校建设，作为党中央、国务院的重大决策部署之一，已经有了很多的实践经验，随着应用型高校工作不断推进落实，高校中的教师教学发展中心也在不断地迎接变革和挑战。落实好人才的教育方向是高校的立足之本，教师教学发展中心应在此项工作的实践中发挥积极的作用。

所以高校教师教学发展中心的改革和尝试，必须坚持在中国共产党的领导下，来完成此项重大的使命性工作。

[①] 本文由北京市教师发展研究课题（课题编号：GJ2023014）项目支持。

二、当前高校教师教学发展工作的改革挑战

(一)当前高校教师教学发展工作的现状

高校教师教学发展工作在很长一段时间内,主要围绕以下工作:

(1) 提高教学质量:教师发展能够提高教师的教学水平,使他们更好地适应应用型大学的定位,提高教学质量。

(2) 培养创新人才:教师发展能够培养教师的创新意识和能力,通过课堂教学激发学生的创新精神,培养创新人才。

(3) 推动产学研合作:教师发展能够增强教师的科研能力,推动产学研合作,提高学校的科研水平和社会影响力。

(4) 培训与交流:大学教师发展中心应定期组织培训和交流活动,提高教师的专业素养和教学能力。

(5) 校企合作:加强与企业的合作,为教师提供实践机会,提高教师的实践能力和科研水平。

(6) 激励机制:建立激励机制,鼓励教师参与培训和交流,提高教师的积极性和主动性。

(7) 评估与反馈:建立教师评估体系,及时反馈教师的表现,帮助教师改进教学方式,提高教学质量。

(8) 自主性规划:根据办学特色规划相关的主题活动。

(二)当前高校教师教学发展的挑战

从党的二十大开始,基于新的国家发展使命,国家对于科技、人才、创新有着战略性的迫切需求,尤其是在发展新质生成力和数字化转型方面,急需人才资源的支撑。当今中国主要是高校承担着对社会所需人才的培养工作,应用型高校的提出,也是国家早已开始部署的一项重要战略决策。从当前各高校的学科和发展方向来看,虽然很多新的技术已应用于教学中,但与新质生产力相关的学科还没有明确出现在各高校的课表中,基本处于摸索的状态。而新学科的产生和实现是需要系统性规划和实践总结的,如何快速适应国家发展节奏,从而高质地培养战略发展性人才,是各高校必须面临的一项重要挑战。

想要培养好人才,应优先培养良师。在面对这种迫切的挑战时,慢慢摸索、总结的方式显然是跟不上当前国际形势和国家发展需要的,因此,需要高校在自我意识形态、制度和政策方针方面投入各项资源,在系统性规划上做好定位和投入。高校教师教学发展工作是此项挑战中非常重要的一个环节。更重要的是,新的生产力要素知识和应用是不能靠学生自行琢磨生成的,而是往往需要依靠系统性的学科培养及良师指引,所以在这种情况下,发挥好高校教师教学工作能力就成为各高校面临的重要任务。高校的教师和高校的教学对人才的发展会起到决定性的引导作用,因此,应当优先选拔或培训发展一批适合时代发展重任的

教师先锋。这项工作的开展就要落实到高校的教师教学发展工作上,而如何制定好系统性培养计划就成为各高校教师教学发展工作的重要挑战。

(三)高校教师教学发展的改革基础

1. 树立自我意识形态

高校教师教学发展工作需坚持使命感养成,培养国家发展迫切需要的人才,这也是高校的崇高使命之一。在教师教学发展规划中,高校应结合自身办学特色,坚持不动摇以建设教育强国为目标,高校自身应先意识到要树立此项意识形态,增强教师在自我发展过程中以培养新时代人才精英为使命的信念,提升教师的荣誉感和价值获得感。

2. 明确制度和政策方针

高校教师教学发展工作需坚持以制度和政策方针来明确方向,在培养新时代人才精英工作上,高校在制度上给予明确的指示和积极的引导,政策上给予足够的关注度,因校因况制定相关的制度规范或激励政策,让每个参与此项工作的人员可以明确、坚定地开展工作。

3. 倾斜和投入各项资源

高校教师教学发展工作需保持资源的投入力度,在开展此项工作中要确保有充足的人力、物力、财力的支撑,防止因高校教师教学发展工作的非教学属性,而形成政策大于资源投入的现象,造成形式主义,效率浪费。

4. 做好系统性规划

高校教师教学发展工作需坚持系统性规划,防止把某项工作作为一时的热点,同时要做好与其他工作的协调和配合,不能成为脱离其他工作的子项。各高校根据自身特点和情况,基于高校整体规划,把培养新时代精英人才工作充分融合到教师教学发展工作中,做好基于时间和发展梯度的系统性规划,形成长效的养成机制。

(四)高校教师教学发展的改革的紧迫性

自1978年中国实施改革开放政策以来,我国经历了人类历史上最为快速和高效的发展过程,在政治、经济、科技、人文、生态、法治、军事等各项领域,均正在或已经形成"弯道超车"的发展成果。到今天为止,党和国家对自身的发展仍在不动摇地坚持和推进,持续推进深化改革,以不断适应快速发展所带来的新机遇和新挑战。

在高速发展的同时,很多技术也在高速迭代,而技术的高速迭代是需要一大批精英人才作为基础的。随着时代的发展,高校对人才的培养也要与时俱进,跟上国家发展的步伐。新的生产要素正在形成,数字化、新质生产力将作为未来很多年的发展趋势和方向,高校在培养人才的方向上也应快速调整,与新生产力发展保持一致。

对于中国这样一个人口大国来说,发展是不能停滞的,而高校承担着为社会发展输入人才的使命。但是由于高校本身是一个比较庞大的组织机构,在学科和专业领域上有着巨大的区别,在适应和调整配合国家的发展过程中会呈现出快慢不一致的现象,这就需要依靠教师教学发展工作,优先培养出一批跟得上时代发展需求的良师队伍。

所以,高校教师教学发展工作的改革是充满紧迫性的,是不能等的。

三、高校教师教学发展工作改革方式探索

深化改革是指持续推进、扩大和加深已有改革措施范围的过程,旨在全面提升系统或机构的功能和效率。改革的目的是持续发展和形成高效能。高教教师发展工作为了迎合当下新时代的发展需要,为社会培养符合新时代发展需求的精英人才,必要用改革的方式打破现有工作方式,继承和发展已取得的结果,大胆尝试新方式,勇于迎接新挑战。

(一)敢于形成先锋队,加速工作内容成型

当下每一所高校的工作都是系统而具有明确规划的,但面对社会发展迫切的需求时,应及时部署一支善于创新的先锋队,积极吸收新理念,探索新应用的发展趋势,继承现有的理论和实践成果,用新的方式赋能新需求。

1. 人员素质过硬

新的生产力因素的发展和壮大一定是优中取优的成果继承。高校教师发展工作应具备筛选出一批基础扎实,科研创新能力强,接触新事物积极的骨干教师的能力,并基于当下现行政策,帮助被筛选出的骨干教师快速树立社会价值和自我价值相结合的意识,激发骨干教师能动性。

2. 把控好工作方向

在打造良师队伍时,不能急于求成,应以系统性的规划为指引,逐步建立、健全工作内容,使工作内容是可持续的,是步步向上的,并做好工作内容的短期目标规划和长期目标规划。此外,不仅要结合教师的创新意见,也要将可实行工作把控在需求的范围之内,分阶段规划工作内容,不断地总结、思考和共识,确保工作的方向不发生偏差。

3. 融合新生产力因素

高校教师教学发展工作应敢于打破常规,鼓励和支持被筛选出的骨干教师,在教研的实际工作中以融合新生产力的方式,鼓励骨干教师大胆尝试,将现有教育内容与新生产力要素相融合,形成一批新的教研科目,并鼓励和推动成果落地与经验分享,进而形成良性循环。

（二）敢于接触新领域,赋能设良师队伍建设

1. 理解好新生产力要素

高校教师教学发展工作应做好自身对新生产力要素的理解,并筛选出契合本校办校和教学学科的内容作为良师队伍建设的养料。

如科技创新,包括人工智能、量子信息科技、生物技术、新材料科技等领域的突破和应用等;如数据资产,在数字经济时代,数据成为一种新的关键生产要素,数据的采集、处理和分析能力决定了企业的竞争力和效率,大数据和数据分析已经在多个领域显示出其巨大的价值;如生态环境,环境保护和可持续管理成为现代生产力的一个重要方面,良好的生态环境不仅是公民健康和生活质量的保障,也是国家长远发展的基础;如制度创新,高效和适应性强的社会、经济及政治制度是新型生产力的重要组成部分,制度创新可以提高治理效率、激发市场活力、保护知识产权、优化资源配置等;如文化创意,文化和创意产业被视为新经济的重要推动力,它不仅可以强化国家文化软实力,也可以促进相关产业的创新和发展。

2. 做好与教师队伍的分工

与教师队伍形成良性分工。日常教学工作中,教师队伍重心在教研工作,教师教学发展中心要对新政策、新生产力因素的情况进行捕捉,保持对如新质生产力、数字化建设等新发展方式的高敏感度,捕捉社会上已经出现的此类实践成果,并做好整理和分类,为教师在教学中提供充足的信息资源。

3. 促进优质教研成果分享

高校教师教学发展工作应充分了解教师教研成果,帮助已经走在前列的教师或者学科做好经验总结并扩大宣传,从而影响更多的教师,使其成为新生产要素的点金石。此外,工作的开展要以深入一线交流为主,师生之间应分享新成果的获得感,做到感同身受。工作的开展应以制度为指导,充分宣传优质的成果,从而促进教学发展的良性循环。

（三）敢于应用新技术,加速良师队伍实践转化

高校教师教学发展工作要为新时代发展赋能良师队伍,要引进先进的管理方式或工具,做到自身敢于尝试,发挥新生产力要素在工作中的作用,提高效率。任何生产力的发展都是以提高生产效率为目的的,所以在教师教学发展工作中,要敢于引进新的管理工具,不断总结新设备、新工具对工作起到的作用,提高工作的创新性和先进性。

1. 系统化的管理工具

高校教师教学发展工作要敢于尝试使用新的技术工具,提高赋能效率。在开展工作的过程中,涉及的信息会比较繁杂和冗余,要提炼出对本校教师有用的信息资源,这要耗费大量的精力和人力。高效的管理和辅助技术会提升教师教学工作的效率,有助于加快教师队

伍形成有效的工作进展。

系统工具的选择应该基于目前国家提出的数字化转型理念,结合大数据模型,形成一套高效的管理系统,可以从资料和信息的收集,信息的管理分类和下发,优质内容的存储保存,信息档案的建立等集合方式,形成一套符合当前实际工作情况的管理系统。可以通过校园门户网站或其他的网络入口,可以方便教师随时随地使用系统中的资源,高效地促进良师队伍实践和应用转化。

2. 先进的本地化体验

高校教师教学发展工作要建立良好的互动氛围,每个高校应该设置专属活动场地,场地的建设与规划要考虑教师工作的实际内容,如课件制作、经验交流、沙龙讲座、组织学习等模式。此外,场地的建设与规划要考虑多功能性,也要保证专业设备的辅助工作,打造一个良好的工作环境和氛围。

在场地的设计上,要统筹且系统地考虑会议室功能、协作功能、录制功能、直播功能、宣传功能,通过物联网或者智能化的管理平台,可以方便教师使用专业功能,设备设施做到为人服务。

本地化体验的过程会激发教师的探索欲和仪式感,有条件的单位可通过建设一套先进的本地化应用空间,如可实现光影智能化的演讲台,结合了人工智能技术的显示内部,可以增加每一位教师对于新生产力要素融入教学的热情和成就感,从而带动更多的教师参与到工作中,让教师教学发展工作形成良性的发展趋势。

3. 应用并健全数据资产

高校教师教学发展工作中,关于新时代教师赋能和队伍建设会是一个过程性的工作,所以要学会利用新时代发展的工具,做好工作过程的统计和流程的梳理。建立一套与工作相关的数据模型可以提供有效的工作内容和工作方向的数据决策,而结合本校的实际情况,建立相关的策略和算法,不断完善和发展工作大模型,最终可独立输出有效的信息资源。

在教师教学发展工作中,将总结的有效信息、调研成果、实践成果转换成数据资产,根据数据资产来完善工作大模型,并使其最终成为高校和整个教育体系数据库中的重要因素。

四、结　　论

在当前的高校中,教师教学发展工作焕发着新的活力,很多高校已经在学科建设和教学实践中充分结合了当代发展的需求要素,人工智能、增强现实(AR)技术,虚拟现实(VR)等技术已经在教学中得到了实际的应用。因此,各高校需要根据当前各自的实际情况,通过教师教学发展工作,结合好高校内在资源和社会资源,打造出高校培养输出、社会应用落地的对接方式,在此过程中充分发挥各高校教师教学发展工作的纽带作用,为社会输出新时代人才,形成自我闭环,不断扩大影响,不断扩大良师队伍,助力科教兴国。

综上所述,高校教师教学发展工作的建设是应用型大学和推动教育强国的重要手段。通过实施一系列的教师发展策略,高校教师教学发展中心能够提高教师的教学质量,培养创新人才,推动产学研合作,进而实现教育强国的目标。

调查与研究

"多元化过程性＋X"教学改革探索下的 Linux/UNIX 应用与实践课程建设

北京信息科技大学 计算机学院 邱晓英

河北大学 电信学院 薛文玲

摘 要 在新工科高等教育改革的大背景下,本文以信息安全专业课程 Linux/UNIX 应用与实践为例,探讨了融合"多元化过程性＋X"教学课程建设与优化策略,针对现有教学模式在学科交叉融合与工程实践方面的局限性,从教学理念创新、教学内容更新、教学模式多元化及评价体系改革四个关键维度,系统地构建了课程优化框架。本文强调以学生为中心,以成果为导向,通过多元化过程性评价机制,培养学生的学习积极性与创新能力,以期培养符合信息安全领域发展趋势的高素质复合型人才。

关键词 多元化考核;过程化考核;教学改革

一、引 言

在当前全球科技迅猛发展的时代背景下,新兴经济形态以惊人的速度崛起,其中最为突出的便是那些引领潮流的创新领域。这些领域通过不断的突破与变革,不仅深刻重塑了社会经济的面貌,也为高等工程教育带来了前所未有的挑战与崭新的需求。高等教育体系需与时俱进,以确保培育出驱动未来发展的卓越工程人才。为了顺应未来科技发展的浪潮,当前高等工程教育改革的重要导向是培育在工程实践、创新能力方面表现突出,并拥有全球眼光的综合素质高的新型工程科技人才[1]。在这一背景下,"多元化过程性＋X"的理念应运而生,并迅速成为推动高等教育创新的重要驱动力[2]。通过将多元化过程性考核与各学科深度融合,不仅促进了课程的创新和建设,也为培养综合高素质人才提供了广阔的空间[3]。

传统教学模式正面临着严峻的挑战,难以充分满足当前信息安全领域对高级技术人才培养的迫切需求。首先,传统的教学方式往往偏重于理论灌输,却忽略了学生在求知过程中实践探索和解决实际问题能力的锻炼,未对学生在学习历程中的实践探索与解决实际问题能力的发展足够给予重视。在信息安全领域,Linux/UNIX 系统的深入理解和应用是防范网络攻击,保障系统安全的关键。然而,缺乏足够的实践环节和实战演练,将导致学生难以将理论知识有效转化为应对复杂安全威胁的实际能力。其次,课程内容与教学方法缺乏个性化指导的问题同样不容忽视。大部分学生来自不同的背景,拥有不同的学习兴趣和技能基础。然而,传统教学模式往往采用统一的教学大纲和教学方法,未能充分考虑学生的个体差异和个性化需求,导致教学效果参差不齐,部分学生的学习动机和积极性受到抑制。再次,随着新经济形态下信息安全领域的快速发展,社会对人才的要求已不仅仅局限于基础技能的掌握,更要求其具备创新思维、跨学科能力和对新技术的快速适应能力。然而,传统教学模式往往难以适应新经济形态下信息安全领域的需求,特别是在 Linux/UNIX 技术与信息安全等前沿技术深度融合的背景下,教学方式的更新速度和考核方式的灵活性均显不足,难以培养出符合行业要求的高素质信息安全人才。

为了进一步深化教学改革,提高教学质量,本文将引入多元化过程性评价机制,以"以学生为中心、以学习成果为导向、持续改进"的 OBE 教学理念为指导[4],对学生的学业进展和学习成效进行全面、多样化、分步骤的评估与反馈。这一举措旨在打破传统评价的单一性和片面性,通过多样化的评价方式激发学生的学习兴趣和积极性,促进学生的全面发展。

在国内外相关研究现状分析中,我们可以看出,多元化过程性评价已成为教育领域的研究热点[5]。国外对于多元化过程性评价的研究起步较早,积累了丰富的理论与实践经验。美国哈佛大学教授斯克里芬首次提出过程性评价的概念,强调对教学活动过程的即时反馈与调整。随着研究的深入,国外逐渐形成了将过程性评价、终结性评价以及国家考试相结合的综合评价体系。国内对于多元化过程性评价的研究也呈现出蓬勃发展的态势,特别是在高等教育领域,越来越多的学校开始关注并实践这一评价体系,以期提高人才培养质量。

将多元化过程性评价引入 Linux/UNIX 应用与实践课程,不仅有助于解决传统教学模式存在的问题,如理论与实践脱节、评价方式单一等,还能有效提升学生的主动思维能力和创新能力。通过多样化的评价方式,如课堂讨论、小组协作、项目实践等,学生可以更加深入地理解课程内容,掌握实践技能,提高解决问题的能力。同时,这种评估机制有助于增进学生之间的互动与合作,进而锻炼学生的团队意识与协调能力。

本文以北京信息科技大学 2024 年多元化课程过程考核方法改革探索下的信息安全专业课程 Linux/UNIX 应用与实践为例,探讨了传统教学考核评价模式局限性,提出"多元化过程性＋X"教学改革策略。本文旨在全方位增强课程教学品质,提升学生的信息安全意识与行业变迁的洞察力、整合式思考能力、跨学科下的批判性思维及解决复杂工程难题的综合技能,落实新工科背景下"多元化过程性＋X"教育评价模式,健全人才培养架构。

二、Linux/UNIX 应用与实践课程现状与背景分析

融合信息安全领域的 Linux/UNIX 应用与实践课程,展现出多学科基础深厚、知识覆盖面广泛、内容复杂多元的特点,同时强调高度的综合性和工程实践性。然而,在传统教学考核模式的框架下,该课程的教学实施遭遇了诸多挑战,具体包括以下几个方面。

(一)课程考核忽视学习过程

在缺乏多元化过程性评价的教育体系中,一个显著的问题是该体系过分聚焦于学生的学习成果,即最终的分数或等级,而往往忽视了他们在整个学习旅程中的辛勤付出、积极探索与个性成长。这种单一的评价机制容易促使学生产生一种"分数至上"的心态,他们将注意力过分集中于考试成绩的得失,而忽视了学习过程中知识的深度挖掘、批判性思维的锻炼以及实际应用能力的培养。具体而言,学生可能会为了短期内的分数提升而采取应试策略,

如死记硬背知识点,而非真正理解其背后的逻辑与原理。长此以往,他们可能会丧失对学科本身的兴趣与好奇心,限制了自己在更广阔领域内的探索与创新能力。

(二)课程教育缺乏个性化指导

在缺乏多元化过程性评价的支撑下,教育过程往往被简化为一个单向的、标准化的测试流程,这极大地限制了教师对学生学习状况的全面认知。具体而言,每位学生都拥有独特的个性,他们在知识的吸纳力、兴趣所向、学习模式等维度上均展现出明显的不同。然而,终结性评价往往采用统一的标准和尺度衡量所有学生,忽略了这些宝贵的个体差异。这种"一刀切"的评价方式不仅无法准确反映学生的真实水平,更难以激发其内在的学习动力和潜能。进一步而言,没有多元化过程性评价的引导,教师难以在日常教学中捕捉到学生细微的学习变化与成长轨迹。他们可能无法及时发现学生的困难、兴趣点或潜在优势,从而难以提供具有针对性的指导和支持。这种"盲目施教"的状态不仅降低了教学效果,还可能让学生在学习过程中感到迷茫和挫败,进而影响了他们的学习体验和自信心。

(三)教学方式削弱学习动机

在学术教育的语境下,当学生认识到其学习成效被过度简化为单次终结性考试的评估结果时,可能滋生对学习活动的厌倦与抵触心理。这种单一化的评价模式忽视了学习过程的复杂性与动态性,未能充分利用多元化过程性评价的潜力来激励学生并促进其持续发展。具体而言,缺乏多元化过程性评价的体系,使得学生难以在学习过程中获得即时的、个性化的反馈与激励。这些反馈与激励是驱动学生学习动机、激发其内在探索欲望的关键因素。在缺乏这些正面强化的环境下,学生的学习积极性可能受到严重打击,进而影响其整体学习效果与学术成长。此外,单一的评价方式还可能导致学生采取功利化的学习策略,过分关注应试技巧而非知识的深入理解与应用能力的培养。这种短视的学习行为不仅限制了学生的长期发展潜力,还可能使其在面对未来复杂多变的挑战时显得准备不足。

三、"多元化过程性+X"教学课程建设与优化策略

(一)教学理念创新

2020年,中共中央、国务院印发了《深化新时代教育评价改革总体方案》。进一步深化落实了"以学生为中心、以学习成果为导向、持续改进"的OBE教学理念,针对学生的学习进展和成就,实施全面覆盖、形式多样且分阶段进行的评估与反馈。本文以信息安全专业培养目标为导向,致力于培养能够在信息安全及相关领域从事信息安全产品研发与测试、网络与系统安全攻防、安全服务与管理等工作,具有较强创新意识和实践能力的应用型工程技术人才。

如图 1 所示,Linux/UNIX 应用与实践作为信息安全专业课程体系中一门重要的实践必修课,是信息安全专业技术主线主干课程之一,是本专业第五学期的课程。它是在学生学习了 C 语言程序设计和操作系统等课程之后,对培养学生综合能力很重要的一门课程,其将理论和实践相结合,是后续信息安全专业综合实习、毕业设计的基础,在实践教学培养主线中起着承前启后的重要作用。Linux/UNIX 应用与实践作为一门实践课程,其重要性不言而喻。此课程不仅旨在让学生打下坚实的理论基础,还着重于实践技能的培育与提高。然而,传统的教学考核方式偏重理论知识的传授与检验未能充分重视学生在实践和创新方面的能力培养,导致学生在面对复杂工程问题时显得力不从心。在教学中,该课程的评价方式主要是"平时成绩+期末考试",这种评价方式使学生对理论的理解非常欠缺,更无法和实际安全系统相对应,因此,课程评价方式的多样化,即将过程性评价引入本课程,对培养学生的主动思维能力和创新能力的提高具有非常重要的作用。

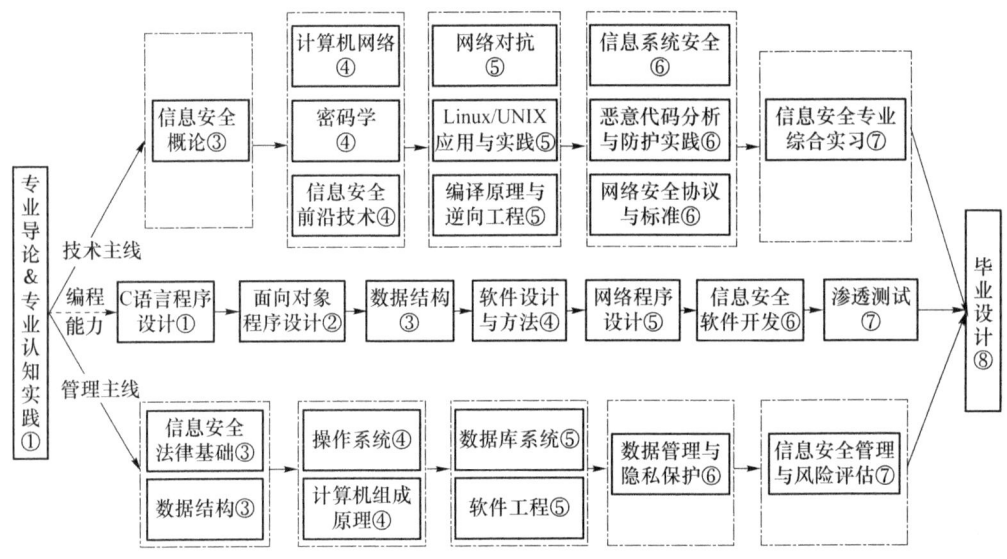

图 1　Linux/UNIX 应用与实践课程与信息安全专业培养路线关系

(二)教学内容和模式改革

依据高等教育改革实践理念,课程将高等教育工程认证考核标准与安全行业就业需求映射为教学模式,包括讲授法、任务驱动法、讨论法和课外作业法四个部分,加强学生在理解操作系统的基本原理、方法基础上运用相关知识分析、研究、解决问题和使用工具的能力。通过对学生知识、能力和素质的培养,使其具备学习操作系统新技术、新机制的自主学习能力。

(1)讲授法主要用于理论部分教学:借助叙述、描绘、阐释和逻辑推理等手段,系统地介绍 Linux 操作系统。同时,采用"问题导向的讲解"激发学生的问题分析能力,并通过"问答互动"模式增强学生在课堂上的专注度。

(2)任务驱动法主要用于课外作业环节:课内实验由 6 个实验单元组成,前 3 个为验证性实验,是对课堂知识点的加强理解和实操;后 3 个为综合实验,学生通过分组讨论、整理知识体系的基本方法,提高解决问题的能力并学会实践技能。

（3）讨论法穿插在理论环节和课内实验环节：在课堂上，通过提出启发性问题，激发学生的讨论热情与思考深度，利用探究式的教学策略，引导学生主动探索Linux操作系统的设计理念；在实践环节，围绕实验任务组织讨论，鼓励学生通过交流互助学习，互相评价观点，以此锻炼他们的口头表达及综合分析能力。

（4）课外作业法穿插在理论教学全过程：在理论教学的整个流程中，我们穿插布置了课外学习任务，这包括课后练习与拓展阅读两部分。课后练习侧重于基础概念与理论的巩固，要求学生在课后时间完成相关习题，强化对课程重点与难点的掌握；拓展阅读则聚焦于学科前沿动态，通过分配新技术资料的搜集与深入学习任务，要求学生以撰写综述报告的形式完成，这一过程旨在提升学生的信息检索与处理能力。

（三）过程性考核模型

高等教育实践改革背景下高校专业课程的教学宗旨聚焦于通过强化学生的学习成效及理论与实践的深度融合，全面提升其综合素养与能力。"平时成绩＋期末考试"固定的考评方式难以有效衡量学生在实际Linux系统理论运用、分析判断及综合评估方面的能力。根据Linux/UNIX应用与实践课程理论性和实践性强的特点，课程目标不但要求学生掌握Linux系统的基本概念及应用程序的功能，还安排了综合设计实验来加强学生的应用和动手能力。因此，过程性评价意义重大。第一，利于完善教育管理体系，为有效利用评价机制创造有利条件，促进人才培养质量的提升；第二，使教师认知并熟练地将过程性评估手段应用于教学，以洞察教学流程中的不足，并探索实施有效的教学改进方案；第三，在课程中注重过程性评价，能够培养学生的学习习惯，激发学习兴趣，提高学习能力，从而调动学生学习的自主性和探索性。并在此基础上，注重学生发展过程的过程性考核，可以为他们提供展示其创造性思维能力和动手能力的空间，有利于学生掌握知识并运用，形成科学性思维，进一步增强学生的创新意识并提高他们的实践能力，培养创新型人才。采用"评价—分析—反馈—改进"四阶段法融于实践课。对该课程进行多元化过程性评价的模型主要包括评价、分析、反馈以及改进四个方面，并且四个方面既独立存在，又动态交织、协同发展，如图2所示。过程性评价对学生学习的过程具有判断、反馈、改进、激励及提高等作用。

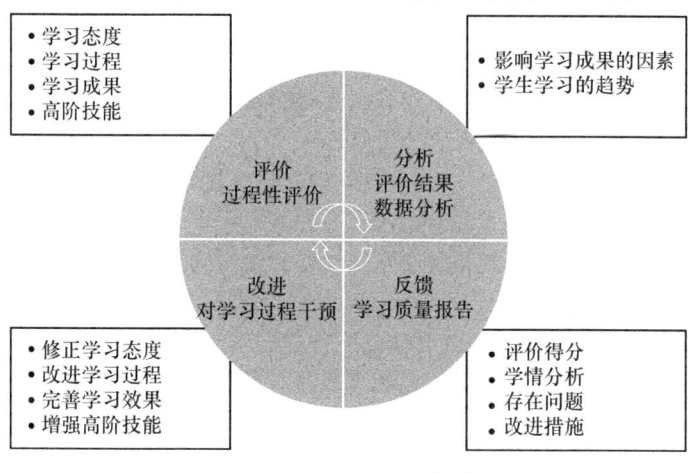

图2 多元化过程性评价模型

(四) 多元化过程性评价体系

根据多元过程性评价模型,依据评价指标体系构建原则,遵循科学客观、系统性和综合性、教学评价一体化以及简洁可操作的原则,建立 Linux/UNIX 应用与实践课程多元过程性评价指标体系。根据 Linux/UNIX 应用与实践课程教学实际,从知识与技能指标、过程与方法指标、情感态度与价值指标三方面进行多元过程性评价的体系构建。知识与技能目标是 Linux/UNIX 应用与实践教学所要达到的最基本目标,对于信息安全专业的学生来说,该课程是实践必修课,也是专业综合实习和毕业设计的基础,因此,扎实掌握 Linux/UNIX 系统的应用与实践是学生迈向 IT 职业生涯的基石与先决条件。过程与方法目标侧重于学生在学习中采用适当策略以达成特定能力,是对知识掌握与技能提升目标的深化与拓展,如果脱离科学的教学方法,授课效果将大打折扣,在培养较强创新意识和实践能力的应用型工程技术人才的方面也将会受限。最后,情感态度与价值目标是教学目标更深层次的发展和升华,也是 Linux/UNIX 应用与实践课程思政的重要一环。将上述三方面的指标进一步细化,作为二级指标,如图 3 所示。

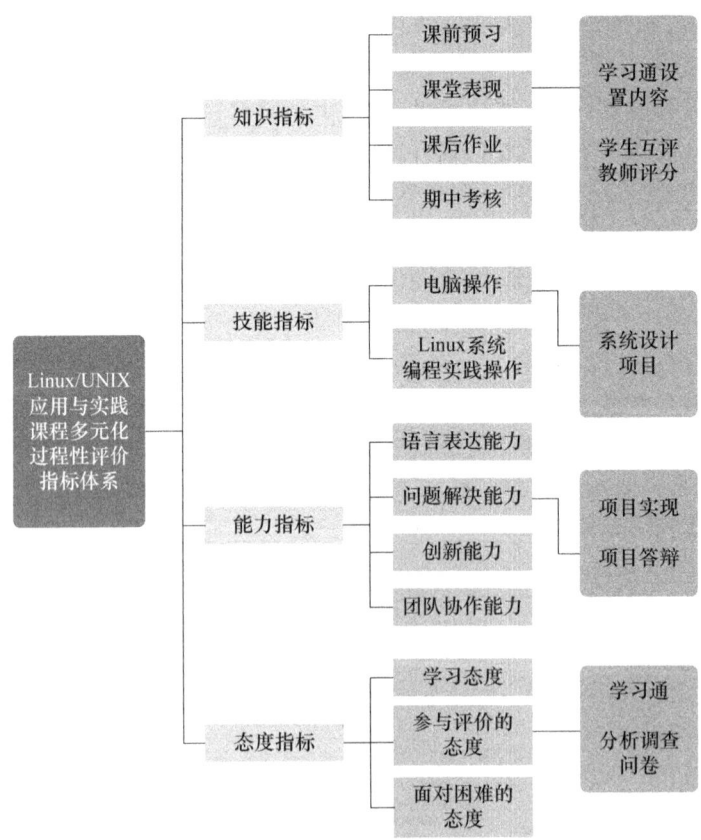

图 3 Linux/UNIX 应用与实践课程多元化过程性评价体系细化图

四、结　　语

　　基于高等教育改革下的教学实践,本文提出"多元化过程性＋X"的教学课程建设与优化评价策略。该策略要求教学理念创新,教学内容更新,教学模式多元化及评价体系改革,构建课程优化框架。本文强调以学生为中心,以成果为导向,通过多元化过程性评价机制,促进学生的主动学习与创新能力培养,以期培养符合信息安全领域发展趋势的高素质复合型人才。通过探讨多元过程性评价体系指标,从知识与技能目标、过程与方法目标、情感态度与价值目标三方面培养学生的学习习惯,激发学生学习兴趣,提高学生学习能力,从而调动学生学习的自主性和探索性。

参 考 文 献

[1] 何钦铭,王浩.面向新工科的大学计算机基础课程体系及课程建设[J].中国大学教学,2019(01):39-43.

[2] 顾明远."人工智能＋"时代的教育变革创新——顾明远先生对话讯飞教育技术研究院[J].现代教育技术,2024,34(08):5-12.

[3] 罗生全,王素月.人工智能背景下的大学教学伦理重建[J].大学教育科学,2020(05):96-102.

[4] 史国剑.OBE教育理念下混合式教学模式构建与践行[N].重庆科技报,2024-07-30(007).

[5] 栾宝锋.浅析过程评价的多元化评价方式改革[J].高考,2022(11):12-14.

[6] 谷志群,纪越峰,顾仁涛."人工智能＋X"教学模式下智能信息网络课程建设[J].高等工程教育研究,2021(04):93-97.

长学制下的高端技术技能人才贯通一体化培养的实践与探究[①]

北京信息科技大学 人事处 赵芳馨

摘 要 自2015年起,北京市开展贯通一体化培养试验项目。作为职业教育发展的新模式,七年制的贯通一体化培养体系还处于不断探索与改进的阶段。对近几年贯通培养项目实施情况的梳理和研究发现,其目前存在分段衔接难、学生管理模式多样、学生学习积极性不高等问题。本文在剖析以上问题的基础上,从顶层设计、多元协同管理、强化师资队伍等方面为贯通培养项目的优化提供新的发展思路。

关键词 中高职贯通;长学制一体化培养;产教融合

一、北京市贯通一体化人才培养的发展现状

根据《国务院关于加快发展现代职业教育的决定》精神,为进一步深化职业教育改革,推进高端技术人才培养模式创新,为首都经济发展和京津冀协同发展输送更多的人才支撑,自2015年起,北京市开展了高端技术技能人才贯通培养试验项目(以下简称"贯通项目")。该项目以培养和探索高端技术技能人才为目标,旨在优化首都职业教育体系,为学生的发展与就业提供更好的机会与平台。该项目主要由首都的部分中职、高职院校与高中、部分本科院校及相关对口企业合作培养,根据首都社会发展选择对口专业,完成两年高中阶段基础文化课学习后,接受三年高等职业教育和两年本科专业教育,开展基础文化教育、职业技能教育和本科专业教育七年的("2+3+2")贯通一体化人才培养新模式。

贯通项目自2015年在北京市开展以来,招生学校由最初的6所增加至十几所,招生专业逐步增多。九年来,各学校相互配合,不断完善。七年贯通教育,让学生在掌握技能的同时,夯实了基础知识与文化素养,为企业、行业培养出一批符合岗位需求的技术人才,也让学生有机会成为技术领域的"大国工匠"。

[①] 本文由北京市教委科研计划社科一般项目,北京市高校学术不端行为的合规治理策略研究(课题编号:SM202211232001)支持。

二、北京市贯通一体化人才培养开展的创新性和必要性

（一）创新性

贯通项目坚持立德树人原则，围绕培养复合型、创新型、国际化高端技术技能人才，探索中高本贯通、职普融通、校企协同培养的新体系。创新性在于不仅是学制长，更是目标和顶层设计瞄准"高端"，出口广，就业强。该项目呈现"高起点、高标准、高契合度"的特点，是探索长学制高端技术技能人才培养模式的改革尝试，也是构建首都现代职业教育体系的实践创新[1]。

（二）必要性

1. 打造专业人才，服务首都发展

2021年4月，习近平总书记在对职业教育工作作出的重要指示中提出要"稳步发展职业本科教育"，这是《国家职业教育改革实施方案》发布以来，对本科层次职业教育建设的一次强有力的推动[2]。通过分析首都经济社会发展、产业升级背景下对高端技术技能人才的需求，贯通一体化培养的专业选择和课程设置主要聚焦北京现代服务业高质量发展。以北京信息科技大学为例，对接的本科专业主要为自动化、软件工程、计算机科学与技术、电子信息和机械车辆工程等专业，一方面，这些专业均为本科院校优势专业，另一方面，这些专业瞄准了首都就业需求和高端产业，而且基本覆盖了云计算等未来五年首都将大力发展的高精尖产业[3]。经过几年的实践与探索，贯通项目对接专业不断调整与优化。2024年，北京市教委结合职业院校办学特色，撤销了一批与首都产业转型发展匹配度不高的专业，并新增了一批人才紧缺的专业，如轨道交通类和智慧交通类等。

2. 提升就业水平，拓宽学生发展渠道

不同于普通本科生，贯通项目将职业培养贯穿了整个学制，无论是中职、高职还是本科阶段，职业教育、校企协同育人都起到了重要作用。前五年通过职业技能培养和基础文化课程让学生打下了良好的基础，后两年的专升本学习不仅让学生提高了文化素养，更让学生沉浸式体验首都高校良好的学习和生活氛围。截至2024年，北京市贯通项目已顺利完成了三届本科毕业生的培养，且输送了大量毕业生到企事业单位的重要岗位工作。贯通项目的毕业生可同时拥有本科毕业证及学士学位证，这无疑为学生就业提供了更好的选择和更广阔的平台。2022年开始，为给贯通项目的学生提供更好的就业平台，北京市教委牵头，联合多所本科院校开展"高端技术技能人才贯通培养项目毕业生专场双选会"，为各用人单位提供精准人才对接服务，也为毕业生们搭建了更多和企业双向选择的桥梁。同时，贯通项目中也涌现出了一些优秀的毕业生，他们一路努力，考研成功，为广大学生树立了榜样，也让长学

制下的人才培养更有成效和意义。

三、长学制一体化培养中的问题与分析

作为职业教育培养的创新模式,长学制一体化培养的意义在于打通一条不同于普通教育的全新路径。然而,七年长学制下的培养体系在这几年的开展和探索中也出现了一些需要优化和完善的问题。

(一) 分段培养,多校衔接程度参差不齐

以本科院校为例,一所高校往往需要同时对接多所中高职院校的不同专业学生。在本科阶段培养方案的起草和制订中,本科专业所在的学院需要大量对接高职院校相关老师,共同研讨课程设置,教学内容的难易程度等具体细节,才能做好专科和本科的衔接过渡。然而,大多数本科院校培养方案的制订者对于高职院校的课程学习缺乏了解,所以贯通项目的修订还是主要以现有的本科生培养方案为主,以及受到师资、教学资源等限制,由原本的四年压缩至两年,理论性的学习实践较多,难以形成以技术技能实践化培养为主线的人才培养特色,职业性培养方面针对性较弱。

(二) 学籍信息管理多样,易出现历史遗留问题

长学制下,虽然是一体化培养,但是学生在不同的学历阶段和不同院校执行不同的学籍管理规定。到了本科阶段,由本科院校制订相应的学籍管理规定。但是,学生在职高阶段的学籍信息大多是由北京市教委职成处负责,而本科阶段的学籍信息均在学信网上,高校直接导入的是学生中考后的学籍信息。如果学生在中职或者高职阶段修改姓名等重要信息,中职阶段不使用学信网,那么最新的个人信息无法体现在学信网上,在本科的入学资格复查中容易出现"冒名顶替"的风险。由于不是在本科在读期间修改的姓名,本科院校也无法为其更新学信网信息,学生在校期间征兵入伍、转段考试、学历认证等重大节点将造成很大的麻烦和困扰。

(三) 学历为导向,学生重视度不够

在与大多数贯通项目的学生和家长的交流和沟通中可知,他们大多数认为在第一年贯通培养开始时就已经获得了本科毕业的资格,而忽视了五年后的专升本转段考试。对于贯通项目学生来说,进入该项目学习并不等于可以"躺平"拿毕业证,虽然转段考试不如高考那么紧张,但也是进入本科院校学习的一个门槛,需要参加两个专业科目的考试,综合高职三年的平时成绩,达到录取标准且获得专科学历证书才能进入本科阶段的学习。然而,大多学生和家长都会产生一些懈怠和一劳永逸的想法,因此一旦学生没有顺利转段升本,就很容易引发涉校矛盾。

(四)管理模式不同,学生管理难度极大

学生的日常管理工作在本科阶段占据着重要的地位,是实现教书育人、培养人才的重要前提。前期中高职校的学生管理一般是以老师、学校为主导,学生自我管理为次的模式;而进入本科阶段,学生管理上更侧重以学生自主管理为主的模式[4]。一旦没有了老师每天的叮嘱,学生自我松懈的可能性很大,这也给高校辅导员的思政教育管理带来了一定的难度。

四、长学制一体化培养的优化策略分析

(一)坚守职业定位,因"生"制宜

坚持和突出人才培养过程中的"职业属性",是本科职业院校区别于同层次其他类型院校的重要特征之一,也是贯通项目的立足点。本科院校在人才培养方案的制订、课程重组和设置、专业实践实习、创新创业竞赛、校企合作等方面要始终融入"职业"特色,以行业岗位需求为标杆,深入研究课程内容并加以层次的提升。同时,为更好地进行高本专业知识课程的衔接,各院校要进一步完善"合作办学、一体化育人"的模式,将"人才共育、过程共管和资源共享"等方法细化[5],按照学生的实际水平和能力,在课程设置、行业需求方面重新拟定课程标准,明确学生的培养目标和毕业要求。在学生入学前期打好基础,做好充分的交接和准备工作。

(二)加强产教融合,构建多方保障体系

在贯通项目实施的过程中,无论是中高职院校还是本科院校,都应该在上好理论课的同时加强对当前市场需求和就业信息的了解,以行业、企业需求为导向进行人才培养。高职阶段要在中职阶段学习的基础上,在理论知识的学习上有所提升,并加强实践实训能力的训练,从而让学生在专科毕业时个人的综合素质有所提升。即使是学生在无法转段升本,直接就业的情况下也要让学生适应行业岗位所需的基本要求。作为本科院校,要凭借自己优势,推进校企合作,在专业领域逐步实现精品教材共撰、专业人才共享、实训基地共建等方式,全方位、全实践推进"双元"育人。同时,在本科期间推行"1+X"证书制度,推进证书互认实现岗位能力贯通,以多元评价实现人才培养标准检验贯通。

(三)提升教师水平,打造"双师型"教师队伍

任课教师自身素质、授课能力以及对贯通项目学生的认识和理解对其教学效果有着直接的影响。因此,提升教师水平,打造一批兼顾专本学段背景的教师和管理队伍尤为重要。首先,依托于学校资源,对给贯通项目学生任课的教师开展有针对性的培训,提高教师对于教学的认识,拓展对口企业,搭建学习实践平台,整体把握技能成长的路径[6];其次,中高职院校和本科院校要协同开展教学活动,在实际的教学过程中,定期组织不同学段任课教师进行

课程衔接与教学研讨,就学生实际情况开展交流,彼此学习;最后,为更好地开设课程,可以聘请不同层次、学段的专业教师开展跨校任课,对于实操性或者实习课程,可聘请企业导师。

(四) 优化管理模式,实现学生管理工作有效过渡

中本贯通项目的学生培养时间较长,从未成年人到成年人,学生的年龄和心理变化的跨度大,对于学校的管理者来说,管理难度也很大。因此,若要实现跨校学生管理工作的有效过渡,可以定期开展学生管理工作研讨会,交流学生管理工作的宝贵经验,探讨中高职校学生管理工作上的差异性,寻找学生管理工作有效过渡的办法,以减少学生在过渡期的思想波动的程度和时间。针对贯通项目学生学习动机不强的问题,可以组织高职阶段的学生到本科院校参观交流,提前了解本科阶段的课程设置与转段考试相关内容,让学生产生一定的"紧迫感"和"危机感";对于本科院校,可以定期召开师生座谈会,交流研讨教学相关问题和优化方法;在教学管理方面,为确保专升本课程的教学效果,可以酌情制定针对专升本学生的考试制度和评估标准,在学习和考证中注重对学生的实际能力和兴趣爱好进行个性化设置,激发学生的学习动力和潜力。

五、结 束 语

经过几年的探索与实践,贯通一体化培养的开创不仅可以提升人才培养质量,拓宽学生就业渠道,为首都的发展输送更多高端技术技能人才,还可以打破传统的人才培养模式,通过校际协同、校企合作通力培养出满足市场需求的创新型人才。因此,要在协同培养的基础上坚守"职业"定位,加强顶层设计,继续完善好一体化课程建设,做好全方位的贯通衔接,创新职业教育发展新路径。

参 考 文 献

[1] 夏飞,王欢.长学制培养高端技术技能人才的实践思考——以北京高端技术技能人才贯通培养项目为例[J].中国职业技术教育,2023(10):41-47.
[2] 徐胤莉,王丹中.职业教育人才贯通培养的逻辑起点与实施策略[J].中国职业技术教育,2021(13):21-25.
[3] 梁家峰."2+3+2"高端技术技能人才贯通培养的思考与实践[J].北京教育(高教版),2015(9):21-23.
[4] 白超峰.浅谈中高职一体化教学管理工作的有效衔接[J].福建电脑,2014(7):127-128.
[5] 王琴.中高等职业教育贯通培养模式的制度与实践——以上海为例[J].职业技术教育,2013,34(13):50-54.
[6] 王亚薇.职业教育类型化背景下人才贯通培养:特征、逻辑及策略[J].青岛职业技术学院学报,2022,35(4):19-22.

新质生产力与生成式 AI 驱动的专业课程教学改革
——新质赋能教师队伍与教学内容

北京信息科技大学　管理科学与工程学院　宋罗娜

摘　要　发展新质生产力要求畅通教育、科技、人才的良性循环,而生成式人工智能等信息技术的飞速发展为教育数字化带来新变革。本文探讨了新质生产力与新技术如何驱动高等教育专业课程教学改革,并提出高校专业课程建设应以创新驱动和质量为牵引,以人工智能、大数据等新生产要素和高素质教师为主要支撑,通过技术创新和教学流程优化提高知识传授效率和课程质量,实现教学效果提升与学生全面发展,为科技强国建设输送高层次创新型人才。

关键词　新质生产力;生成式人工智能;价值体系重构;教师队伍建设

一、引　言

随着 ChatGPT、文心一言等大语言模型(Large Language Model,LLM)的出现,生成式人工智能(Generative AIificial Intelligence,GenAI)已成为未来产业变革的重要突破口。GenAI 是指具有文本、图片、音频、视频等内容生成能力的模型及相关技术[1]。与传统人工智能相比,GenAI 在理解问题与处理复杂任务等方面存在显著优势。传统人工智能主要通过规则、逻辑与算法来模拟人类的智能行为,如决策、推理等,可应用于图像识别、语音识别等领域。而 GenAI 则基于深度学习和神经网络,从海量数据中学习特征并实现新内容的生成,即人工智能生成内容(Artificial Intelligence Generated Content,AIGC),如文本、图像、音频等,可应用在教育、营销、设计等诸多领域。

2023 年 9 月,习近平总书记在黑龙江考察时提出新质生产力(New Quality Productivity)这一概念。新质生产力强调高科技、高效能与高质量特性,其核心在于创新驱动,标志着对传统经济增长模式与生产力发展路径的超越,是符合新发展理念的生产力态的。基于马克思主义生产力理论[2],高层次创新型人才将成为推动新质生产力培育与发展的关键力量[3]。习近平总书记强调,"要按照发展新质生产力要求,畅通教育、科技、人才的良性循环,完善人才培养、引进、使用、合理流动的工作机制。"[4]因此,新质生产力的崛起,不仅是生产力形态的革新,更是对高层次人才培养提出了新要求。此外,2024 年政府工作报告中亦提出,"深化大数据、人工智能等研发应用,开展'人工智能＋'行动"。由此可见,人工智能将成为发展新质生产力的重要引擎。

在教育情境中,"新"指向教育创新,"质"意为高质量发展。如何将 GenAI 等新技术融入新质生产力培育过程,发展新质教育,培养新质人才,已成为高校课程建设与人才培养面临的重要挑战。高校专业课程建设应以创新驱动和质量为牵引,以人工智能、大数据等新生产要素和高素质教师为主要支撑,通过技术创新和流程优化提高知识传授效率和课程质量。

二、生成式人工智能驱动教育变革

战略性新兴产业与未来产业作为新质生产力发展的前沿阵地,将以教育、科技、人才"三位一体"为支撑,携手GenAI,共同引领高层次创新型人才培养的革新与升级[3]。GenAI为教育数字化带来前所未有的变革:一是教学主体的多元化,教学由传统的"教师—学生"二元主体转变为"教师—学生—GenAI"三元主体;二是教学目标的高阶化,教学由传统的知识传授转变为高阶思维的培养与能力养成;三是学习空间的泛在化,教学由传统的物理空间课堂转变为泛在学习[5];四是科技伦理的日常化,有关AIGC的系统性偏见、观点霸权、风险与隐私问题将成为重要议题,需要多领域持续合作以推动其健康发展。

以育人目标为例,与传统教育相比,以服务新质生产力发展为核心,以GenAI等新技术为"抓手"的新质教育面临的是更加复杂多变的职业环境。首先,技能与知识的密集化对劳动者素质提出高要求。GenAI技术的普及与应用将进一步加剧该趋势,这要求劳动者不仅需要具备扎实的专业基础,还需掌握使用智能辅助技术的能力,以应对日渐复杂的工作任务。其次,劳动形态多样化使新型工作方式不断涌现。GenAI技术极大提高了工作效率与灵活性,使远程办公、智能协作等工作模式成为常态。最后,科技创新不断推动产业变革,劳动者需树立正确职业观念,具备跨领域协作、自主学习与终身学习能力,以适应未来多元化、动态化的职场环境。

基于此,为贯彻落实"五育并举"和"三全育人"要求,服务新时代"人工智能+"战略,探索高层次创新型人才培育新模式,培育新质人才,新质生产力与GenAI驱动的专业课程教学改革应以新质教师创新能力培养、新质课堂教学资源建设和新质课程价值体系重构为主要抓手。

三、新质教师创新能力培养

作为学生成长道路上的引路人,新质教师应充分认识到GenAI的"双刃剑"作用,特别是对学生可能产生的负面影响,如认知偏差、学习惰性、社交技能发展受阻等问题。新质教师应积极提升自身各项能力,为课堂教学与课程建设聚力凝心,充分发挥GenAI的有益作用,努力控制并消弭其负面影响。

在心态上,教师应积极拥抱前沿技术,不断提升数字能力素养[6]。教师应以前瞻性视野接纳GenAI、大模型及AIGC等新技术,从基础理论学习出发,积极了解GenAI的工作原理、生成能力与应用场景,将其内化为自身教学素养的一部分,不断提升自身的教学创新能力。数字化浪潮下,前沿技术不仅是教学工具的革新,更是教学理念与模式的深刻变革。

在教学活动中,教师可利用GenAI简化并优化工作流程。首先,GenAI能够根据学生的学习需求,协助教师搜索和整理最新的教学资源,生成不同的学习素材供教师参考,帮助教师更高效地备课与教学。例如,通过自然语言处理和机器学习技术,GenAI可提供多样的课程计划,如教学大纲、教学材料等。此外,一些智能工具还可以生成图片与视频,并融入多模态资源检索、思维导图等进行课件创编美化和教学情境的创新,增强了课程内容的丰富性与吸引力,激发学生的学习兴趣与创造力。此外,前沿技术的应用将使学生学习数据的采集与追踪成为可能,教师可精准把握学生的学习进度与难点,提供更具针对性的辅导。

为更有效地运用信息技术,教师应主动参与培训与交流活动,与同行分享经验、探讨问题,共同提升数智教学能力。同时,教师还可积极与企业建立合作,了解产业发展趋势与人才需求,将产业前沿知识与经验融入教学过程,使学生所学与产业所需保持高度契合。在这一过程中,教师应注重自身能力的全面发展,不仅要提升教学技能,还要增强自身信息技术素养、数据分析能力等综合素质。通过持续的学习与实践,教师将能够更好地适应教育数字化的发展趋势,成为学生成长道路上的引路人与同行者。最终,教师积极拥抱前沿技术并深入实践将促进教育教学的数智化转型,为培养具有创新精神和实践能力的新时代人才贡献力量。

四、新质课堂教学资源建设

在新质生产力蓬勃发展与数字经济浪潮席卷的时代背景下,学生的价值观念、交流方式及文化生态正经历着深刻重塑。在这一过程中,家庭与学校的引导作用不可或缺,而无处不在的自媒体与AIGC亦带来双重影响:一方面,传统信息壁垒被打破,知识的普及与流通速度加快;另一方面,与"信息茧房"相伴而生的是隐忧,即个体在海量信息中注意力偏好被前沿技术学习并不断强化,最终导致个体认知视野的局限、观点的片面化及知识理解的肤浅化。对培养具备创新力、批判性思维及全面素养的新质生产力人才构成了挑战,也对传统课堂教学的师生互动与教学质量提出了更高要求。

面对双重影响,如何有效吸引并集中学生的注意力,深入贯彻立德树人的教育理念,成为亟待解决的问题。这要求教师在教育实践中,既要充分利用社交媒体平台的积极作用,富集教学资源,创新教学模式,构建更加开放包容的学习环境,鼓励学生跨领域学习,打破信息茧房,培养其更高阶的独立思考与批判性思维能力;同时,加强家校合作,在了解学生所思所想的基础上,共同引导学生树立正确的价值观,促进线上线下教学资源的有机融合,确保立德树人根本任务的落实,为学生的全面发展奠定坚实基础。

AIGC的出现使知识的来源、生产主体与表征形式发生巨大变化,GenAI驱动的智能机器在特定知识类型上的学习能力已远超人类水平,并对传统的课堂教学模式造成冲击[7]。教师在规划宝贵的课堂面对面教学时间时,需深刻反思并精准定位应向学生传授的知识、思维或能力类型。这不仅仅是一个关于"传授什么"的问题,更是关于"如何有效传授以适应未来需求"的深刻考量。首先,教师应该认识到,在有限的课堂时间里,应侧重于那些难以通过自学或在线资源轻易获取的知识类型,如那些基于经验积累与个性化洞察的隐性知识。如果说显性知识为学生提供了坚实的知识基础,那么隐性知识则能激发学生创新思维,培养其深度思考与问题解决能力。此外,教师还需在"软知识"与"硬知识"之间找到平衡。硬知识是构建学生专业素养的基石,而软知识,如批判性思维、沟通能力、团队合作精神等,则是学生未来在复杂多变的社会环境中不可或缺的竞争力。在明确传授内容后,教师通过前沿技术汇聚各类教学资源,精心设计教学活动,在三元主体的交互中构建新的平衡。

五、新质课程价值体系重构

在新质生产力与"人工智能+"背景下,管理科学与工程专业凭借其独特的跨学科融合优势,能够深度挖掘并整合不同知识领域、高阶思维、人文素养的核心价值,实现课程体系的重塑。管理类学科作为社会科学的重要组成部分,以人、人类社会为研究对象,具有科学性和价值性双重属性[4]。由此可见,管理类专业人才培养是知识传授、价值塑造与能力培养三者的有机融合,需要教师构建既具有前瞻性又贴近实践需求的新质课程体系。

具体而言,新质课程将不仅限于传统管理理论与方法的教学,而是将经济学、运筹学、数据科学、心理学、社会学等多学科的知识融入其中,构建跨学科的知识体系。在价值塑造方面,新质课程注重培养学生的社会责任感、职业道德与人文素养,引导其成为具有家国情怀、国际视野和可持续发展理念的管理人才。同时,通过课程内容的精心设计,激发学生对管理创新与变革引领的热情,培养其勇于担当、敢于创新的精神品质。在能力培养上,新质课程强调提升学生的批判性思维、决策能力、沟通协调能力以及团队协作精神。通过GenAI辅助设计复杂多变的问题情境,引导学生主动思考、分析问题,并学会运用所学知识解决问题。

在构建新质课程价值体系的过程中,教师应坚持见微知著、守正创新。近年来,国风文化的兴起在年轻人中掀起了一股新的时尚热潮,这股热潮也来到了课堂,作者曾有幸遇到慷慨激昂讲述中国故事的"历史通",其为每节课身着不同襦裙、深衣的汉服爱好者,彰显了年轻一代对传统文化的热爱与传承。在此背景下,挖潜中国历史文化资源,融汇中国故事、中国经验与中国数据,以史为鉴可启迪新智。与此同时,教师也需睁眼看世界,用围绕GenAI的基础理论、前沿技术、实践应用、伦理与法律、创业创新等新质课程不断丰盈学生的综合素养,为战略性新兴产业与未来产业培养新质人才。

六、结　语

新质生产力的提出为GenAI背景下的人才培养进一步指明了前进方向。管理类专业建设应顺应知识形态演变,深入贯彻落实国家育人要求,聚焦新质人才培养。强化新质教师创新能力培育,整合新型教学资源,重塑课程价值体系。同时,教师应全面革新教育理念、方法及评价机制,积极探索高效高质的创新型人才培育模式,持续为国家科技强国发展输送新质人才。

参考文献

[1] 生成式人工智能服务管理暂行办法[J].中华人民共和国国务院公报,2023,24:39-42.

[2] 徐光春.马克思主义大辞典[M].武汉:崇文书局,2017:58.

[3] 姜朝晖,金紫薇.教育赋能新质生产力:理论逻辑与实践路径[J].重庆高教研究,2024,12(01):108-117.

[4] 发展新质生产力是推动高质量发展的内在要求和重要着力点[J].人民之声,2024(11):1.

[5] 刘革平,高楠,胡翰林,等.教育元宇宙:特征、机理及应用场景[J].开放教育研究,2022,28(01):24-33.

[6] 宋萑,汪佳成,孟君豪.面向新质生产力建设高质量教师队伍的理论逻辑、价值内涵与实践路径[J].人民教育,2024(7):24-27.

[7] 王竹立.新质教育:从理念构想到实施路径[J].现代远程教育研究,2024,36(14):14-24.

基于创新能力培养的数值分析教学改革探索

北京信息科技大学　理学院　路康亚

摘　要　数值分析是一门与实际应用紧密结合的课程,其数值方法的理论和实践对于学生创新能力的培养具有重要作用。本文通过引入实际科学与工程应用案例,优化、更新课程理论和实践教学内容与方式,结合项目式拓展训练培养学生的创新意识、创新思维和实践创新能力。

关键词　数值分析;应用案例;教学方式;实践训练;创新能力

数值分析是数值计算的基础,本文主要讨论利用计算机求解数学问题近似解的数值方法及其理论分析和软件实现,在科学与工程计算和数据科学等领域具有广泛的应用,例如,光学检测、天气预测、视频图像处理、动力学系统和结构系统中的振动问题等[1-4]。该课程既具有数学的高度抽象性和严谨性,又具有典型的计算特征,是众多高等院校理工科学生的必修课程之一。课程内容涉及线性方程组和非线性方程(组)的数值求解、数值逼近、数值积分与数值微分、特征值计算和常微分方程数值解法等,知识涵盖面广,部分章节相对独立,适合进行模块化教学。但是,课程中算法的推导及其理论分析相对枯燥,学生普遍兴趣较低;课程目前的应用案例相对陈旧,学生无法深刻体会课程内容的用处,学习积极性不高;课程数值实验设置单一、缺乏深度和广度,不利于学生创新能力的培养。

为增强课程的知识性、趣味性和应用性,激发学生的学习兴趣,培养学生的创新能力,本文引入实际应用案例,将课程知识点和数值实践进行有机融合,通过优化课程内容、丰富教学方式、更新和拓展实践训练,从创新意识、创新思维和实践创新三个维度培养学生的创新能力。

一、结合案例教学法优化教学内容

为激发学生学习的积极性和主动性,增强学生的创新意识,培养学生的创新思维,本文对课程每一章节的内容设计了与实际应用紧密结合的案例,并将课程章节中的重要数值方法及其数值实现串联在案例问题的求解过程中,同时将计算结果以图形的形式展现。例如,在线性方程组的数值求解部分,采用图像泊松融合算法[5]中稀疏线性方程组的求解作为课程引入,如图1和图2所示,然后基于案例中的问题讲授求解线性方程组的直接法和迭代法,并将其用于线性方程组的求解。通过对比计算时间、迭代步数和近似解误差展示不同数值方法的特点和优劣,最后将计算效果最好的方法用于案例问题的求解,得到融合后的图片,如图 2 所示。再比如,代数特征值问题的数值计算,采用人脸识别中特征值的计算作为应用案例进行课程引入,借此讲述特征值的求解方法,并展示数值方法的计算效果和人脸识别的结果。课程各章节的具体应用案例见表1。

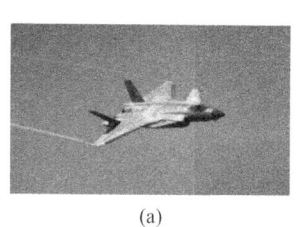
(a)

(b)

图 1 源图像和目标图像

图 2 融合后的图像

表 1 课程章节应用案例

章节名称	应用案例名称
非线性方程求根	北斗导航系统的定位问题、分形图像
线性方程组的数值解法	图像的泊松融合算法
插值法	股票价格预测、图像缩放
曲线拟合	水位流量关系的测定
数值积分与数值微分	图像去噪
代数特征值问题的数值计算	人脸识别的特征值计算
常微分方程的数值解法	自动驾驶领域的车辆运动学模型

在课程内容设置中,将数值方法的核心思想和算法过程图形化、图像化,重点突出数值方法的设计原理,注重不同方法之间的联系和对比,帮助学生增强算法设计的创新意识和创新思维。考虑到对学生应用型创新能力的培养,我们删减了算法分析中烦琐的推导和证明,

以通俗易懂的语言阐述理论结果,并将数学建模题目融入部分例题和习题中,培养学生将所学知识应用到实际问题的能力。在数值实验讲解部分将代码与算法对应起来,注重代码的规范性、简洁性和高效性。将教学内容与应用案例整合在一起,可以充分调动学生的积极性和主动性,让学生充分认识到课程内容的实用性和重要性。此外,解决实际问题的数值方法的设计和分析过程可以充分培养学生的创新意识和创新思维,同时通过应用案例也可以扩大学生的知识视野,提高学生学以致用的能力。

二、丰富教学方式

随着信息技术的不断发展,慕课、微课等线上教学资源越来越丰富,学习通、雨课堂等辅助教学平台已经深入许多教师的课程教学中,学生的学习方式也从传统的课本学习转换为在各类网站教学视频上学习,这就对教师的教学方式提出了更高的要求。在授课过程中,基于表1中应用案例进行课程引入,结合多媒体技术将课程内容以视频和图形的形式进行展示,帮助学生理解和掌握课程的核心知识点。利用学习通平台,在课程教学中设置课前预习、课中练习、问答与讨论、课后复习环节,结合课程的过程性考核提高学生的学习主动性和积极性。课前主要以课程视频预习为主;课中以随堂练习、课堂问答、案例讨论为主,并累计相应的课程学分和奖励学分作为平时成绩的一部分;课后则以理论和实践作业、章节测验、课件和视频学习为主。优秀作业、话题讨论和课堂笔记作为课程的加分环节,以提高学生的学习积极性。问答与讨论环节以引入的应用案例为主,从算法思想、算法特点和算法应用三方面展开,充分调动学生的思维,进而完成知识的理解、融合和迁移,让学生在掌握数值方法的同时得到创新思维的训练。

基于章节应用案例,引导学生在课内知识的基础上进行延伸和拓展,通过文献调研,追踪应用案例问题的前沿求解方法,对学生进行科研训练。学生以小组为单位,每组随机抽取一个应用案例进行前沿拓展,针对应用案例问题的数值求解方法进行文献调研,并选取其中一种前沿方法进行数值实现,完成应用案例问题的求解。最终形成项目报告,并以小组汇报的形式在课堂展示。通过项目式学习让学生切身感受到课程内容的应用性,激发学生的学习潜能,培养学生的创新意识和创新思维,同时还可以加强学生团队协作的能力,提升学生的综合素养。

三、更新和拓展实践训练

本课程除理论教学以外还有上机实践环节。传统的上机实践多是针对简单的数学问题进行编程计算,上机题目单一、层次性不够分明、探索性实践较少,且通常与实际应用联系不紧密[6]。现在人工智能技术发展迅速,学生普遍开始应用大语言模型自动生成的代码,对代码进行适当调整便可完成上机作业,学习效率上有了提升,但是代码编写的逻辑训练欠缺。针对上机实践教学目前面临的问题,我们更新和扩充了上机实践训练的题目,将数学建模题目和课程应用案例引入实践训练中,如表2所示,以培养学生的实践创新能力。例如,线性方程组数值解法部分的上机训练是以图像泊松融合算法中的线性方程组为题目,在给定的算法框架下,学生自主选取源图像和目标图像进行融合,展示融合过程中不同数值方法求解线性方程组的计算效率。也可进一步拓展,例如,学习使用子空间方法求解线性方程组等,与课堂教学中的项目式学习紧密衔接在一起。再比如,基于全国大学生数学建模大赛赛题的铅酸电池放电曲线拟合和剩余放电时间估计等,需要学生先进行简单的问题分析,然后利用课程所学数值方法进行求解,完成实践训练。

表 2 实践项目与内容

实践项目名称	实践内容
非线性方程求根	绘制两种不同的分形图像
线性方程组的直接解法	一维图像泊松融合算法的线性方程组求解
线性方程组的迭代解法	彩色图像泊松融合算法的线性方程组求解
插值法与曲线拟合	图像缩放、铅酸电池放电曲线的拟合与剩余放电时间的估计
数值积分与数值微分	图像去噪的数值实现
代数特征值问题的数值计算	搜索引擎中网页排名的Pagerank算法、人脸识别中的特征值计算

通过具体案例的训练,学生的创新思维和实践创新能力可以得到进一步的锻炼,在此基础上,我们也鼓励学生参加数学建模竞赛和大创项目,以增强自身的创新能力和综合素养。本课程上机训练以小组的形式随机抽取题目进行,由小组成员分工协作完成数值实验和最终的上机报告。在每次上机实践的最后,会随机抽取3~4组学生进行课堂展示,汇报自己上机实践的方法、代码和实验结果。随机抽取题目和随机课堂展示可以充分活跃课堂气氛,调动学生的学习积极性,同时实践题目的多样性也可以丰富实践训练的内容和层次,实际案例和建模题目的引入可以在一定程度上增加实践训练的深度和广度,为以后学生开展数学建模竞赛和大创项目打下坚实的基础。

四、结　　语

数值分析作为数值计算的重要基础课程,对理工科学生和专业技术人员开展数值计算至关重要,课程中的算法设计思想具有普遍应用性。结合实际应用案例,采用多样化的教学和实践训练方式可以充分激发学生的创新意识,培养学生的创新思维和实践创新能力。基于实际工程案例的项目式拓展训练可以进一步增加学生对课程内容的理解和应用,培养学生的科研素养,提升学生的综合创新能力。

参 考 文 献

[1] 李庆扬,王能超,易大义. 数值分析[M]. 5版. 北京:清华大学出版社,2008.

[2] Michael T Heath. 科学计算导论[M]. 2版. 张威,贺华,冷爱萍,译. 北京:清华大学出版社,2005.

[3] 杨百愚,武晓亮,王翠香,等. 基于多项式求根的双厚度透射率模型确定透明固体光学常数[J]. 红外技术,2023,45(9):969-973.

[4] 程竟然. 计算机三维图形中一个平方根倒数算法的数学证明及优化[J]. 数值计算与计算机应用,2013,34(4):266-278.

[5] Pérez P, Gangnet M, Blake A. Poisson image editing[J]. ACM Transactions on Graphics,2003,22(3):313-318.

[6] 王同科,常慧宾,王彩华. 数值分析实践教学实验设计[J]. 大学数学,2016,32(2):57-63.

基于建构主义视角的高等教育教学改革：
理论框架与实践路径[①]

北京信息科技大学 科技处 张 政

摘 要 《高等教育改革理论与实践探索》[1]立足于高等教育教学改革的前沿，结合多年来在教育管理和教学科研领域的实践经验，旨在为促进高等教育质量整体提高提供理论指导和实践参考。本文提出具体的应用策略，并结合案例分析，通过建构主义学习理论分析、翻转课堂分析、项目驱动学习分析、混合式学习分析等教学模式，在实践中展示教改成果。

关键词 建构主义；高等教育教学改革；人才培养；混合式学习

一、引 言

作为国家发展和社会进步的重要引擎，高等教育的教学质量与人才培养质量的提高、创新能力的提高有着直接的关系。但传统教育模式在知识传授、学生参与度、创新能力培养等方面都存在明显不足，亟待进行深层次的变革，加强教育模式的变革。本文旨在为适应新时期人才培养需求，探索高等教育教学改革的有效路径。

二、国内外教学改革成功案例

2001年，麻省理工学院（MIT）启动了开放式课程计划（OpenCourseWare，OCW），这一计划旨在免费向全球公众提供MIT的课程材料，包括课程大纲、讲义、作业、考试、视频讲座等，促进全球教育的开放与共享，推动教学模式的创新。该计划使全球学习者受益。OCW自启动以来，吸引了全球数以亿计的学习者，其中不仅包括在校学生，还包括教师、行业从业者等，极大地促进了终身学习的实践。OCW的实施推动了MIT内部的教学创新，许多课程增加了更多的互动和实践的教学模式，进而提高了学生的学习兴趣和参与度，培养了学生的创新能力和实践技能。OCW的成功激发了全球范围内开放教育资源的潮流，如哈佛大学、斯坦福大学等多所世界顶尖大学相继推出了自己的开放课程平台，共同推动了全球教育的开放与创新。

---

① 本文由北京市教师发展研究课题（课题编号：GJ2023014）项目支持。

美国斯坦福大学设计学院(D. School)以设计思维教育与跨学科合作为基础,致力于解决复杂问题,以培养设计专业学生与非设计专业的学生为目标,以跨领域知识的融合与创新为宗旨,向各专业的学生开放,在提高学生设计思维水平的同时,促进学生的团队协作能力。经过几年的发展,D. School 在培养学生创新能力和解决复杂问题的能力方面成效显著,其毕业生在各个行业都有出色的表现,展示出了他们的卓越的设计创新和解题能力。

以现象为基础的综合主题学习是芬兰教育改革的重点之一。综合主题学习以现象或主题为中心,打破传统的学科界限,将多个学科的知识融会贯通于同一个主题之中,让学生从解决实际问题的角度出发,进行学习,从而激发学生对学习的浓厚兴趣,并提高学生对知识的综合运用能力,使学生在复杂多变的社会环境下有更强的应变能力。

加拿大不列颠哥伦比亚省推行个性化学习计划,该计划是一套强调个性化学习,为学生"量体裁衣",提供个性化辅导与支持的体系,即根据学生的个人兴趣、能力、学习速度等,为学生制订学习路径和目标,同时给予学生个性化的辅导与支持,使学生在学习过程中提高学习动力和满意度,有利于培养学生自主学习和终身学习的良好习惯。

新加坡在基础教育阶段大力推行一种融合科学(Science)、技术(Teachnology)、工程(Engineering)和数学(Mathematics)的跨学科教育模式(STEM 教育)。STEM 教育既重视学科知识的传授,又强调实践操作与创新思维的培养,以项目驱动的方式让学生在实际中运用 STEM 知识解决问题。因此,新加坡学生在国际 STEM 竞赛中屡创佳绩,在 STEM 教育上取得的成功对提升新加坡在全球教育领域的竞争能力也起到了推波助澜的作用。从这一成绩可以看出,在科技发展日新月异的时代,推动 STEM 教育并对学生进行全方位的培养,不仅为新加坡在科技上的发展打下坚实基础,而且对于增强新加坡在国际上的竞争力也具有十分重要的意义。

中国在智慧教育方面进行了大量的探索和尝试,运用大数据、人工智能等技术手段,对学生的学习行为和成绩进行分析,提供给学生个性化学习资源与教学策略,从而达到教育精准化、智能化的目的[2]。在智慧教育的实施中,无论是学生学习效果还是教学效率都有了很大的提升。智慧教育技术在保持教学延续性上扮演了十分关键的角色。

三、多维度评价标准

1. 学生学习成果

(1)学术成就:教学改革要使学生在学科知识、学科技能、学科思维能力等方面的成绩有明显的提高。例如,斯坦福大学 D. School 毕业的学生在创新和解决问题方面都有很好的表现。

(2)学习动力与参与度:创新的教学模式让学生在课堂上激发学习兴趣、提高参与度。例如,学生在解决实际问题中学习芬兰的综合主题学习,学习动力明显增加。

2. 教师教学体验

(1)教学满意度:评价改革效果的一个重要方面是,教师在新的教学模式下是否觉得教学更有效,能不能和学生更好地互动。

(2) 专业发展:教学改革有没有对教师进行专业化的成长有促进作用,例如,多提供一些培训机会,多提供一些教学资源,多一些学科之间的合作,多一些创新方面的鼓励等。

3. 教育公平性

(1) 资源分配:改革是否保证了个性化学习计划能让所有学生受益,让所有学生都能平等地获得优质教育资源,而不是只让能力高的学生受益。

(2) 包容性:改革有没有考虑所有语言、文化、经济条件等不同背景下的学生的需求,对缩小教育差距有没有帮助。

4. 创新能力和社会适应性

(1) 创新能力:教学改革是否培养了学生创新思维和解决问题的能力。

(2) 社会适应性:社会适应性包括终身学习的习惯、团队合作精神、跨文化交际能力等,毕业生是否具有适应社会变化的能力。

5. 长期影响与可持续性

(1) 长期影响:学生毕业后的就业竞争力、职业发展以及社区参与度等方面能否持续体现教学改革成果。

(2) 可持续性:改革有没有建立一种可以复制、可以推广的教育模式,政策支持、资源投入能不能持续。

6. 社会与家长反馈

社会认可度:教育改革有没有在社会上得到广泛的认同,学校的名气、影响有没有得到很大的提升。

四、方　　法

1. 建构主义学习理论

建构主义强调,学习是学生主动建构知识的过程,教师的角色要从知识的传递者转变为学习的引导者[3]。在高等教育中,学生的学习动力和深度理解能力可以通过设计探究性的学习任务来有效增加,同时教师应鼓励学生在解决实际问题中建构知识。

建构主义学习理论需要教师设计以学生为中心的课堂,即通过实验、观察、讨论等方式,鼓励学生主动学习,设计活动让学生主动探究知识,而不是被动地接受老师传授的信息。同时,教师需要推动合作学习,组织小组讨论、项目合作等,让学生把自己的想法分享出去,在团队中解决问题,共同促进知识的建设。

具体地说,就是要在解决实际问题的过程中,为增强知识的应用性和实用性,创造真实情境的学习体验,把学习内容放到现实世界的情境中学习。设立课题进行学习,设计跨学科的课题,使学生在完成课题的过程中,将多学科的知识融会贯通,培养学生的综合能力和创新思维。鼓励学生反思自己的学习过程和学习结果,对自己的学习策略、知识建构过程进行思考。通过辩论会、案例分析会等活动,培养学生对不同观点、不同信息的质疑、分析、评价的思辨能力。

该理论设计的教学计划需要多样化的考核,即对学生的学习过程和成果进行全面的了解,采用项目考核、同伴考核、自我考核等多种考核方式。教师与学生应以考核结果为依据,对教学与学习过程进行共同反思,对教学策略进行调整,对学习体验进行不断优化。

2. 翻转课堂模式

翻转课堂模式将传统课堂的"教学—练习"顺序倒置,要求学生通过观看视频、阅读材料等方式进行课前预习,利用课堂时间进行深入讨论、实验操作、解决问题等,并在课堂上进行"教学—练习"。[4]这种模式对增强学生的学习主动性、课堂参与度、推动深度学习都有很大的帮助。

为保证学生在课前能掌握基础知识,翻转课堂模式要求教师应事先录制好教学录像,或提供读物,设计好课前学习任务。课前学习中产生的疑问、小组合作学习、解决实际问题、实验操作等利用课堂时间进行讨论,以达到加深理解、培养运用知识解决问题能力的目的。针对学生在课堂上的表现和参与度,以及学生的课后作业和学习需求,教师应及时给予反馈并调整教学策略。

翻转课堂模式使学生的参与度得到提高,学生在课堂上更活跃,因为他们已经掌握了基础知识,可以更深入地参与讨论和实践。课前学习任务可根据学生的不同水平和兴趣进行设计,以满足不同学生的学习需求,从而使教师从知识的传递者转变为学习的引导者,更多地参与到学生的思考过程和问题解决中,提高教学的针对性和实效性。根据研究显示,在翻转课堂模式下,学生对知识的掌握程度比传统教学模式要好一些。因此,翻转课堂模式可以在一定程度上帮助学生掌握知识,同时对学生问题思考能力的培养也有很好的帮助。

翻转课堂模式包括技术与资源、学生适应性、教师培训三个方面的支持。为学生提供相应的技术与资源,包括在线学习平台的帮助;学生需要一定的时间去适应这种新的学习方式,教师要给予学生指导,帮助他们养成自主学习的习惯;教师要接受培训来学习如何设计有效的课前学习任务和课堂活动,以与翻转课堂教学模式相适应并达到良好的教学效果。所以,在翻转课堂教学模式中,技术与资源、学生适应性、教师培训三个要素缺一不可。

3. 项目驱动学习

项目驱动学习(Project Drive Learning,PBL)以实际项目为载体,把学习过程与解决现实问题结合起来,培养学生创新思维、团队合作、解决问题的能力[5]。在高等教育中,学生可以通过跨学科的课题设计,将多学科的知识融会贯通,并在实践中加以应用,提高综合能力。

首先是确定项目主题和目标。首先是具体的实施措施。精选真题,将与学生生活相关的真题,或与社会热点相关的真题,或与学科前沿相关的真题作为专题,确保题目具有现实意义,具有一定的感染力;制订学习目标,对中学生需要掌握的知识、技能、态度、目标进行明确的项目学习,以保证与课程标准相一致的学习目标。

其次是设计项目框架与活动。规划项目流程,设计项目的时间表、关键阶段和评估点,确保项目有序进行;整合学科知识,即项目设计应跨学科,让学生在解决实际问题的过程中整合并应用多学科知识,从而培养学生的批判性思维、问题解决、团队合作和沟通交流等关键能力。

PBL可以促进学生主动学习与合作,引导学生通过调研、实验、访谈等方法,主动收集信息、分析问题、制订解决方案,促进知识共享和集体解决问题的能力。当然,教师作为指导者,应提供给学生资源、反馈和策略指导,帮助学生克服学习过程中的困难。另外,PBL评价体系是多元化的,包括项目过程的参与度、团队合作能力、创新思维和最终成果的质量等,注重评价学生的学习过程和能力发展。

4. 混合式学习

混合式学习虽然借鉴了上述的学习理论和方法,但是在时间与空间上有了更多的改进。混合学习结合了线上学习与线下学习的优势,通过在线课程、虚拟实验室等资源,提供灵活多样的学习方式,满足不同学生的学习需求[6]。在高等教育中,混合式学习可以打破时空限制,促进个性化学习和自主学习。

混合式学习需要设定更加清晰的教学目标,确保混合式学习的设计与课程目标、学生学习需求、教育标准相一致。[7]通过混合式学习培养的学生能力,如自主学习、团队合作、批判性思维等。该模式下,在线资源开发需要更加同步线下资源,创建或整合高质量的在线学习资源,如视频讲座、互动课件、在线测试和模拟实验。线下教学需要更加仔细地规划课堂用于深度讨论、问题解决、实验操作和个性化指导的时间,增加学生互动和实践体验。

教师设定的自适应学习路径需根据学生的学习进度和能力,提供个性化的学习路径,允许学生在在线部分自主选择学习材料和进度,同时课前让学生搭配在线资源进行预习,课堂时间用于深入讨论和应用知识,促进深度学习。此外,设定比其他模式更多的团队项目,尤其是需要在线或面对面的项目,以增强学生的合作能力和社交技能。

该模式下的教学针对学生的指导与激励需要更加全面。教师需要教授学生如何有效利用在线资源,培养自主学习的习惯,并且构建学习社区,创建积极的学习氛围,鼓励学生之间互助和竞争,提高学习动力。最后持续调整教学策略和课程设计,优化混合式学习体验。

5. 实践探索与案例分析

以北京信息科技大学为例,通过实施混合式学习和翻转式课题学习模式,改变了以往传统课堂上的静态讲授模式,转变为动态的互动式教学方式。学生在课前可观看老师录制的讲解视频做预习,课堂上可结合小组讨论、案例分析、实验操作等教学环节。另外,也以课题项目为基础,以学习小组的形式进行线下交流与主动学习。这一改革可以提高学生学习兴趣、参与度和主动性,也有力地促进了深度学习的开展。

同时,学院教师把项目驱动的学习模式引入教学当中,针对不同的学科设计了一系列跨学科的项目,如智能城市解决方案设计以及可持续能源项目的开发等,使学生在解决实际问题的过程中运用所学到的知识,增强学生创新思维和团队协作能力的同时,也提高了学生的社会责任感,增强了学生在实践中运用知识的能力。

五、结论与展望

高等教育教学改革是人才培养质量提高的关键。通过建构主义学习理论的实践、翻转课堂的实施、项目驱动学习的探索、混合式学习的应用等理论与方法的创新,切实增强高等教育教学效果,为社会培养适应未来需求的高素质人才。为促进学生全面发展,推动高等教育不断进步,应进一步深化教学改革,探索更加个性化、灵活多样的学习途径。

通过理论与实践相结合的方式,共同推动高等教育向更高质量、更高效率的方向发展,同时本文也深入探讨了高等教育教学改革的策略和方法,以期为高等院校提供参考。

参 考 文 献

[1] 马丽娟.高等教育改革理论与实践探索[M].北京:中国经济出版社,2013.

[2] 侯志娟.对分课堂助力思政课教学改革的思考[J].河南教育:高教版(中),2023(2):33-35.

[3] 袁亚娟,李明坤,于明杰,等.基于建构主义的"沉淀过程与环境"课程思政元素挖掘与实践[J].南京师大学报(自然科学版),2023,46(S01):33-39.

[4] 魏晓艳.在信息技术教学中如何培养学生的信息素养[J].教师,2011(21):1.

[5] 李卢一,郑燕林.ARCS模型视角下创客项目设计研究[J].现代远距离教育,2018(2):12-19.

[6] 官勇妹."互联网+"背景下教学数字资源的开发与利用[J].读与写(上,下旬),2017,014(012):14-18.

[7] 黄柳.高校教学管理队伍建设初探[J].经济与社会发展,2003(12):2.

创新教育教学模式培养学生自主创新意识和正向创造力

北京信息科技大学 计算机学院 贺泽宇

摘 要 当前,我国科技创新发展时间紧任务重,培养学生正向创造力是破局的关键,也是改革高等教学模式的重要目标。传统教学模式简化了学生的实践求知过程,桎梏了学生的思维,让他们难以参与到应用实践中,这也导致学生放弃主动思考,认知过程倾向于"标准答案"和跟踪模仿已有成果。高等教学新模式将以人民教师为榜样和重要角色,以身作则加强师生思想交流,驱动学生参与追寻知识的正向思考过程。此外,新模式还将与人工智能等新技术结合,以更好地构建师生互动的教学环境,让学生在使用和实践的过程中掌握知识。培养学生正向创造力的高等教学新模式将为我国教育事业发展和科技领军人才提供核心支撑,也对我国科技创新发展具有重要意义。

关键字 正向创造力;自主创新意识;教学模式

一、科技创新成中美竞争"胜负手"是高等教育改革大背景

当前,我国科技创新时间紧任务重,改革高等教育教学模式和培养学生自主创新意识是为我国科技创新提供新鲜血液,注入新活力的根本。在此,教学改革可以加强学生自主创新能力,促进学生不断产生原创性想法、思路、成果。在全球化的背景下,科技创新能力已经成为国家之间竞争的核心要素。各国纷纷增加在科技创新领域的投入,力求在关键技术上取得突破,以占据国际竞争的有利地位。受地缘政治、经济竞争等多种因素影响,国际科技合作面临诸多不确定性,这将对我国的科技创新环境产生深远影响。虽然我国在尖端技术的掌握和创新方面打下了坚实基础,但从整体上看,我国仍然面临创新能力不强,科技发展水平总体不高的问题。这限制了我国在科技创新领域的快速发展。在人工智能、量子科技、生物技术等前沿领域,我国与发达国家之间仍存在一定差距。为了缩小这一差距并实现赶超,我国需要在这些领域加大研发投入力度,努力取得关键核心技术的突破。随着我国经济进入高质量发展阶段,产业升级和转型成为必然选择。科技创新是推动产业升级和转型的重要动力。因此,我国需要加快科技创新步伐,为产业升级和转型提供有力支撑。当前,全球科技革命和产业变革正在加速推进,各国都在积极抢占科技制高点和产业发展先机。我国必须加快科技创新步伐,以应对全球科技革命和产业变革带来的挑战和机遇。面对外部环境的复杂多变和不确定性增加,我国必须加快实现科技自立自强。只有掌握关键核心技术

并具备自主创新能力,才能在国际竞争中立于不败之地。

培养学生正向设计和正向创造力对我国科技发展具有极其重要的意义。在当前全球科技竞争日益激烈的背景下,我国已将创新驱动发展作为国家重大战略,培养学生的正向设计和正向创造力是实施这一战略的基础和关键。通过教育,我们可以为国家输送具有创新思维和实践能力的人才,国家竞争力很大程度上取决于这些人才的科技创新能力。培养学生的正向设计和正向创造力,有助于提升我国在国际科技竞争中的地位。这些人才能够提出新的设计理念,开发新的技术产品,创造新的商业模式,从而为我国经济社会的持续发展提供源源不断的动力。人才将在未来的科技发展中发挥重要作用,推动科技进步和产业升级。随着我国经济进入高质量发展阶段,产业升级和转型成为重要任务。培养学生的正向设计和正向创造力,将有助于推动传统产业向高端化、智能化、绿色化方向发展。这些人才能够运用所学知识,解决产业升级过程中遇到的技术难题,推动产业向更高层次迈进。正向设计和正向创造力的培养,是孕育未来科技领军人才的摇篮。通过系统地教育和培养,我们可以发现并培养出一批具有创新精神和创新能力的优秀人才。这些人才将在未来的科技领域中发挥引领作用,推动我国在关键核心技术上取得突破,实现科技自立自强。培养学生的正向设计和正向创造力,不仅能够提升学生个人的创新能力,还能够带动整个社会形成创新氛围。当越来越多的学生具备创新能力时,他们将成为推动社会创新的重要力量。这种力量将促使社会各界更加关注创新、支持创新、参与创新,从而形成全社会共同推动科技创新的良好局面。

二、改革高等教育模式的必要性

通过改革高等教育教学模式培养学生自主创新意识十分必要。这主要体现在新时代需求和教育质量要求两方面。一是随着科技的飞速发展和全球化的加速推进,传统的高等教育教学模式已难以满足当前社会对高素质、创新型人才的需求。改革高等教育教学模式有助于培养具备创新思维、实践能力和国际竞争力的人才,为我国科技创新提供有力的人才支撑。二是通过改革教学模式,可以推动教学内容的更新、教学方法的创新和教学手段的现代化,从而提升高等教育的整体质量。高质量的教育是培养优秀人才的基础,也是推动科技创新的重要保障。此外,通过教育改革并培养学生自主创新意识,有助于激发学生的创新潜能,促进原创性想法的产生,从而全面提升国家的整体竞争力。自主创新意识是驱动个体进行创新活动的内在动力,培养学生的自主创新意识,可以激发他们的创新潜能,使他们敢于挑战传统、勇于探索未知,从而为我国科技创新贡献更多原创性成果。同时,具有自主创新意识的学生更善于从不同角度思考问题,提出新颖的观点和解决方案,这种原创性想法的涌现是推动科技创新的重要源泉。在全球化竞争中,国家的核心竞争力越来越依赖科技创新。培养学生的自主创新意识,可以为国家培养更多具有创新精神和创新能力的人才,从而提升国家的整体竞争力。

培养学生自主创新意识与高等教育教学模式改革存在相互作用。新的教学模式可以在一定程度上促进学生创新意识的形成。新教学模式可以为学生提供多元化的学习环境,改革后的高等教育教学模式,如项目式学习、翻转课堂等,为学生提供了更加开放、灵活的学习环境。这种环境为自主创新意识的培养提供了土壤,可以激发学生的创新兴趣和动力。新的教学模式注重强化实践与创新环节,传统教学模式往往注重理论知识的传授,而忽视了实践与创新的重要性。而改革后的教学模式则强调理论与实践相结合,通过增加实验、实训、社会实践等环节,让学生在实践中发现问题、解决问题,从而培养他们的创新能力和解决实际问题的能力。这种实践经验的积累,有助于学生形成自主创新意识。新的教学模式可以培养学生的批判性思维与独立思考能力,改革后的教学模式鼓励学生质疑、反思和批判,培养他们的批判性思维和独立思考能力。这种思维方式是自主创新意识的重要组成部分,有助于学生在面对复杂问题时能够提出新颖的观点和解决方案。培养学生自主创新意识也反过来进一步推动教学模式改革,加强自主创新和正向创造能力,在培养学生的过程中,促进教学模式的持续创新。学生的自主创新意识不仅体现在他们的创新活动中,也体现在他们对教学模式的反馈和建议中。当学生对现有教学模式提出改进意见时,这些意见往往能够推动教学模式的持续创新和完善。爱思考、勤于思考的学生反向推动教师提高教学效果。具有自主创新意识的学生通常具备更强的学习动力和求知欲,他们不仅能够主动吸收和掌握新知识,还能够将所学知识应用于实际问题的解决中。这种积极的学习态度和行为方式,有助于提高教学效果和学习成果。随着社会的不断发展和进步,对人才的需求也在不断变化。具有自主创新意识的学生更能够适应未来社会的发展需求,成为推动社会进步的重要力量。因此,培养学生自主创新意识也是引领高等教育发展方向的重要趋势之一。

三、课堂循规蹈矩,教学脱离实践与前沿,困锁学生创造力

学生对教师及课堂不感兴趣将阻碍学生自主创新意识的培养,这可能是多方面因素造成的。首先,教师可能没有做好教学教案,导致教学内容无趣或与实际脱节,如果课程内容过于理论化、抽象,或与现实生活联系不紧密,学生可能会觉得难以理解或缺乏实际意义,从而导致学习兴趣下降。教师如果长期使用同一种教学方法(如单纯的讲授式教学),缺乏互动、讨论和实践环节,容易使学生感到枯燥乏味,难以保持注意力。

此外,教师没有让学生了解课程的意义和价值,导致学生学习动力不足,学生自身的学习目标不明确、动力不足也是导致对课堂不感兴趣的原因之一。如果学生对所学专业或课程没有兴趣,或者对未来没有明确的职业规划,可能会缺乏学习动力。教师教学环节设计不合理,造成学生学习困难,如果课程内容难度过大,超出了学生的理解能力范围,或者学生的基础知识薄弱,难以跟上课程进度,都可能导致学生对课堂失去兴趣。教师需要严格管理课堂纪律,降低学生学习的外部干扰,如手机、社交媒体等现代科技产品使得学生在课堂上容易分心,家庭环境、同学关系等外部因素也可能影响学生的学习兴趣。教师把课堂当成自己的独角戏,可能会让学生缺乏参与感,如果学生在课堂上缺乏参与机会,如提问、讨论、小组合作等,可能会让他们觉得自己是旁观者而非参与者,从而降低学习兴趣。

在当前教学教育模式下,学生对前沿科学技术缺乏视野和了解,以及缺乏正向创新和正向设计的实践环境。传统教材往往侧重于基础理论和经典案例,更新速度较慢,难以跟上科技快速发展的步伐。因此,学生所学内容往往与当前科技前沿存在较大的时间差。许多学校的课程设置仍然以传统学科为主,针对新兴科技领域的课程开设不足。这导致学生在校

期间难以接触到最新的科技知识和技术动态。传统教学模式大多采用讲授式教学,教师单方面传授知识,学生被动接受。这种教学方式缺乏互动性和实践性,难以激发学生的学习兴趣和探究欲望。实践环节往往被忽视或比重不足,因此,学生缺乏将理论知识应用于实际的机会,难以形成对前沿科技的直观认识和深入理解。

此外,创新环境和资源的不足也让学生难以形成自主创新意识和正向创造力。许多学校缺乏专门的创新实验室、研发中心等创新平台,无法为学生提供良好的创新实践环境。这限制了学生创新能力的发挥和科技成果的产出。创新活动需要充足的资源支持,包括资金、设备、场地等。然而,现有教学教育模式下,学校往往无法为学生提供足够的创新资源,导致创新活动难以开展。教师素养与能力也可能局限了学生创新意识的觉醒。一方面,教师知识更新滞后,部分教师由于工作繁忙、时间紧张等原因,难以跟上科技发展的步伐,导致自身知识更新滞后,这在一定程度上影响了学生对前沿科技的了解和掌握。另一方面,教师可能缺乏创新教学经验,许多教师习惯于传统教学模式,缺乏创新教学的经验和能力。他们难以引导学生开展创新活动,也无法为学生提供有效的创新指导和支持。更重要的是,在传统教学模式下,学生往往习惯于被动接受知识,缺乏主动性和创造性。这导致他们在面对新知识和新技术时缺乏探索和创新的勇气和能力。

四、AI 塑造创造力培养环境,创新教学模式,培养学生突破精神

(一) AI 助力教师言传身教,培养学生创新勇气

为了培养学生自主创新意识和正向创造力,在高等教育教学改革方面,教师应当扮演关键角色,并采取一系列有效措施。教师应当言传身教,大力培养学生创新的勇气,促进其创新意识的觉醒。具体地,首先,教师应当树立榜样展现创新精神。在自己的教学和研究中展现创新精神,不断探索新的教学方法,研究新的学术问题,用自己的实际行动为学生树立榜样。在课堂上或课外活动中,教师可以分享自己或他人的创新经历和故事,让学生感受到创新的魅力和价值,激发他们的创新热情。其次,教师应当鼓励学生多去尝试,并包容其失败的后果。教师应努力营造一个宽松、自由的学习氛围,让学生敢于表达自己的想法和创意,不怕犯错和失败。当学生尝试创新但遭遇失败时,教师应给予理解和支持,帮助他们分析失败的原因,鼓励他们从失败中学习,培养其坚韧不拔的精神。此外,教师应当激发学生的好奇心,培养其探索精神,并为他们提供资源和机会。教师可以通过提问、设置情境等方式,激发学生的好奇心和求知欲,引导他们主动探索和发现新知识。鼓励学生敢于质疑现有的观点和结论,培养他们的批判性思维和独立思考能力,为创新打下基础。教师应积极整合校内外资源,为学生提供丰富的阅读材料、实验设备、实践机会等,支持他们的创新活动。组织或鼓励学生参与科研项目、创新竞赛、社会实践等活动,为他们提供展示自己创新能力的平台。最后,教师应当与学生建立支持性师生关系,通过关心学生的生活和学习,了解学生的需求和困惑,建立师生之间的信任关系,让学生感受到教师的支持和关爱。学生应与教师进行交流和讨论,分享自己的想法和创意,听取教师的建议和意见,形成良好的师生互动氛围。

总之，教师言传身教，培养学生创新的勇气，需要教师在多个方面付出努力。通过树立榜样、鼓励尝试、激发好奇心、提供资源和机会、注重评价与反馈，以及建立支持性师生关系等措施，教师可以有效地培养学生的创新精神和勇气，为他们的未来发展奠定坚实的基础。

（二）AI 新教学模式，激发学生创造力

人工智能等新技术可以被引入高等教育教学中，从而创新教学模式，促进学生创新能力发展。基于人工智能的创新教学模式应当减轻学生的学业负担，让其具有思考的时间和空间。利用人工智能技术实现翻转课堂教学，学生在课前通过视频、在线资源等自主学习基础知识，课堂上则进行深入的讨论和实践。这种教学模式能够提高学生的主动性和参与度，培养他们的批判性思维和创新能力。利用人工智能技术分析学生的学习数据，包括学习习惯、兴趣偏好和成绩表现等，为学生推荐个性化的学习资源和路径。这有助于激发学生的学习兴趣，提高学习效率。

基于人工智能的自适应学习平台，根据学生的学习进度和理解能力，动态调整教学内容和难度，实现因材施教。这种个性化的学习方式能够更好地满足学生的需求，促进他们的正向创造力发展。结合增强现实技术，将虚拟元素嵌入现实环境，实现更好的学习效果。学生可以通过与虚拟对象的互动，进行知识学习和技能训练，培养他们的创新思维和实践能力。利用虚拟现实和增强现实技术，为学生提供更具体、更实践的学习体验。例如，在科学实验、历史场景再现等方面，学生可以通过虚拟环境进行探索和操作，加深对知识的理解和应用能力。结合人工智能技术，设计以项目为导向的学习模式。学生需要围绕一个具体的项目或问题，进行跨学科的知识学习和技能实践。通过团队合作和问题解决，培养学生的创新意识和团队协作能力。为学生提供开放的创新平台，包括创新实验室、创客空间等。这些平台配备先进的设备和工具，支持学生进行创新实验和项目实践。同时，平台还可以提供导师指导、资金支持等资源，帮助学生将创新想法转化为实际成果。学校还可以在校园内营造浓厚的创新文化氛围，鼓励学生积极参与创新活动。通过举办创新竞赛、讲座、研讨会等活动，激发学生的创新热情，培养他们的创新意识和正向创造力。

综上所述，将人工智能引入教育辅助，创新教育教学模式，需要多方面的努力和支持。通过个性化学习支持、虚拟现实与增强现实技术、智能辅助教学工具、创新教育模式与课程设计、创新资源和环境以及教师培训与发展等措施的实施，可以有效地培养学生的创新意识和正向创造力，为他们的未来发展奠定坚实的基础。

"新工科"背景下面向大学生创新能力培养的工程项目管理课程教学改革探讨

北京信息科技大学　信息与通信工程学院　张　贤

摘　要　本文探讨了如何通过工程项目管理课程教学改革,更好地培养大学生的创新能力。本文首先分析了国内外工程项目管理课程的现状和创新能力的内涵,概述了创新能力培养的内涵和方法,明确了该课程在大学生创新能力培养中的定位;其次,探讨了依托工程项目管理课程培养创新能力的方法,进一步讨论了创新能力培养对大学生未来发展的助力作用,并针对当前课程教学中存在的问题,给出了课程改革的潜在方向和举措。

关键词　工程项目管理;创新能力培养;教学改革;大学生发展

一、引　言

当前,创新已成为推动科技进步和社会发展的关键动力。高等教育作为培养创新人才的重要基地,肩负着为国家和社会培养具有创新精神和实践能力的大学生的重任[1]。"新工科"建设要求高校通过课程教学改革,尽可能地引导学生主动学习、主动实践,提升综合素养,从而培养创新创业人才[2]。工程项目管理作为工程教育的重要组成部分之一,对于培养大学生的创新能力具有重要作用。

随着经济全球化和科技迅猛发展,工程项目的复杂性和不确定性日益增加,这对工程项目管理人才提出了更高的要求。不仅要求他们具备扎实的专业知识和技能,更要求他们具有创新思维和解决问题的能力。创新能力是指个体在面对新问题、新情况时,能够运用已有知识和技能,结合新颖的想法和方法,提出解决方案的能力。这种能力不仅包括技术创新,还包括管理创新、制度创新等多个方面。在工程项目管理领域,创新能力表现为能够针对项目的特点和需求,提出创新的管理策略和技术方案,以提高项目的效率和效益[3]。

创新能力的培养需要教师对课程设计和教学方法进行系统和科学地设计。在教学过程中,教师不仅需要注重启发式和探究式教学,鼓励学生主动思考和提出问题;同时,还需要借助项目实践和案例分析等方式,培养学生的实践能力和创新思维。此外,创新能力的考核应多元化,除传统的理论知识测试外,还应包括项目设计、创新方案提出等实践性考核。创新能力的表征则体现在学生能够独立分析问题、提出创新解决方案,并在实践中予以验证和完善。

工程项目管理课程教学既是专业知识传授的平台,更是创新思维和实践能力培养的有效方式,需要教师有意识地、系统地去培养具有管理科学理念、工程意识、工程素质、实践能力、创新创业精神、沟通和组织协调管理能力的高素质人才[4]。教学模式要注重与时俱进,以培养学生创新能力为根本目的,教学价值取向要由传统的知识传授转变为主观能动性的培养,注重理论教学和实践教学的有机结合[5]。通过工程项目管理课程的学习,学生能够了解工程项目管理的前沿理论和实践,掌握解决复杂工程问题的方法,培养跨学科、跨领域的创新能力。

二、国内外工程项目管理课程现状与分析

在"新工科"背景下,工程项目管理课程的教学改革是高校教育改革的关键环节之一。当前,国内外高校在工程项目管理课程设置上存在一定差异。例如,国外高校往往注重课程的实践性和创新性,鼓励学生参与真实的工程项目,通过实践提升创新能力;而国内高校虽然也重视实践教学,但在创新能力培养方面尚显不足,课程内容和教学方法较为传统,缺乏与行业实际需求的紧密结合。

(一)工程项目管理课程教学现状

工程项目管理知识与技能是保证工程项目进度、质量、成本三大目标顺利达成的关键,并贯穿项目的可行性研究、投资决策、方案设计、施工及后期运营等全周期的各个过程。这些过程不仅要考虑方案技术上的可行性,还要考虑经济合理性,对学生综合应用能力提出了更高要求[6]。本文通过调研概述国内外工程项目管理课程的教学现状、教学方法改革、课程思政建设,以及教学效果评估等,为深入了解该领域的教学改革提供丰富的信息和视角。

当前,工程项目管理课程普遍采用传统的教学方法,如课堂讲授、案例分析等,这些方法在传授知识方面发挥了重要作用。然而,随着"新工科"教育理念的提出,这些传统教学方法已难以满足培养具有创新能力的复合型人才的需求。长期以来,国内工程项目管理专业教学围绕基础知识讲授开展,课程整体设置倾向理论知识教学,实践环节偏少,导致学生着重记忆理论知识,而无法提高知识迁移能力。当前,国内工程项目管理课程教学普遍存在以下问题[7-8]:

(1)教学内容更新滞后,未能及时反映行业最新发展;

(2)教学方法单一,缺乏实践性和互动性;

(3)评价体系不够完善,未能全面评价学生的创新能力和实际操作能力,产、教、研、竞赛等融合较少。

自2017年以来,教育部一直大力推动"新工科"建设。国内工程项目管理课程在近年来也得到了快速发展,特别是在工程教育专业认证的推动下,课程内容和教学方法都在不断革新。课程内容通常涵盖项目管理的基本原理、方法和工具,同时结合中国国情和工程实践,注重培养学生的实际操作能力和解决复杂工程问题的能力。随着"新工科"建设的推进,课程中也越来越多地融入了信息技术、大数据、人工智能等新兴技术元素。在教学方法方面,除了传统的讲授法,案例教学、项目驱动教学、翻转课堂等互动式和探究式教学方法被广泛应用。此外,许多高校也特别注重将思想政治教育与专业教学相结合,培养学生的社会责任

感和职业道德。

国外工程项目管理课程在教学理念和方法上相对成熟,强调以学生为中心,注重培养学生的创新能力和批判性思维,课程内容通常与国际项目管理标准和实践紧密结合。在教学方法上,国外高校普遍采用问题导向学习(Problem-Based Learning,PBL)、团队合作、模拟游戏、国际工程项目案例分析等多样化的教学手段。此外,国外课程还特别重视跨文化交流和国际视野的培养,鼓励学生参与国际合作项目和交流。

(二)常用的教学模式对比与分析

在工程项目管理课程的教学中,多种教学模式被广泛应用,每种模式都有其独特的优势和局限性。表1给出了几种常用教学模式的对比分析。

表1 几种常用教学模式的对比分析

教学模式	优势	局限性
传统讲授模式	教师能够系统地传授理论知识,确保课程内容的全面性和系统性。它适合于概念和理论的直接传授,便于教师控制教学进度	学生在传统讲授模式下通常处于被动接受状态,缺乏互动和参与,不利于创新思维和批判性思维的培养。此外,这种模式可能忽视学生个性化学习需求
案例教学法	通过分析真实或虚构的案例,学生能够将理论与实践相结合,提高分析问题和解决问题的能力	案例教学法需要精心设计的案例和教师有效的引导,否则可能流于形式,学生可能只关注案例本身而忽视了理论知识的深入学习
项目驱动学习	学生在完成具体项目的过程中学习和应用知识,强调实践操作和团队合作,能够显著提高学生的实际操作能力和创新能力	项目驱动学习需要充足的资源和时间支持,对教师的指导和协调能力要求较高。此外,项目的成功与否可能会影响学生的学习动力和成就感
翻转课堂	学生在课前通过视频等材料自学,课堂时间用于讨论、解决问题和深化理解,因此,翻转课堂能够提高课堂效率,强化学生的主动学习能力	翻转课堂要求学生有较强的自学能力和时间管理能力,对那些自学能力较弱的学生可能是个挑战。同时,教师需要投入更多时间准备教学材料
同伴教学法	鼓励学生之间的互动和合作,通过小组讨论和协作解决问题,能够提高学生的沟通能力和团队协作能力	同伴教学法的效果很大程度上依赖于小组成员的积极性和合作精神,如果小组内部缺乏有效的沟通和协作,可能会影响学习效果
混合式教学	结合了线上和线下教学的优势,提供了灵活的学习方式,能够满足不同学生的学习需求和偏好	混合式教学的实施需要良好的技术支持和网络平台,同时要求教师具备相应的技术应用能力。学生可能需要一段时间来适应这种教学模式
问题驱动教学法	围绕问题展开学习,学生在解决问题的过程中学习知识和技能,问题驱动教学法有助于培养学生的批判性思维和自主学习能力	对教师的引导和设计能力要求较高,且问题的选取和设计需要精心考虑,以确保能够有效地促进学生学习

通过表1，我们可以看出，各种教学模式都有其独特的优势和局限性。然而，工程项目管理课程具有实践性强、知识体系复杂、技能要求高等特点，这些特点使得传统单一的教学模式难以满足学生的学习需求。因此，教师需要根据专业特色、课程目标、学生特点和可用资源，灵活选择和结合不同的教学模式，以实现最佳的教学效果。同时，教师还应不断探索和创新教学方法，以适应不断变化的教育需求和挑战。此外，合理充分利用现代信息技术也能提高教学的现代化水平，但需要进一步与创新能力培养相结合。

三、面向创新能力培养的工程项目管理课程教学方法

在下文中，我们首先，明确了创新能力培养的内涵与常用方法；其次，结合工程项目管理课程的特点，概述并提出了结合团队合作学习（Team-Based Learning，TBL）和成果导向教育（Outcome-Based Education，OBE）理念的工程项目管理课程教学方法。

(一) 创新能力培养的内涵与方法

创新能力的培养需要系统的课程设计和科学的教学方法。在教学过程中，教师应注重启发式、探究式教学，鼓励学生主动思考和提出问题。同时，通过项目实践、案例分析等方式，培养学生的实际操作能力和创新思维[9]。创新能力的考核应多元化，除传统的理论知识测试外，还应包括项目设计、创新方案提出等实践性考核。创新能力的表征则体现在学生能够独立分析问题、提出创新解决方案，并在实践中予以验证和完善。

创新能力培养不仅要求学生掌握专业知识，更要求具备批判性思维、问题解决能力和终身学习的能力。当前针对创新能力培养通常采用的方法主要包括如下四种[10]。

（1）多元化教学方法：结合讲授、讨论、合作学习等多种教学方法，激发学生的主动性和创造性。

（2）项目驱动学习：通过实际工程项目的参与，让学生在实践中学习和应用知识，提高解决实际问题的能力。

（3）竞赛和创新活动：鼓励学生参与各类科技竞赛和创新活动，培养团队合作和创新思维。

（4）跨学科学习：打破学科界限，促进不同学科知识的融合，培养学生的综合素质。

此外，在以学生为中心的教育改革背景下，通过项目驱动学习、翻转课堂、案例教学法、情境教学法、辩论赛和讨论法等以学生为主体的方法，引导学生主动思考和学习，也有助于培养学生的创新能力。

(二) 工程项目管理教学方法探讨

工程项目管理课程是工程管理专业中非常重要的核心课程，也是众多工科专业的限选课，它以培养学生工程思维能力、工程实践能力和创新能力为课程培养目标[3]。课程本身具有很多鲜明特征，具体特征如下。

（1）综合性：涉及多个学科领域，如管理学、经济学、工程学、法律等，要求学生具备跨学科的知识结构和分析问题的能力。

（2）实践性：该课程强调理论知识与实际工程项目的结合，注重培养学生的实际操作能力和项目管理技能，通常包括案例分析、模拟演练、现场实习等实践环节。

（3）应用性：课程内容紧密联系工程实践，旨在解决工程建设过程中的实际问题，如项目策划、进度控制、成本管理、质量保证、风险管理等。

（4）系统性：工程项目管理涵盖了项目从启动到完成的全过程，要求学生理解和掌握整个项目生命周期内的各个阶段和环节。

（5）国际化：随着全球化的发展，工程项目管理课程也会涉及国际工程项目管理的特点和挑战，如跨文化管理、国际合同和标准等。

这些特点使得工程项目管理课程不仅要求学生掌握扎实的理论知识，而且要求他们具备实际操作、问题解决和团队协作等多方面的能力，同时鼓励学生运用创新思维和方法来解决复杂的工程管理问题，培养他们的创新能力和素养。

针对上述特征，面向大学生创新能力培养的核心目标，本文提出基于OBE教育理念和TBL教学方法相结合的教学方法。

首先，TBL的教学方法具有自由度高和创新性强的特点[2]。TBL将以小组为单位作为基础，在构建小组时要遵循"组内异质，组间同质"的原则。TBL教学方法要求学生针对问题展开学习，围绕学习目标，通过自主探究、讨论式学习和互学互教等方式展开自主性和拓展性学习。通过结合多种现代化教育理念的课堂活动，TBL教学方法有助于激发学生自主学习的热情和培养学生的团队协作素养。目前，国内外标准TBL教学方法流程主要包含知识储备、知识考核及知识应用三个阶段。TBL教学方法的关键特征在于强化团队特征和意识，包括增强团队集体荣誉感、发挥团队各成员优势和促进各团队之间的交流三个方面[2]，具体内容如下。

（1）增强团队集体荣誉感：根据每位学生的个人特征进行异质分组，小组内部明确各成员的分工与定位，以课程任务和目标为导向，通过促进成员的有效分工与合作，激发团队的集体荣誉感。

（2）发挥团队各成员优势：借助教学管理平台的信息采集功能，了解团队成员的特质，然后利用课堂活动进行引导，促进团队成员之间深入了解，有利于发挥团队各成员的优势。

（3）促进各团队之间的交流：这种交流需要有交流的途径与载体，这要求教师进行有意识地引导，如开展课前和课堂活动。

其次，OBE理念是国际工程教育领域的主流思想之一，它具有以学生为中心、以结果为导向和持续改进三大核心原则[3]。OBE教学实施主要包括三个步骤：确定预期学习成果、设计课程教学内容与策略、评估与改进课程效果。以学生预期学习成果为目标导向，能够将整个培养过程进行有效衔接。需要强调的是，OBE理念采用逆向思维模式进行课程体系和教学内容设计。在"新工科"和应用型人才培养的大背景下，关于OBE教育理念的探索应用受到了广泛关注[11-12]。

最后，以OBE教育理念为指导，基于工程项目管理课程的教学目标、教学内容和教学设计，秉持以学生为主体、教师为引导和小组单位为基础的原则，结合多种现代化教育理念和教学模式，激发学生自主学习的热情，从而培养学生团队合作素养和创新能力，在这个过程中逐步建立"以学生为中心、注重过程、目标成果导向和多元评价"的工程项目管理课程教学方法。基于该方法,学生在学习专业知识和技能的过程中,能够更加注重提升工程创新能力和团队协作素养。

四、教学方法改革具体实施思路与评估

针对当前工程项目管理课程教学中存在的问题,本文提出了改革的方向和举措。改革的核心是更新教学理念,创新教学内容和方法,加强与行业的联系,提升课程的实践性和创新性。具体举措包括引入现代信息技术,丰富教学手段;开展校企合作,提供真实的工程项目实践机会。针对当前教学中存在的问题,结合"新工科"教育理念,提出以下两项改革方向和举措。

(一)教学方法多样化,采用多元考核方式

教师应注重更新课程内容,及时将行业最新发展和技术创新融入课程教学中;同时,灵活采用项目化、案例化教学,增加学生参与度和实践机会。通过建立多元化评价体系,全面评价学生的专业知识、实践能力和创新能力。在这个过程中,学校应加强师资队伍建设,提高教师的实践教学能力和创新教学能力,引入行业专家参与教学也是一种有效的途径。

提升工程项目管理课程在培养学生创新能力方面的效果,需要从多个维度进行综合评估和逐步持续改进,常用的方法主要包括如下三种。

(1)收集与分析学生反馈:定期收集学生对课程的反馈,了解学生的需求和建议,不断调整和优化教学内容和方法。

(2)评估教学效果:采用问卷调查、测试、访谈等方法,评估学生在创新能力方面的成长和课程教学的效果。

(3)持续改进机制:建立持续改进的机制,根据评估结果不断调整教学计划和教学方法,确保课程教学与行业需求和学生发展同步。

(二)依托科研项目或比赛项目,搭建实践平台

一方面,教师需要重视课内竞赛观念的导入,将应用导向的基础知识学习任务布置到课前,要求学生适应主动学习、分组合作和集中汇报的竞赛思维,以学习成果为导向,强化对于基础知识重难点的掌握与针对性理解。这不仅能够提高学生对基础知识的学习效果,锻炼提升自身的语言组织能力、沟通协调能力和逻辑思维能力,还能培养学生的工程实践能力和创新素养。同时,高校院系也需要适时引入内部竞赛实践,参照专业竞赛的具体要求选拔学生参与内部竞赛,鼓励运用正反方辩论、探究式学习、综合项目评价、争议合同条款谈判和团队任务实现等方式,引导学生在活动过程中掌握竞赛能力。

另一方面,高校要积极拓展课外竞赛参与机会。从具体的竞赛内容看,目前影响力较大的工程项目管理类竞赛多由行业内的优势企业以及相关科研机构牵头组织,其聚焦理论知识竞赛和软件模拟竞赛等组织了大量的活动。此外,高校可以建立校企合作机制,通过与企业合作,为学生提供实习实训机会,加强理论与实践的结合。同时,高校还应加强国际交流与合作,培养学生的国际竞争力。

通过上述改革,旨在构建一个开放、互动、创新的工程项目管理课程教学体系,为培养具有国际视野、创新精神和实践能力的高素质工程科技人才奠定坚实基础。

五、结　　语

在"新工科"背景下,面向大学生创新能力培养,提升大学生的工程实践和创新创业素养,是高校的关键任务之一。由于工程项目管理课程综合性和实践性都很强,故采用传统或单一的教学模式,难以达到预期的教学目标。为此,本文探讨了依托工程项目管理课程培养创新能力的方法,通过结合团队学习教学方法和OBE教学理念,初步提出建立"以学生为中心、注重过程、目标成果导向和多元评价"的工程项目管理课程教学方法,并给出了潜在的改革方向和举措,助力培养大学生创新能力。

参 考 文 献

[1] 丁文政,郁汉琪,陈巍,等.融合创新创业能力培养的系列化工程项目教学改革[J].实验技术与管理,2018,35(02):26-29.

[2] 肖迎红,沈健.基于新工科建设的人才培养学习模式探索[J].高教学刊,2023,9(12):38-41.

[3] 白礼彪,张子文,刘诗怡,等.OBE导向下工程项目管理课程教学模式研究[J].项目管理技术,2023,21(10):61-66.

[4] 李晓娟,李璐璐.新工科背景下工程项目管理课程思政元素的融合与教学实践[J].高等建筑教育,2021,30(02):65-71.

[5] 谢琳琳,张原,王幼松.《工程项目管理》实践教学改革探讨[J].建筑经济,2010(07):87-89.

[6] 张琰.基于实践创新能力培养的工程项目管理课程教学研究[J].住宅与房地产,2020(05):269-270.

[7] 朱同威,陈景鑫.基于"教、学、赛、研"模式的"工程项目管理"课程教学的有效性策略[J].太原城市职业技术学院学报,2024(04):134-136.

[8] 张玮.卓越工程师计划下的工程项目管理教学改革[J].合作经济与科技,2013(24):106-107.

[9] 李淑文,黄远林,李素霞.基于项目教学的大学生创新创业能力培养研究——以钦州学院资源与环境学院工程项目教学为例[J].教育现代化,2018,5(41):52-54.

[10] 刘辉,童华炜,高钰祺,等.岗位胜任力视域下工程项目管理课程改革路径探索[J].高教学刊,2024,10(15):138-141.

[11] 鞠兴华,王茹,翟向伟.应用型人才培养背景下基于OBE理念的教学改革探究——以"工程项目管理"课程为例[J].潍坊学院学报,2023,23(05):66-70.

[12] 汤智,计伟荣.金课:范式特征、建设困局与突围路径[J].中国高教研究,2020(11):54-59.

研究生就业心理现状调查及对策分析

北京信息科技大学　管理科学与工程学院　白云晓

摘　要　本文通过问卷调查发现,当前研究生就业心理现状表现为就业期望高,准备不充分,缺乏职业规划;追求稳定,重视地域,看重职业发展前景;自我能力与社会需求存在落差,就业态度较积极;专业理解欠缺,缺乏实践经验。为帮助研究生改善就业心理状态,学校应增设研究生职业生涯规划就业指导课程,帮助学生加强自我认知,做好职业规划;加强研究生对专业的认知,提高其专业能力;同时充分发挥学校、导师、辅导员的力量,加强研究生群体的心理健康教育。

关键词　研究生;就业心理;调查

一、引　言

随着研究生招生规模的不断扩大,就业形势也十分严峻,研究生就业压力不断增大,竞争日益激烈。在这种情况下,研究生的就业期望与社会需求存在明显落差。很多研究生在进行择业时,缺乏正确的就业认知,理想与现实的差距使得部分研究生不能摆正自己的就业心态,随之可能会带来某些就业心理问题。本研究以北京信息科技大学研究生为调查对象,对这一群体的就业心理状况进行分析与研究,从而有针对性地对研究生进行指导。

二、研究生就业心理现状调查

本文在文献分析及个别深入访谈的基础上,编订了《研究生就业心理调查问卷》。问卷内容涵盖自我认知、就业期望、就业准备、就业压力、就业态度、专业了解等方面,共24道题。我们通过问卷调查法对北京信息科技大学不同层次的260名研究生进行就业心理现状调查。调查对象的基本情况如下:男生133人(51.2%),女生127人(48.8%)。其中研一学生151人(58.1%),研二学生63人(24.2%),研三46人(17.7%);学生干部41人(15.8%),普通学生219人(84.2%);学术型硕士79人(30.4%),专业型硕士181人(69.6%);有工作经历的学生105人(40.4%);已婚6人(2.3%),未婚254人(97.7%);家庭所在地为大城市135人(51.9%),中小城市65人(25%),城镇25人(9.6%),农村35人(13.5%)。

三、研究生就业心理具体表现

(一) 就业期望高,准备不充分,缺乏职业规划

在被调查的研究生中,在谈及"毕业后期待的起薪"时,10 人选择"5 000～6 000 元",占调研人数的 3.8%;13 人选择"6 000～8 000 元",占调研人数的 5%;61 人选择"8 000～10 000 元",占调研人数的 23.5%,176 人选择"10 000 元以上",占调研人数的 67.7%。大多数研究生没有做好就业的准备,在调研结果中,只有 6.5% 的研究生认为自己做好了充分的就业准备,96 人(36.9%)选择"有些准备",137 人(52.7%)选择"准备不充分",还有 10 人(3.8%)对于就业准备持无所谓的态度。同时,35.5% 的研究生没有职业规划的概念,89.6% 的研究生期望学校能有职业规划方面的教育,需要学校开设职业规划和就业指导方面的课程,其最需要了解的内容集中在职业探索与认知、职业能力培养、生涯理论与规划和自我探索与认知。

(二) 追求稳定,重视地域,看重职业发展前景

在被问及"毕业后想就业的单位性质"时,75 人(28.8%)选择"机关和高等学校",61 人(23.5%)选择"科研设计单位",94 人(36.2%)选择"私企、外企",6 人(2.3%)选择"自己创业",2 人(0.8%)选择"部队",仅有 1 人选择"乡镇企业"(0.4%)。156 人倾向于在"东部及沿海经济发达地区"就业,占调研人数的 60%;88 人(33.8%)选择在"中部大中城市"就业;仅有 5% 的人选择去"西部大中城市"工作。而在就业因素选择中,相较于工作薪资,72% 的研究生更看重职业的发展前景。

(三) 自我能力与社会需求存在落差,就业态度较积极

用人单位看重求职者的学历条件,更加看重求职者的专业技能、创新精神、综合素质和工作经验等。这个社会现状与被调查研究生的认知一致,在"用人单位最关心的毕业生条件"这一题项的结果中,专业知识技能和综合能力是排在前两位的。而在主要的就业压力选项中,排名由高到低分别为"实验技能不过硬"(34.6%)、"就业人数太多"(33.0%)、"对自己的期望太高"(17.7%)、"专业知识不够"(13.5%),还有 1.2% 的研究生选择了其他原因,如专业供需不平衡、专业不对口等等。面对就业压力,在谈及对目前就业形势的看法时,14 人(5.4%)选择"完全不担心",138 人(53.1%)选择"通过努力可以找到工作",84 人(32.3%)选择"现在就业困难大",24 人(9.2%)选择"很是担心"。60% 以上的研究生愿意通过实践而获得工作,如果在找工作过程中遇到挫折,也能够通过自我调节使心情尽快平静。

(四)专业理解欠缺,缺乏实践经验

从调查结果可以看出,超过半数的研究生对自己本专业的了解程度十分欠缺,仅有44.23%的研究生选择了"了解自己的专业",但有48.08%的研究生选择了"一般了解",5.38%的研究生选择了"不太了解",2.31%的研究生选择了"不了解,就是跟着走"。随着年级的升高,了解自己专业的研究生比例逐渐升高,但在不同年级中仍有很多不了解其专业的研究生。当被问及"认为自己目前最欠缺的素质是什么"时,大多数研究生认为目前是欠缺相关工作或实习经验及专业知识与技能,其次是抗压能力、沟通协调能力、基本的解决问题能力、乐观的心态。80%以上的研究生认为需要增加实习实践经验,并愿意通过实践获得工作。

四、影响研究生就业心理的主要因素

(一)缺乏清晰的自我认知

自我认知是对自己各方面的自我观察、自我认识和自我评价。与职业相关的自我认知包括对自己的基本情况、职业兴趣、职业能力和适应性、个人特质、职业价值观等等[1]。研究生的自我认识不完善是导致初次就业心理问题的重要原因[2]。清晰的自我认知能够让个人了解自己的优势和劣势,使其很容易地明确何种工作岗位能够与自身能力相匹配。如果不了解自己的优势,总觉得自己不如别人,在竞争就业机会时就容易产生自卑心理,失去自信;相反,如果忽略自己的劣势,高估自己,容易盲目乐观,导致找工作时"眼高手低"。很多学生在本科生阶段就没有比较清晰的自我认知,看见其他人考研自己也会盲目随从,以此逃避进入社会的竞争与压力,不清楚自己的人生观和价值观。进入研究生阶段后,很多研究生依然是本科阶段的状态,从未了解过职业生涯规划,对目前的就业形势、政策不了解,对自身的个人特质、职业兴趣、职业能力、职业价值观依然不清晰。在研究生阶段,其专业知识水平和科研水平会有所提高,但用人单位招聘时,更加看重研究生的综合素质[3]。缺乏清晰的自我认知,没有清晰的目标和规划,盲目求职,也不清楚该从哪些方面进行自我提升,没有充分的就业准备,在就业过程中缺乏必要的求职技能,往往会使研究生在求职过程中"碰壁",从而导致迷茫、焦虑、自卑等诸多就业心理问题。

(二)对专业理解不到位

在调研问卷中,超过半数的研究生对自己本专业的了解程度十分欠缺,即使在学习了2~3年后对自己所学的专业依然不是很了解。在研究生阶段,大部分研究生需要跟随导师进行科研项目的研究,可能对专业知识的掌握程度有所提高,但是缺乏对本专业的就业前景的了解,就业准备不充分。此外,近几年考研人数激增,竞争也日益激烈,学生在挑选研究生专业时,首要的前提是能够"考上",往往会选择往年招生人数多、录取分数低的专业,但是自

身对所选专业不一定了解和喜爱。有一部分学生选择跨专业考研,在研究生阶段学习的课程与本科阶段不相关,学科基础相对薄弱,研究生阶段基本上只有第一年进行专业课程的学习,对自身专业能力的提升和对专业理解的程度可能达不到理想的程度。面对逃避就业而上研究生的学生来讲,在研究生期间进行专业学习时,可能只满足于"成绩合格",而且研究生课程的考核方式以汇报、实验报告或者课程论文的形式为主,这些考核方式相较于考试考核的方式更容易,所以在进行专业学习时研究生投入的精力不多,对本身专业的理解程度也不高。本校计算机类、信息类的专业的研究生居多,对实践操作技术的要求较高,若自身专业能力不理想,在本专业领域内的就业竞争力不强,则会影响研究生的自信程度,从而选择非专业对口职业,竞争更加激烈,可能会出现一系列的心理问题。

(三) 缺乏系统化的就业指导

近年来,各高校对本科生的就业指导已经逐渐趋于系统化,但是仍有较多高校尚未开设针对研究生群体的职业生涯规划课程[3]。一些研究生由于没有求职经历和工作经验,不了解就业的过程、方式和缺乏相关的技巧,导致其在求职过程中没有针对性地进行准备,在进行面试时信心不足,影响自己的发挥,从而错失就业机会。由于没有系统化的就业指导,研究生可能会在就业政策、就业能力、简历制作、求职礼仪、面试技巧等方面中的一方面或者多方面都存在问题。此外,在研究生阶段,上专业课之余,研究生大多会跟随导师进行科学研究,相较于本科生阶段,研究生阶段学生缺乏与同学之间交流的机会,没有充分地锻炼自我的人际沟通能力、活动组织能力、多方协调能力等等[3]。在看重综合素质能力的就业市场中,其竞争力不高。

(四) 社会竞争加剧

我国发展仍然处于重要战略机遇期,但机遇和挑战都是新的发展变化。而目前市场对于人才的标准不断更新,专业知识扎实、实践能力出色、综合素质高的学生更受用人单位的青睐[4]。近年来,我国研究生招生规模不断扩大,就业竞争问题日益突显,研究生在这种竞争环境中不再有绝对的学历优势。《全国高校毕业生就业状况》数据显示,自 2009 年起,研究生的就业率连续下降,甚至出现了研究生就业率不及本科生的"倒挂"现象[5]。而广受研究生青睐的用人单位,如政府机关、事业单位和高校等用人需求却无明显增长,呈现供大于求的状况[6]。面对严峻的就业形势,理想与现实的差距必然会让研究生在找工作的过程中产生心理压力。

五、解决研究生就业心理问题的对策

(一) 加强对专业的认知,提高专业能力

在研究生入学时,高校应加强研究生的专业教育工作,让研究生明确所学专业的内容、

培养方案、须具备的专业技能以及今后可以就业的领域。在研究生的培养过程中,研究生导师是最主要的力量,在传授专业知识、指导帮助学生完成学业要求的同时,还需要提高学生的专业实践能力,多为学生提供和推荐实习实践的机会,让学生的专业能力在实践的过程得到进一步的锻炼与提高,增强今后在就业过程中的竞争实力。与此同时,通过实践锻炼能够让研究生提早步入社会,提前适应,以减缓"就业焦虑"。

(二)增设研究生职业生涯规划与就业指导课程

目前在各大院校中,职业生涯规划与就业指导课程大多针对本科生设置,尚欠缺对研究生的职业发展与就业指导,虽有举办各种形式的专题讲座或者职业能力测试活动,但是研究生的参与度都很低。因此,针对研究生设置职业生涯规划与就业指导课程也十分必要。研究生可通过此类课程有清晰的自我认知,综合自己的性格、兴趣和特点进行分析,选择自己的职业意向,明确自己的目标。同时,通过学习职业规划和就业指导的课程,帮助学生了解就业形式与政策,强化研究生进行职业规划的意识,加深研究生对职业的探索与认知。在理论课程的基础上,应加之不同形式的团体辅导和个体辅导。在团体形式的活动中,如团体建设、简历制作比赛以及职业规划大赛等各种形式的活动中,增加研究生与他人沟通交流的机会,学会人际交往,提高研究生的个人能力,使其今后能更加顺利地进入社会,融入社会。每个研究生都有自己的特点,在今后的工作中也会担任不同的角色,因此,在团体辅导的基础上,教师需要针对学生个体进行指导,如进行个人模拟面试、简历修改等,让研究生认识到自己的优势以及需要提高的地方,并能充分发挥优势,全面提高自己。

(三)加强研究生群体的心理健康教育

不同程度的心理问题不仅会影响研究生的学业,也会影响其身体健康。因此,学校需要开设针对研究生的心理辅导课程,优化此群体的心理结构,鼓励研究生正确看待心理咨询,并积极进行团体心理辅导和个体心理咨询。同时,要充分发挥研究生导师的核心力量,研究生导师是研究生在学习生涯中最重要的指导者,也是研究生在此人生阶段重要的引领者,导师应注重言传身教,严谨的科研态度、融洽的人际关系、乐观的人生心态都会对研究生的就业和生活产生积极的影响。与此同时,导师也应加强心理健康知识的培训,关注学生的个性差异,时常与学生谈心谈话,了解学生的心理状态,尽早发现问题,及时解决,帮助学生健康成长。辅导员是除导师外,和学生接触最多的人,因此,也要充分发挥辅导员在研究生教育过程中的引导作用,通过组织开展丰富的文体活动,鼓励研究生参与之中,缓解研究生的课业压力,及时调整学生的心理状态,同时,辅导员应准确把握研究生群体的特点,并多方面地了解研究生的心理状态,对其进行心理疏导和教育引导[7]。

参 考 文 献

[1] 杨炜苗.大学生职业生涯规划与就业指导[M].北京:清华大学出版社,2020.

［2］ 任婷.医学类研究生的初次就业心理问题探析——湖南中医药大学190例医学类研究生问卷调查结果分析［J］.长沙铁道学院学报（社会科学版），2012,13（01）：263-265.

［3］ 吴春生，温晓林，刘海英.农林院校研究生就业心理现状调查——以西北农林科技大学为例［J］.中国大学生就业（综合版），2018（03）：55-59.

［4］ 靳永雄.硕士研究生就业不良心态的原因及应对策略［J］.教育探索，2011（11）：139-140

［5］ 中国经济网.硕士就业率连续3年不敌本科 硕士"冒充"本科生找工作［EB/OL］.（2013-01-05）［2024-08-24］.http://district.ce.cn/newarea/roll/201301/05/t20130105_731722.shtml.

［6］ 程燕，李丹.新形势下研究生就业心理现状调查及思考［J］.创新与创业教育，2016,7（2）：108-110.

［7］ 孙阳.研究生就业心理健康教育［J］.科教导刊，2011（16）：237-238.

"新工科"背景下高校国际化人才培养模式探究

北京信息科技大学 图书馆、档案馆（校史馆） 高思涵

摘　要　随着全球化的深入发展,国际经济、科技、文化交流日益频繁,我国亟须一批具有国际视野的创新型复合型人才以提升新兴产业的国际竞争力和影响力。高等教育作为社会经济发展和人才培养的重要基石,承担着关键使命。本文以"新工科"为契机,从社会、高校及人才视角阐述了国际化人才培养的意义,进而探讨了目前联合培养模式存在的培养理念、师资队伍、评估体系等问题,以及提出了相对应的教育教学改革思路,为高校向社会输送国际化人才提供了强有力的支撑。

关键词　新工科；培养模式；国际化人才

一、"新工科"背景下国际化人才培养的意义

随着"一带一路"倡议的提出和稳步实施,拓宽学生的国际视野、提升学生全球就业能力、推动高校"走出去"的教育教学改革战略方兴未艾。2018年,教育部、工业和信息化部、工程院发表的《关于加快建设发展新工科实施卓越工程师教育培养计划2.0的意见》中强调,在面向工业界、面向世界、面向未来的道路上,我们要主动应对新一轮科技革命和产业变革挑战,服务制造强国等国家战略,以加入国际工程教育《华盛顿协议》组织为契机,以新工科建设为重要抓手,持续深化工程教育改革,加快培养适应和引领新一轮科技革命和产业变革的卓越工程科技人才,打造世界工程创新中心和人才高地,提升国家硬实力和国际竞争力。自此,"新工科"概念被正式提出。

"新工科"建设是我国高等工程教育应对新一轮科技革命与产业革命的战略行动。它不仅是学科和专业的共通,也是概念和理念的共融。"新工科"建设强调学科交叉融合,推动传统工科与其他学科的结合,形成新兴交叉学科专业,同时促进现有工科专业的改革创新[1]。其领域的新兴产业,如人工智能、新能源、光电信息科学与工程等,往往具有跨国界的特点。国际化人才可以更好地理解和参与这些产业的国际发展,进而推动本土科技创新和产业升级。

针对社会层面,国际化人才是提升国家在全球范围内竞争力的关键。他们能够在国际舞台上代表国家参与决策、谈判和合作,为国家争取更多的发展机会和话语权。对于高校而言,"新工科"背景下的国际化人才培养,要求教育体系根据国际化人才发展进行适时调整,如更新课程内容、引入国际先进的教学方法、加强师资队伍的国际化培训等,从而推动教育

的整体改革与发展。对于学生自身而言,具有国际背景和经验的人才在国际就业市场上更具竞争力,他们能够适应不同国家的工作环境,满足跨国公司和国际组织对人才的需求。由此可见,"新工科"背景下,高校培养复合型国际化人才任重道远且具有重要意义。

二、国际化人才培养的问题与难点

1. 国际化人才培养理念相对滞后

首先,目前我国高等教育理念侧重于传统的知识传授和应试教育,与国际教育趋势中强调的能力培养、终身学习、个性化发展还存在着一定差距。这种差距导致教育模式难以适应全球化背景下对创新和灵活性的需求,不仅高校吸引国际学生和教师的能力、国际合作和学术交流水平受限,而且影响了高校的国际化水平和国际声誉。其次,教学内容与形式未能与时俱进。教学内容可能仍然停留在传统的理论教学上,缺乏对新兴技术和跨学科领域的覆盖[2]。教学形式也存在过于单一的问题,教学依赖讲授而非探究式学习,不利于培养学生的实际操作能力和问题解决能力。长此以往,学生在毕业后面临工作内容需求与实际教学内容相脱节的问题,容易产生学生难以适应岗位环境的情况,影响学生的职业发展。最后,现有的培养模式下,学生国际视野与跨文化能力表现不尽如人意。学生可能缺乏参与国际交流和实践的机会,对"新工科"领域的国际成果认知有限,难以形成该领域的国际视野。同时,对学生跨文化沟通和协作能力的培养也不足,在学习过程中缺乏探索和创新的机会,进而导致学生缺乏批判性思维和解决问题的能力,影响学生在多元文化环境中的表现。

2. 国际化师资队伍力量薄弱

在联合培养模式下,国际化师资队伍通常由具有不同国籍、文化背景和专业领域的教师组成。教师们不仅要具备扎实的专业知识和教学能力,还应具有跨文化交流的能力、国际视野和创新意识。他们需要能够适时调整不同教育体系的教学方法,同时引导学生在国际化背景下进行学习和研究,为学生提供多元视角和全球视野。在这方面,由于资金和项目的缺乏,本土高校做得还不尽如人意。

首先,教师除需要一定的国际化教育背景以外,还需要一定的语言能力,但这也是目前国际化师资队伍亟须解决的一大问题。语言是教学和沟通的重要工具,该能力不足可能导致教师难以准确传达教学内容,影响学生的学习效果和课堂互动。其次,国际化师资队伍可能存在文化差异与教学方法不适应。由于文化背景的差异,国际教师可能采用的教学方法和评估标准与本地学生的习惯和期待不同,这可能导致教学效果不佳,甚至产生误解和冲突。此外,国际教师流动性大,稳定性差。他们通常可能因为签证、合同期限或个人职业规划等原因,在学校的任职时间较短,这种高流动性可能影响教学的连贯性和学生的学习体验。

3. 学生适应性与文化交流的难题

国际化人才的培养,不仅要求学生在成绩方面表现突出,在新环境中的自我调整能力,包括心理适应、学术适应、社交适应等方面也要引起学校的高度重视。学生若在出国前没有接受足够的预适应教育,如语言培训、文化教育、心理准备等,就会发生不能及时融入新环境的情况。

在学习方面,学生可能面临不同教育体系和教学方法的转换,需要适应新的学习节奏和教学氛围。学生可能对新的学术要求、教学风格和课程内容感到不适应。此外,教学方法若未能充分考虑国际化人才的多样性和个性化需求,也会导致部分学生难以跟上教学进度或满足学习需求。在生活层面,除我们常见的语言沟通障碍以外,学生还需适应与本国不同的地域文化和人文观念。跨文化交流的难题主要体现在非语言沟通差异、价值观和行为规范的冲突等方面。文化差异可能导致误解和冲突,如对时间观念、个人空间、言行举止的不同理解可能会在师生互动和同学交往中产生误解。学生需要在保持自身文化特色的同时,学会尊重和理解不同文化背景的教师和同学。

4. 质量保障与评估体系不完善

教学评估、教育评估是教育工作的关键环节。首先,在国内外联合培养模式下,各国文化背景可能导致对教育质量的理解和期望存在差异。不同的教育环境采用的质量标准和评估方法也不尽相同,缺少国际统一的指导和规范,导致评估结果难以比较和评估。质量保障与评估体系的不完善可能影响联合培养模式的教育质量和声誉,进而影响其可持续性和社会认可度。其次,国内高校现有的评估体系可能未能充分考虑国际化人才需求,缺乏专业设计,导致评估工具和方法不够科学和有效,进而影响教师对教学质量的认知和改进,限制教师专业发展和教育教学发展的改革。此外,联合培养模式下,学生在海外时间长,回国后忙于琐碎繁杂的毕业事务,评估反馈可能存在延迟,学生和教师不能及时获得关于学习成效和教学方法的反馈,进而影响教学改进和学习调整的及时性。质量监控体系可能未能全面覆盖教育过程的所有环节,缺乏对学生学习进展和教师教学表现的持续监控和动态调整机制。

三、国际化人才培养的对策及建议

1. 建立"三维一体"的联合育人机制

在"新工科"背景下,更新滞后的教育教学理念是国际化人才培养的必经之路。根据"新工科"发展业态,建立一个整合教育、产业和国际合作三维的联合育人机制,旨在通过跨领域合作,培养具有全球视野和本土实践能力的优秀人才[3]。

在教育维度方面,改革课程体系,加强跨文化与国际议题的教学内容,以培养学生在"新工科"的全球意识和国际责任感。引入国际化教学方法,如问题导向学习、AI课程助手、翻转课堂等,提高学生的参与度和解决复杂问题的能力。在产业维度方面,建立校企合作平台,为学生提供实习、实训机会,使学生能够直接接触和了解行业现状。推动产学研深度融合,通过实际项目让学生参与到创新过程中,提升其解决实际问题的能力。在国际合作维度方面,加强与海外高校和研究机构的合作数量,丰富联合培养项目内容,提供学生海外学习和研究的机会。促进师生国际交流,通过访问学者计划、学生交换项目等方式,拓宽学生国际视野,提高学生跨文化交流能力。

2. 完善高校人才培养机制

"新工科"人才培养对于师资力量提出了新的要求。如何为本土教师提供一个全面的支持框架,帮助他们成功地融入国际化教学环境,提升教学效果,并为学生提供高质量的国际化教育体验成为高校关注的重点。

通过中外合作办学、"联合培养项目"和"外培计划"等项目机会,加强高校间的国际化交流机会,资助本土教师前往海外高校或学术论坛进行研修,以获取最新的国际教育理念和学术动态。在参与国际研究和教学项目的研究中,本土教师不仅能够提升自身的专业水平,还能学习如何在多元文化环境中进行有效沟通和协作。

联合本地区其他高校,定期通过线上线下模式组织培训课程,教授本土教师如何运用国际化教学法,包括双语或外语教学能力提升的技巧。提供必要的技术支持和培训,帮助教师有效利用教育技术,如在线教学工具和多媒体资源,以丰富教学手段。在此过程中,高校之间还可以建立在线平台,共享教学材料、教学方法和最佳实践案例,促进教师之间的交流和协作。鼓励教师在平台上分享经验、讨论问题和共同研究,尤其是围绕国际化教学的挑战和机遇。此外,高校可以建立完善的奖励机制,教师获得国际认可的教学资格或专业认证时,不仅可以提高其在国际教育领域的竞争力和影响力,也可以获得学校的荣誉和奖励。

3. 提高国际化人才跨文化适应能力

国际化人才的培养不仅离不开学术层面的知识传授,学生自身能力、个性化发展也需要教师进行全面引导和帮扶。学生尽可能快速理解并融入新的教育模式、文化环境和社交圈子,有助于其大大降低跨文化生活、沟通的时间成本。

国际项目学生在出国时,面对的第一大难点就是语言。在学生出国前,学校可以设计针对不同水平学生的语言课程,包括基础语言技能和专业术语训练。除了语言能力的提升,针对国际化人才的培养还要加入多元化课程的设计,在课程中包含行业前沿国际案例研究,提升学生从多元视角分析问题的能力;鼓励学生参与国际项目和竞赛,以实际行动体验多元文化合作。

在文化适应方面,通过模拟文化场景和国际法庭,提高学生对文化差异的认识;邀请来自不同文化背景的客座讲师,分享他们的经验和见解。设计文化浸润活动,如国际文化节,让学生体验不同国家背景文化的同时学会展示自己国家的文化,提高民族自信心。学生前往海外高校后,联系外方院校负责人,制订详细的适应性指导手册,手册内容包括当地文化习俗、生活指南和紧急联系信息;组织迎新活动和学校导览,帮助新生快速了解校园环境和资源。

4. 创建联合培养模式评估系统和人才库

在国际化的教育背景下,教学评估不仅可以对师生教育教学成果进行检验,还可以作为不同国家和地区教育质量比较的依据,促进国际教育交流和合作。高校在设计评估体系时,需确保其与海外院校国际化人才培养的目标相一致,能够反映教育质量和学生发展的核心要素。评估体系不仅应该包括学生的学术成就,也应该全面覆盖学生的跨文化交流能力、创新思维等关键能力[4]。除此以外,合理制订评估方法也同样至关重要。采用定量和定性相结合的评估方法,如问卷调查、面试、作品评审、同行评议等,以获得更全面的评估数据。利用信息技术手段,如在线评估平台和数据分析工具,提高学生评估的效率和准确性,同时减少人为误差,避免学生毕业季未能及时参与评教。

人才库作为集中管理平台,要满足如下三点需求。首先,记录学生的发展轨迹和成就。高校需要定期更新学生信息,包括学术进展、实习经历、职业发展等,确保人才库信息的时效性和相关性。其次,建立职业发展中心模块。作为一个双向传媒中介,人才库应为学生提供职业规划和发展建议,匹配合适的职业发展路径,同时为企业推荐合适的国际化人才。最后,人才库中学生数量样本增加后,还可以结合大数据分析,为教育政策制定和课程改革提供依据。

四、讨论

国际化人才培养对于提升国家软实力和国际影响力具有重要作用,有助于推动国家的科技创新和经济发展。本文以"新工科"的视角,深入探寻国际化人才培养的意义,挖掘目前高校联合培养存在的培养理念相对滞后、师资力量较为薄弱、学生能力需要提升和评估体系亟须完善的问题。在此基础上提出创见性建议:本土高校需要多方联动,建立与国际接轨的新型联合育人培养机制,加强高校国际化师资队伍水平,提升人才全方位素养能力,以及通过创建评估平台实现智能人才管理。

参考文献

[1] 钟登华.新工科建设的内涵与行动[J].高等工程教育研究,2017(3):1-6.
[2] 谢莹莹.基于新工科背景下高等教育国际化人才培养模式研究[J].教育现代化,2019(84):8-9.
[3] 王贝贝,刘鑫东."新工科"背景下光通信国际化人才培养模式研究[J].中国新通信,2022,24(12):22-23.
[4] 李金懋,张皓博,黄睿,等.浅析新工科背景下"适应学生个性化发展的卓越人才培养模式"及其展望——基于传统人才培养模式的反思[J].湖北农机化,2019(1):2.

实践与探索

生成式人工智能赋能下管理信息系统课程教学改革探索研究
——以北京信息科技大学为例

北京信息科技大学　管理科学与工程学院　徐方秋

摘　要　管理信息系统课程是培养数字化人才的重要课程之一,然而,该课程目前面临着课程资源更新滞后,教学方法单一,实践环节薄弱及个性化学习资源匮乏等问题。为应对这些挑战,本文探讨了生成式人工智能在课程教学中的潜在应用场景,包括教学决策、教学诊断、作品共创及个性化学习,旨在提升教学的科学性和有效性,激发学生学习兴趣与创造力。同时,本文分析了生成式人工智能在课程教学中的应用挑战,并展望了其未来的发展方向。

关键字　生成式人工智能;管理信息系统;教学改革

一、引　言

在数字化浪潮的推动下,信息技术已成为现代企业管理不可或缺的一部分。管理信息系统作为北京信息科技大学管理科学与工程学院和商学院的核心课程,结合了信息管理理论与技术知识,为培养具备数字素养的复合型管理人才奠定了基础。本课程通过融合管理、组织与技术等多重视角,深入剖析了信息在现代企业运营中的核心价值,为学生搭建了从理论到实践的桥梁。然而,随着信息技术的迅猛发展,课程内容与教学方法面临着前所未有的挑战。课程资源更新滞后、教学方法单一、实践环节薄弱以及个性化学习资源匮乏等问题日益凸显,限制了教学质量的进一步提升。因此,探索并应用新技术,如生成式人工智能(Generative AI),以优化管理信息系统课程的教学体系,成为当前教育改革的重要方向。本文旨在分析该课程的教学现状与挑战,并深入探讨生成式人工智能在课程教学中的潜在应用场景及其面临的挑战与发展趋势,以期为教育创新提供新的思路与参考。

二、管理信息系统课程教学现状与挑战

管理信息系统是北京信息科技大学管理科学与工程学院和商学院开设的专业基础理论课,主要面向工商管理、人力资源管理、信息管理与信息系统等本科专业。本课程从管理、组织和技术的角度剖析了信息、信息管理以及管理信息系统在现代企业运营中的重要作用,使

学生掌握管理信息系统的基础架构、技术手段、建设路径与发展趋势。结合学校信息特色，本课程融合了经济管理理论与新一代信息技术理论，是培养具备数字素养的复合型管理人才的必备课程。然而，课程教学依然面临着一些全新的挑战。

1. 课程资源落后于知识更新速度

管理信息系统课程内容涉及的信息技术和管理理念日新月异，新技术、新理论层出不穷。尤其是随着人工智能技术的发展，组织的管理理念、技术应用场景、组织架构等都在逐渐发生变化。然而，课程资源的更新速度往往滞后于这些知识的快速发展。目前，我校采用的教材为肯尼斯 C. 劳顿和简 P. 劳顿编写的《管理信息系统（原书第 15 版）》，其中的案例等教学资源并未及时反映最新的技术变革和管理实践，导致学生所学内容与实际应用之间存在明显的差距。教师需要不断跟踪学科前沿，及时更新教学内容，引入最新的研究成果和实践案例，以确保学生能够接触到最前沿的知识。

2. 智能化教学手段缺乏

管理信息系统课程的教学方式已不再是传统的纯理论讲授，已经能够运用学习通、雨课堂等数字化工具开展案例分析、小组讨论、角色扮演等教学活动，学生的积极性和参与度相比以前有了很大提高。然而，由于课堂人数较多，每位同学的学习风格、学习进度和接受能力均不同，同样的教学活动可能并不能满足所有学生的需求，单独为每位学生设计针对性的课堂活动又难以实现。因此，课堂需要更新智能化教学手段，满足学生多样化的学习需求，以根据学生的特点针对性地开展不同的课堂教学活动和课后练习。

3. 实践环节缺乏指导

尽管管理信息系统是一门实践性很强的课程，但在实际教学中，由于资源和时间有限，学生缺乏实践机会，难以将理论知识有效转化为实际操作能力。目前，课程团队通过教育部产学合作育人项目搭建了基于钉钉宜搭的实践平台，为学生提供低代码开发的实践项目。但是，由于学生数量较多，学生在实践中难以获得高质量的实时的指导，这导致学生在遇到问题时，可能无法及时得到解答和帮助，从而影响了实践效果和积极性。

4. 缺乏个性化的学习资源

学生的背景、学习需求和进度各不相同，但现有的课程资源（包括课件、习题、教学视频、讨论等）比较统一，难以满足学生的个性化学习需求。因此，有必要为学生提供个性化的学习资源和学习路径，让每个学生都能根据自己的需求和兴趣进行针对性的学习。

三、生成式人工智能在课程教学中的应用实例

生成式人工智能，如 ChatGPT 和 Sora 等，已经在教育领域展现了巨大的潜力。在管理信息系统课程中，生成式人工智能的应用为教学带来了创新的可能性。以下是生成式人工智能在课程教学中的几个关键应用场景。

1. 教学决策

生成式人工智能在教学决策中扮演着至关重要的角色。通过对大量教学数据的深入分析,这些模型能够识别出高效的教学策略,为教师提供基于数据的教学建议。例如,人工智能可以根据学生的学习进度和反馈,智能地调整课程内容的顺序和难度,确保每位学生都能按照自己的节奏学习。此外,生成式人工智能还能协助教师制定个性化的教学计划,为不同学生提供定制化的学习资源和路径。

2. 教学诊断

在教学过程中,及时识别并解决学生的学习难题是至关重要的。生成式人工智能能够分析学生的学习数据和作业表现,智能地进行教学诊断,帮助教师快速准确地发现学生的困难点。例如,当学生在特定知识点上遇到困难时,人工智能可以自动生成针对性的辅导材料和练习题,辅助学生理解和掌握该知识点。同时,教师可以利用这些诊断结果,及时调整教学方法,为学生提供更有效的指导。

3. 作品共创

在管理信息系统等课程中,学生经常需要完成实践性的作业和项目,如系统设计和数据分析。生成式人工智能可以作为强大的辅助工具,可以帮助学生高效完成任务。学生可以利用人工智能生成的系统原型进行设计和测试,或者借助人工智能的数据分析能力来挖掘和处理数据。通过与人工智能的合作,学生能够充分发挥创造力,创作出具有创新性的作品。

4. 个性化学习

个性化学习是教育领域的一个关键趋势,生成式人工智能是实现这一目标的有力工具。通过分析学生的学习行为、兴趣和能力,生成式人工智能能够为每位学生提供定制化的学习资源。例如,对于对特定领域感兴趣的学生,人工智能可以自动推荐相关的阅读材料、视频教程和实践项目,帮助他们深入探索。同时,人工智能还可以根据学生的学习进度和反馈,动态调整学习资源和难度,确保每位学生都能在适合自己的学习路径上取得最佳效果。

四、生成式人工智能在课程教学中的应用挑战及发展方向

生成式人工智能在教育领域的应用潜力巨大,预示着教育模式的一次革命性变革。然而,在这一技术的推广与实施过程中,我们仍需面对一系列挑战。同时,技术的持续进步和教育理念的更新也将为生成式人工智能在教学中的应用开辟新的发展道路。

1. 生成式人工智能在课程教学中的应用挑战

(1) 技术成熟度与稳定性

生成式人工智能技术目前正处于快速成长期,其模型的精确度和稳定性亟待提高。在

教育环境中,技术的任何不稳定或错误都可能对学生学习产生不利影响。因此,确保技术的成熟度和稳定性是我们必须首先克服的难题。

(2) 数据隐私与安全

生成式人工智能的运作依赖于大量数据,包括学生的学业表现、成绩、兴趣等敏感信息。保护这些数据在收集、处理和使用过程中的隐私和安全,防止数据泄露和滥用,是我们面临的紧迫问题。

(3) 教师角色的转变与专业发展

随着生成式人工智能的引入,教师的角色将从传统的知识传授者转变为学习的引导者和促进者。这对教师的专业素养和教学技能提出了新的要求。教师需要掌握新技术,理解其原理和应用场景,以便更有效地将其融入教学实践。因此,加强教师培训和支持是推广生成式人工智能应用的关键。

(4) 学生的适应性与自主学习能力

生成式人工智能提供的个性化学习资源可能会使部分学生过度依赖技术,忽视自主学习和批判性思维的培养。此外,不同学生对新技术的接受度和适应能力存在差异。确保每位学生都能从生成式人工智能的应用中获益,是教育者需要关注的重要议题。

2. 生成式人工智能在课程教学中的发展方向

(1) 技术融合与创新

技术的不断进步将推动生成式人工智能与其他教育技术如虚拟现实、增强现实等的深度融合,为学生创造更加丰富和沉浸式的学习体验。同时,通过不断的技术创新,生成式人工智能的准确性和稳定性将得到提升,以更好地满足教育教学的需求。

(2) 数据治理与隐私保护

随着数据保护意识的增强,未来生成式人工智能在教学中的应用将更加重视数据治理和隐私保护。有必要建立更加完善的数据管理制度和隐私保护机制,确保学生数据的安全性和隐私性。

(3) 教师角色的重塑与专业发展

为了适应生成式人工智能带来的教学变革,教师需要不断学习和提升自己的专业素养和教学能力。教育机构将加强对教师的培训和支持,帮助他们掌握新技术、新方法和新理念,实现教师角色的重塑和专业发展。

(4) 个性化学习路径的优化

生成式人工智能将进一步优化个性化学习路径的设计和实施。通过分析学生的学习数据和行为模式,人工智能将能够更准确地预测学生的学习需求和兴趣偏好,为他们提供更加精准和个性化的学习资源和推荐。同时,人工智能还将根据学生的学习进度和反馈动态调整学习路径和难度,确保每位学生都能在适合自己的节奏下取得最佳的学习效果。

五、结　　语

管理信息系统课程正面对课程资源更新滞后、教学方法单一、实践环节薄弱及个性化学习资源匮乏等挑战,生成式人工智能的应用为课程教学的创新与发展开辟了新的路径。通过在教学决策、教学诊断、作品共创及个性化学习等方面的深度应用,生成式人工智能不仅能够提升教学的科学性和有效性,还能激发学生的学习兴趣和创造力,促进其全面发展。然而,技术的成熟度与稳定性、数据隐私与安全、教师角色转变与培训以及学生适应性与自主学习能力等问题仍需我们持续关注与解决。未来,随着技术的不断进步和教育理念的持续更新,生成式人工智能在管理信息系统课程教学中的应用范围将更加广泛,为培养更多具备数字素养的复合型管理人才贡献重要力量。

高校科研产出与学科竞争力分析
——以北京信息科技大学为例

北京信息科技大学　图书馆、档案馆（校史馆）　卫昕欣

摘　要　本文基于 Web of Science、ESI 和 InCites 平台的多项数据，从总体发文情况、国内外科研合作、科研人员等维度分析北京信息科技大学 2019—2023 年间的科研产出，利用公式预测分析各学科进入 ESI 排名前 1‰ 的潜力，为学校学科建设提供数据支持和依据，探讨提升潜力学科竞争力的有效策略。

关键词　科研产出；学科竞争力；潜力学科

一、引　言

科研产出是衡量一所高水平大学学术水平的重要标志，尤其在推进建设"双一流"过程中，如何客观、真实且有效地分析科研产出及学科竞争力，将为高校的学科建设提供有力的数据支撑，也将为高校的长足发展提供重要的决策依据。国内诸多学者对高校的科研产出和学科竞争力进行了不同角度的探讨和分析，例如，张元晶等[1]以北京化工大学材料科学与工程学科为切入点，通过对标分析考察学科竞争力；许丹等[2]利用基本科学指标（Essential Science Indicators, ESI）和 InCites 数据库对中国医科大学免疫学科的科研产出、科研竞争力等方面进行分析；卢春辉[3]以安徽省国家自然科学基金论文产出为研究对象，基于 ESI 和 InCites 从论文总量、学科分布、发文机构以及国际合作的角度进行分析；黄敏娟[4]利用 InCites 工具，从国际合作论文的学科、数量、影响力、合作国家分布、合作机构分布五个方面，分析了南京航空航天大学近五年国际合作论文的发展变化趋势。可以看出，科学引文索引数据库（Science Citation Index Expanded, SCIE）作为收录标准严格、影响广泛的引文数据库，是目前公认的用于衡量和评价高校或科研机构科研产出和学术影响力的权威分析评估工具[5]。此外，从目前研究成果来看，ESI 也是众多高校和机构用来评价学科实力的重要指标之一。

本文通过对 SCIE 数据库 2019—2023 年收录的北京信息科技大学论文进行统计梳理，从不同角度分析该校近五年的论文发表情况，从而研究其科研产出与学科竞争力的作用关系，为学校学科建设及发展提供客观数据支持，为推进学校高质量发展，助力学校建设为有一定国际影响力的高水平应用型大学提供参考。

二、数据来源和研究方法

本文以北京信息科技大学为例,数据主要来源于 InCites 数据库,ESI 前 1‰的引用阈值来源于 ESI 数据库。在 InCites 数据库中,选择的机构为 Beijing Information Science & Technology University,年份设置为 2019—2023 年。为保持数据一致性,研究方向选择 ESI 学科,文献类型为 Article 和 Review,检索时间为 2024 年 7 月 24 日前。

三、科研产出分析

1. 论文产出情况

2019—2023 年,北京信息科技大学共有 2 438 篇科研论文被 WoS(Web of Science)核心合集数据库收录,被引次数为 19 975 次,其中有 35 篇是高被引论文。从图 1 可以看出,北京信息科技大学的发文量在近五年增速较快,显示出学校的科研产出能力越来越强。这主要得益于学校近年来大量引进高素质人才且新增绿色通道政策,良性的科研奖励驱动优质的科研产出。

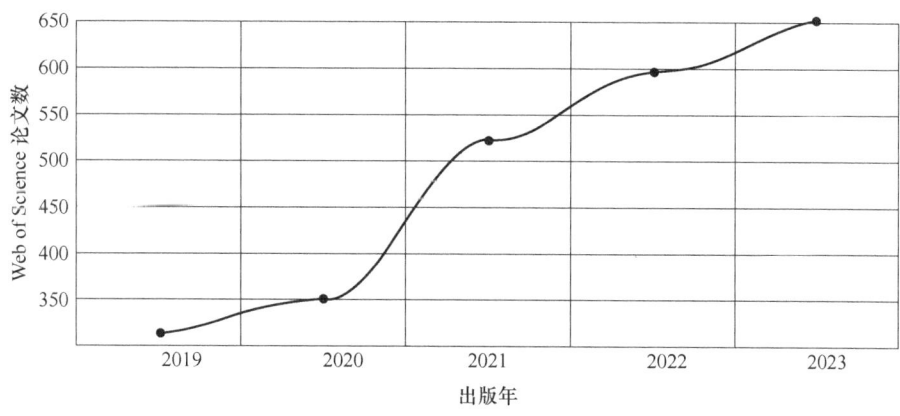

图 1 北京信息科技大学的科研论文产出趋势图

2. 引文影响力

文献学科规范化引文影响力(CNCI 值)指标是通过文献实际被引次数除以同文献类型、同出版年、同学科领域文献的期望被引次数获得的。一个机构或一个国家的 CNCI 值是该机构或国家的每篇文献 CNCI 的平均值[6]。CNCI 值以 1 为基准线,1 代表全球平均水平。北京信息科技大学近五年的学科规范化引文影响力,即 CNCI 值为 0.94,接近全球平均水平,但还有一定距离。其中,2022 年的学科规范化引文影响力为 1.02,超出了全球平均水平。就整体而言,学校学者的学术影响力还需要进一步加强。

3. 主要科研人员分析

北京信息科技大学近五年的 WoS 发文中,发文量超过 100 的科研人员有 1 人,发文量达 186 篇;发文量在 30 篇以上的共有 35 位科研人员,发文量占总发文量的 27.4%。

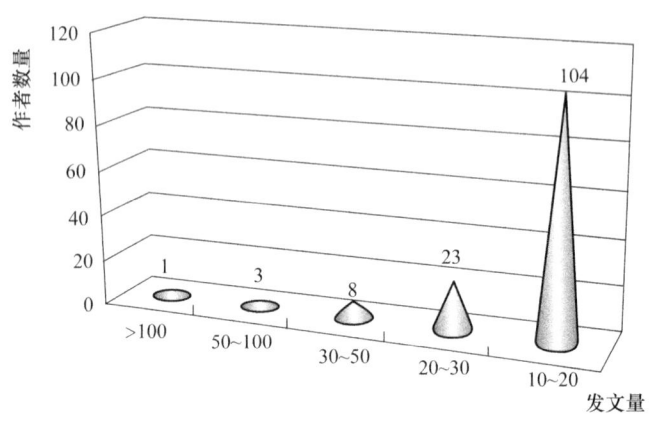

图 2　2019—2023 年科研人员发文情况

4. 投稿期刊分析

近五年,北京信息科技大学被 WoS 核心合集数据库收录的论文共在 853 种国际期刊上发表。其中,发文量最多的 3 种期刊是 IEEE ACCESS(90 篇)、SENSORS(47 篇)、APPLIED SCIENCES-BASEL(43 篇),其分区均为 Q2。从期刊分区看,所有发文中在 Q1 期刊中的论文有 1 027 篇,占总数的 42.85%;在 Q2 期刊中的论文有 796,占总数的 33.21%;在 Q3 期刊中的论文有 356,占总数的 14.85%;在 Q4 期刊中的论文有 218,占总数的 9.09%,如表 1 所示。由此可见,2014—2023 年发文中,Q1 和 Q2 期刊的发文一共占总数的 76.06%,体现出北京信息科技大学的发文有较高的学术水平。

表 1　2019—2023 年发文期刊分区数量及占比

期刊分区	论文数量/篇	占比/%
Q1	1 027	42.85
Q2	796	33.21
Q3	356	14.85
Q4	218	9.09

5. 科研合作分析

科研合作是开放办学和大学国际化的重要因素,其意义在于"资源整合、优势互补、任务分担、成果共享",通过分析论文作者的署名单位,可以了解其科研合作范围和主要合作伙伴[7]。分析发文情况可知,北京信息科技大学的科研合作伙伴遍布全球 212 个国家和地区,包括美国、英国、澳大利亚、加拿大、新加坡、德国等。

此外,近五年北京信息科技大学与全球705所机构存在科研合作关系。InCites分析结果显示:和北京信息科技大学合作最多的机构是中国科学院,共合作发表论文259篇,其他合作较多的机构主要包括北京工业大学(180篇)、北京理工大学(141篇)、中国科学院大学(120篇)、清华大学(110篇)等,见图3。

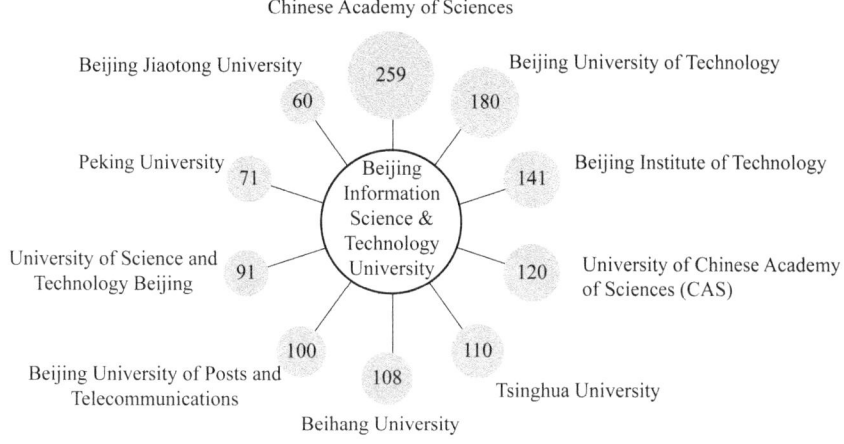

图3 2019—2023年科研合作规模Top 10的机构

四、主要学科分析

本文选择的学科分类是ESI学科,其分类共设置了22个学科大类。检索结果显示,近五年北京信息科技大学发表的WoS论文共涉及ESI学科20个,其中有6个学科的发文超过100篇。

1. 主要学科论文产出情况

表2列出了北京信息科技大学主要学科的论文产出情况。可以看出,在发文数量方面,工程学是北京信息科技大学产出最高的ESI学科,发文量916篇,其次是计算机科学和材料科学。在论文被引方面,工程学依然是北京信息科技大学近五年发文被引次数最多的学科,其次是计算机科学和材料科学。在CNCI值表现方面,在发文量Top 6的学科中,计算机科学和数学的CNCI值超过了1,但这两个学科的发文数量并不是最多的,仍存在进步空间,后续这两个学科应在保持发文质量不下降前提下,在发文数量方面"做文章""下功夫"。另外,计算机科学的高被引论文数最多。

表2 北京信息科技大学主要学科论文产出情况(Top 6)

学科	WoS论文数	被引频次	论文被引/%	CNCI值	高被引论文数
工程学	916	8 056	80.46	0.853 479	6
计算机科学	322	3 287	74.53	1.318 867	10

续 表

学科	WoS 论文数	被引频次	论文被引/%	CNCI 值	高被引论文数
材料科学	200	1 822	84.5	0.658 568	1
物理学	297	1 504	80.13	0.676 378	1
化学	160	1 388	78.12	0.737 278	0
数学	223	1 248	67.71	1.434 452	6

2. 潜力学科分析

潜力学科是指某机构尚未进入 ESI 前 1%，但有很大可能入选的学科。潜力值通常采用机构某 ESI 学科近 10 年 WoS 论文总被引频次与该学科阈值的比值来衡量，比值越大表示该学科入选 ESI 前 1% 的可能性越高[8]。近五年，北京信息科技大学在各研究领域都有较大发展，优势学科的影响和辐射作用越来越大。根据最新数据可知，北京信息科技大学的工程学已进入 ESI 全球前 1%，计算机科学是目前最有潜力进入 ESI 前 1% 的学科（见表 3）。

表 3　北京信息科技大学 ESI 潜力学科距全球 1% 接近度分析

排名	ESI 潜力学科	2014—2023 年发文量	2014—2023 年总被引频次	ESI 前 1% 阈值（最低被引频次）	潜力值/%
1	工程学	1 138	12 019	3 560	337.61
2	计算机科学	375	4 248	5 024	84.55
3	数学	305	2 401	4 979	48.22
4	材料科学	243	2 299	8 242	27.89
5	化学	206	1 780	7 835	22.72
6	物理学	470	4 197	19 731	21.27

注：数据更新日期为 2024 年 7 月 11 日。

五、学科竞争力提升策略

综上所述，北京信息科技大学在 2019—2023 年间，在多个学科领域取得诸多优秀成果，这与学校近年来大量引进高学历人才的政策有密切关系，并且学校特设绿色通道，为科研人员打造良性上升通道，也提高了科研产出的质量，为学校在 2022 年成功申请博士点打好了基础。近五年学校 SCI 论文的收录量呈现快速增长趋势。在科研合作方面，北京信息科技大学的科研合作伙伴遍布全球 212 个国家或地区，主要合作国家或地区包括美国、英国、澳大利亚等，与全球范围内 773 所机构存在科研合作关系，主要包括北京工业大学、北京理工大学、清华大学等，科研机构合作越来越广泛，科研成果受到越来越多的国家和地区的关注[9]。在学科发展态势方面，工程学是北京信息科技大学唯一进入全球 ESI 前 1% 的学科，并于 2022 年成功申请到博士点学位，这为其他学科的进一步发展和申请博士点工作做了良好示范。

通过以上分析,结合学校现状,作者对北京信息科技大学今后的发展,提出如下建议:"双一流"的建设背景下,北京信息科技大学应把握机遇,增加高校国际科研合作,通过与一流高校和科研机构的合作,加快高影响力论文的产出;巩固优势学科,扶持潜力学科,发展交叉学科,优化布局、向内挖潜,对优学科给予更多资源支持和人才支持;加强政策引导,培养高水平高素质的教师科研人才队伍,积极推进一流学科和一流大学的建设。

参 考 文 献

[1] 张元晶,高彦静,秦颖,等."双一流"建设中学科竞争力分析——以北京化工大学材料科学与工程学科为例[J].内蒙古科技与经济,2021(7):123-126.

[2] 许丹,杨颖,韩爽,等.基于ESI和InCites的高校学科竞争力分析[J].中华医学图书情报杂志,2021,30(7):31-38.

[3] 卢春辉.2017—2021年安徽省国家自然科学基金论文产出影响力分析——基于ESI和InCites视角[J].大学图书情报学刊,2023,41(2):123-128.

[4] 黄敏娟.基于WoS和InCites的国际化路径建设分析——以南京航空航天大学为例[J].江苏科技信息,2023,40(36):22-26.

[5] 王晓艳.基于SCIE的中医药高校科研产出与学术影响力分析——以河南中医药大学为例[J].创新科技,2018,18(12):74-76.

[6] 邵瑞华,李亮,刘勐.学科交叉程度与文献学术影响力的关系研究——以图书情报学为例[J].情报杂志,2018,37(3):6.

[7] 孔繁秀,赵艳萍.基于Web of Science核心合集的西藏民族大学自然科学论文产出统计及分析[J].西藏民族大学学报(哲学社会科学版),2018,39(5):174-182.

[8] 李红艳.高校ESI潜力学科发展态势及竞争力提升策略研究——以河南工业大学材料科学为例[J].江苏科技信息,2024,41(12):42-48.

[9] 彭春艳,宋静静.ESI和InCites视角下广西地方本科高校科研产出与表现力分析——以北部湾大学为例[J].江苏科技信息,2024,41(5):49-52.

基于多校区空间整合的高校固定资产处置问题与对策研究
——以北京信息科技大学为例

北京信息科技大学 资产管理处、实验室管理处 杨 征

摘 要 随着高等教育规模的扩张和多校区办学模式的普及,高校固定资产处置问题日益凸显,成为影响高校管理效率和资源优化配置的关键因素。本文以北京信息科技大学为例,深入分析了多校区空间整合背景下固定资产处置的背景、现状、存在问题,并提出了相应的对策建议。研究发现,固定资产处置过程中存在的问题主要包括处置周期长、资产存放地点分散、管理人员不足以及信息化系统不完善等。为应对这些问题,本文提出了优化处置流程、改变处置策略、加强管理人员培训以及个性化定制资产系统模块等对策。通过这些措施,提高固定资产处置效率,确保资产信息的准确性,促进高校资源的合理配置和高效利用。

关键词 多校区办学;固定资产处置;信息化管理;资源优化配置

一直以来,多校区空间整合——腾退与搬迁过程中,固定资产处置是各高校的痛点和难题,固定资产处置工作影响高校整体的管理水平和办学水平。随着高等教育规模的不断扩大,多校区办学已成为高校办学的普遍现象,校区间辗转腾挪导致固定资产处置的问题日益严峻。北京信息科技大学是多校区办学的典型代表,共有六个校区,目前已实现沙河主校区入驻,其他校区正在有序腾退和整合优化。如何提升多校区空间整合过程中高校固定资产处置的效率,有效解决空间资源的利用,最大限度避免固定资产流失和浪费成为高校目前亟须解决的课题[1]。

一、多校区空间整合的高校固定资产处置的背景和现状

(一) 处置的固定资产定义

固定资产的定义是学校拥有所有权的土地、房屋、设备和图书文献等固定资产。本文仅针对设备类固定资产,不展开研究其他类别固定资产。列入固定资产的设备资产是指包括专有设备在内,设备单价在 1 000(含)元以上,办公家具单价在 500 元(含)以上,且使用年限在一年以上,在使用过程中基本保持原有物质形态的资产。

处置的固定资产定义是由于行政事业单位固定资产已达到使用年限或未达到使用年限而出现老化、损坏、市场型号淘汰等问题,经科学鉴定或按有关规定,已不能继续使用,必须

进行处置及注销产权的一种资产。

(二)多校区空间整合的高校在固定资产处置中的背景和现状

北京信息科技大学在固定资产处置方面面临的问题,出现在多校区空间整合的复杂背景下,呈现出其特有的多维性和紧迫性。学校起源于两所历史悠久的学院——北京机械工业学院和北京信息工程学院,后合并成为北京信息科技大学,导致我校拥有六个校区。为了响应北京市政府提出的"疏整促"的政策,学校进一步拓展,建立了沙河校区,标志着学校向"一主一辅"的校区发展模式迈进。在这一转型过程中,学校不得不面对多校区所涉及的资产腾退和处置的复杂任务。

当前,北京信息科技大学在多校区空间整合的背景下,正面临着一系列固定资产处置的挑战。需要对原有的校区进行空间整合,以及资产在校区间的辗转腾挪,这一过程中出现了一系列资产处置的难题。一些资产可能因校区功能的变化而不再适用,需要进行及时的处置或升级,以满足新的教学和科研需求。

在多校区办学模式下,高校固定资产处置工作出现了诸多问题,例如,固定资产处置环节多,造成处置周期长;多校区办学的高校固定资产存放地点分散,处置清运效率低;固定资产管理人员不足,资产数量大,分类多,导致跨校区衔接困难以及信息化系统不完善,影响固定资产数据的准确性等。这些问题不仅影响了高校资产的有效利用,也阻碍了高校的健康发展。

二、多校区空间整合的高校在固定资产处置中的制度建设和一般流程

(一)高校固定资产处置的制度要求

1. 申请处置的固定资产,应已达到各类设备的最低使用年限

固定资产申请处置的条件如下:
(1)修理费用接近同种新产品价格的设备;
(2)主要部件和主要零件损坏严重,无修理价值的设备;
(3)设备陈旧过时,精度和技术指标都无法恢复或无改造价值的仪器设备;
(4)国家规定不准使用的仪器设备或已到报废期的设备;
(5)老化变形、锈蚀腐烂,降低标准也不能使用的金属材料、油料、木材、水泥等各类原材料及各类低值易耗品;
(6)无修复价值的各类家具。

2. 固定资产处置的审批权限

固定资产处置的审批权限如下:

(1) 房屋建筑物、土地、车辆、锅炉和电梯的处置以及单价在 50 万元（含）以上或账面原值合计在 800 万元（含）以上的固定资产的处置，由资产管理处组织专家进行技术鉴定，出具鉴定意见后，经财务处审核，报分管资产管理的校领导签署意见，报市教委审核同意后，报市财政局审批。

(2) 单价在 25 万元（含）至 50 万元，或账面原值合计在 500 万元（含）以上、800 万元以下的固定资产的处置，由资产管理处组织专家进行技术鉴定，出具鉴定意见后，经财务处审批，报分管资产管理的校领导签署意见后，报市教委审批。

(3) 单价在 25 万元以下，或账面原值合计在 500 万元以下的固定资产的处置由资产管理处提出处置意见，报分管资产管理的校领导审核同意后，报校长办公会、党委常委会审批。

（二）多校区空间整合的高校固定资产处置的一般流程

固定资产处置的一般流程如下：

(1) 各二级单位对已达到报废年限且不能继续使用，拟作处置的固定资产，在资产管理系统中提交申请至资产管理处；

(2) 资产管理处完成年限审核，并在系统中审核通过；

(3) 资产管理处统筹安排各单位待报废资产的处置申请，汇总制定处置计划；

(4) 资产管理处组织专家进行技术鉴定，并出具鉴定意见；

(5) 经财务处审核后，报分管资产管理工作的校领导签署意见，提交学校固定资产管理工作领导小组审议，上报校长办公会、党委常委会审定通过后，向市教委财务处报备；

(6) 资产处置事项经市教委入校抽检，待市教委抽检通过后，上报至北京产权交易所；

(7) 经北京产权交易所完成挂网拍卖后，组织入校清运；

(8) 完成学校固定资产销账，财务处、资产处同时销账，确保账账相符，账实相符。

三、多校区空间整合的高校在固定资产处置中的问题分析

（一）固定资产处置环节多，造成处置周期长

从资产的初步梳理到最终的清运处理，整个流程被划分为多达 12 个环节，分别是二级单位梳理上报、资产管理处审核确认、组织专家技术鉴定、校内审批、市教委备案或审批、市教委组织入校抽检、上报北京产权交易所、入校评估、挂网拍卖、预展看样、中标人清运、销账处理，如图 1 所示。每个环节都伴随着严格的审查和审批要求。

首先，二级单位必须对固定资产进行彻底的梳理并上报待处置资产的详细信息。其次，资产管理处对各二级单位上报的信息进行审核和确认。再次，组织专家对资产进行技术鉴定。最后，校内审批流程启动，涉及多个部门的协调和校领导的批准。

一旦校内审批通过，还需将处置计划上报至市教委进行备案或审批。市教委组织入校抽检，以验证处置资产信息的准确性。之后，处置资产信息上报至北京产权交易所，准备进

行公开市场拍卖。在北京产权交易所环节,资产将经历入校评估、挂网拍卖、预展看样等一系列程序。

拍卖成功后,中标人还需进行现场清运,这一环节要求资产的实物转移必须在规定时间内完成。整个流程涉及大量的文书工作和部门协调。最终完成销账处理工作,确保账账相符,账实相符。

这种复杂的流程设计,虽然在一定程度上确保了资产处置的合规性和透明度,但也不可避免地导致了处置周期的延长。从资产的初次上报到最后的清运,整个过程可能耗时数月,甚至更长时间。

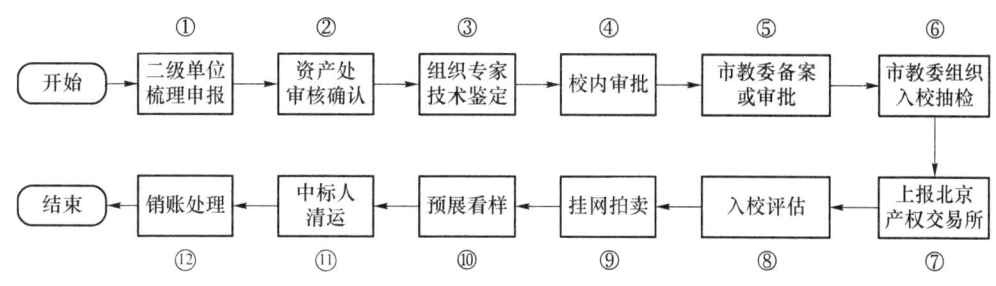

图1 固定资产处理流程

(二)多校区办学的高校固定资产存放地点分散,处置清运效率低

多校区办学模式在提升教育资源覆盖和优化学科布局方面具有显著优势,但同时也带来了固定资产管理的复杂性[2]。由于多校区的空间资源有限,一个部门往往需要在多个校区设立办公地点,例如,后勤处、网络中心和教学部门等,它们在不同校区都承担着各自的职能。由于校园空间资源的限制,一个部门可能分布在多个校区,导致固定资产的存放地点分散。这种分散性直接影响了资产处置的效率和效果。

在资产处置过程中,由于要求以部门为单位进行,同一部门的资产可能分散在各个校区。这导致在进行入校评估、预展看样和中标人清运等环节时,需要在多个校区之间进行辗转。评估团队和清运人员必须前往各个校区,对分散的资产进行逐一查看和处理,这一过程不仅耗费大量时间和人力,也增加了交通和协调的难度。

由于不同校区的资产处置由不同的团队负责,同一校区内可能同时涉及多个部门的资产处置。这使得清运工作难以同步进行,因为每个部门的资产需要分别处理,难以实现集中清运。结果,一个校区可能需要多次清运,一个部门也可能面临多次清运的情况,这无疑增加了清运过程的复杂性和时间成本,导致清运效率低。此外,清运过程中的协调和沟通也是一个挑战。由于涉及多个部门和校区,需要确保信息的准确传递和各方的协同作业。

(三)固定资产管理人员不足、资产数量大、分类多,导致跨校区衔接困难

在多校区办学的高校中,固定资产管理的复杂性与管理人员配备不足之间的矛盾日益凸显。这一问题的核心在于,固定资产的数量庞大、分类复杂,而管理人员的数量有限,且多

数为兼职,这导致了跨校区管理的衔接困难和资产管理的效率问题[3]。

首先,固定资产管理的专业性要求较高,需要管理人员对资产的性质、使用状态和价值有深入了解。然而,当前的管理人员配置情况难以满足这一需求。校级固定资产管理人员仅有 3 名,且各部门配备的兼职资产管理人员由于本职工作的压力很难全身心投入资产管理工作中。这种人力不足的紧张状态,直接影响了资产管理的质量和效率。

其次,多校区的设置使得固定资产分散在不同的地理位置,一名兼职资产管理人员很难同时兼顾多个校区的管理工作。跨校区管理不仅需要管理人员具备较高的组织协调能力,还需要他们对各个校区的资产状况有清晰的了解。但在现实中,由于时间和精力的限制,兼职资产管理人员很难做到这一点。

最后,固定资产的种类繁多,从通用设备到专业设备,对于非专业人员来说,要全面掌握这些资产的信息和管理要求是一项巨大的挑战。在实际操作中,资产管理人员往往需要依赖资产的实际使用人提供的信息,来进行资产的调拨和处置工作。这种做法虽然在一定程度上缓解了管理人员不足的问题,但也带来了新的问题——资产管理与实际使用之间的脱节。

(四) 信息化系统不完善,影响固定资产数据的准确性

在多校区高校的固定资产管理过程中,信息化系统的不完善性已成为制约数据准确性的核心问题。现有的信息化系统普遍缺乏个性化定制,导致其难以满足高校固定资产管理的特定需求。信息化系统设计上的通用性,虽然在一定程度上降低了开发成本,但忽视了高校固定资产管理的复杂性和多样性[4]。

由于系统功能的限制,资产管理人员在对固定资产进行分类、评估和处置时,难以获取全面和准确的数据支持。这种信息的不对称性,不仅增加了管理的难度,也降低了决策的质量。在缺乏有效信息的情况下,资产管理人员往往无法准确掌握资产状态。

固定资产在多校区间的辗转腾挪过程中,由于缺乏明确的校区属性记录,资产的流转路径只能以部门为主。校区间的资产调配需要更多的协调和沟通,而这些工作在没有准确的校区信息支持下,容易变得烦琐和低效。

此外,当固定资产需要进行处置或重新分配时,缺乏校区属性的记录会导致决策过程的延迟。管理人员无法快速确定固定资产的所在校区,哪些固定资产需要被处置或重新利用,这种信息的滞后性影响了固定资产处置的及时性和合理性。

四、多校区空间整合的高校在固定资产处置中的对策

(一) 优化固定资产处置流程,减少处置周期

首先,从固定资产处置的 12 个环节入手,积极与北京产权交易所沟通,设立提前清运环节。这一环节的设立旨在将传统的入校评估、入校预展和入校清运流程进行整合,实现同步

进行,从而减少资产在校内的停留时间,加快处置进度。

其次,将评估方、预展查看方和预计清运方同时邀请入校。这一做法不仅提高了各方工作的协同性,也为资产的快速处置提供了便利。通过北京产权交易所设立的集中仓储,学校能够一次性将处置资产存放至仓储位置,等待后续环节的完成。

这一流程的优化[5]不仅避免了在校区内长时间存放处置固定资产,减少了管理难度和安全风险,也大幅度缩短了处置周期,如图2所示。通过集中仓储的方式,学校能够更加灵活地调配固定资产,提高了固定资产处置的效率和效果。同时,固定资产的快速处置为学校释放了更多的空间资源,对于需要多校区空间整合的高校而言,可以加速校区间的辗转腾挪。

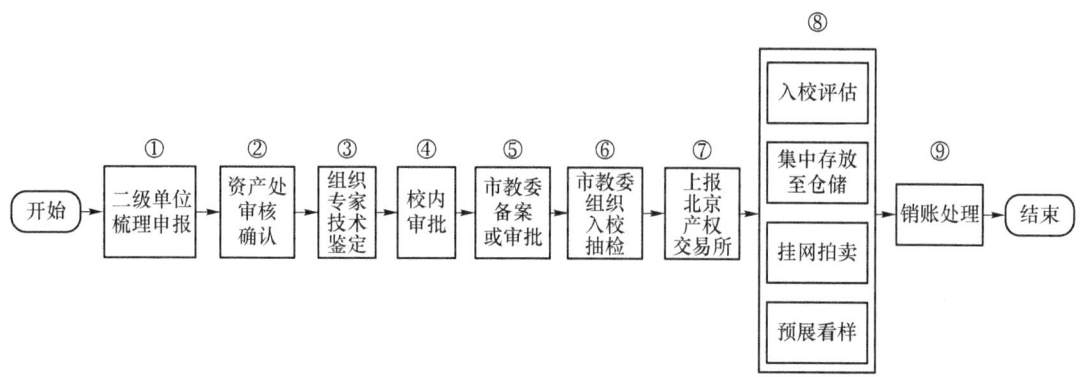

图2　固定资产处理流程优化

(二)改变固定资产处置策略,按校区集中处置固定资产,避免资产管理人员重复跨校区衔接

在多校区高校的固定资产处置过程中,传统的跨校区分散处置策略往往导致资产管理人员在不同校区之间频繁往返,增加了管理成本和时间成本。因此,改变固定资产处置策略,以校区为单位集中处置固定资产,可以有效提高处置效率和质量。

首先,学校资产管理处要求二级单位提交的处置申请进行分校区、分类申报。这一策略的核心在于将固定资产处置按照校区进行划分,同时在每个校区内进一步将固定资产分为家具类和设备类。这样的分类不仅有助于更加清晰、高效地整理处置清单,也使得资产管理人员能够更加专注于本校区内的资产处置工作。

其次,在资产管理处汇总,向上级单位申报时,学校采取一校区统一完成的模式。这意味着入校抽检、入校评估、入校预展、入校清运等环节,都可以在同一个校区内完成。这种集中处置的方式,大大减少了多校区间的沟通协调工作,简化了处置流程。

此外,以校区为单位集中处置固定资产,还有助于加速固定资产处置过程中的各个环节。通过减少涉及人员、涉及部门、涉及校区等,将复杂的处置工作简单化,使得清运工作能够更加快速地完成。这种方式不仅避免了资产管理人员在各个环节辗转于各个校区,也使得他们能够集中精力在一个校区完成本批次的集中处置工作,提高工作效率[6]。

(三) 定期培训,落实使用人责任,提升资产管理人员的专业能力

高校固定资产管理的专业性要求随着教育和科研需求的增长而日益提高。通过定期培训和明确责任,提升资产管理人员的专业能力,确保固定资产的有效管理。

首先,固定资产管理制度的不断变化要求资产管理人员及时更新知识和技能。为此,高校可定期开展培训课程,涵盖最新的资产管理政策、法规以及管理技巧。这些培训不仅针对经验丰富的资产管理人员,也特别关注新入职的兼职资产管理人员,确保他们能够迅速熟悉资产管理系统的流程和固定资产管理的具体要求。

其次,明确使用人责任的重要性。通过落实三级管理模式,即校级资产管理人员、二级资产管理人员和资产使用人,学校建立了一套清晰的责任体系[7]。这种模式要求各级人员不仅要高度重视固定资产管理工作,而且要熟悉并精准执行固定资产管理制度。校级资产管理人员负责全校资产的统筹与管理,二级资产管理人员专注于各自学院或部门的资产管理,而资产使用人则需对使用的资产负责,确保其得到妥善保管和合理使用。

(四) 个性化定制资产管理系统模块,保证固定资产的信息完善准确

在多校区空间整合的高校中,固定资产管理的复杂性要求信息化系统不仅要具备通用性,更要有针对性和个性化。通过个性化定制资产管理系统模块,可以有效提升固定资产信息的准确性和管理效率。

首先,在多校区环境中,固定资产的校区属性是管理的关键。通过在资产管理系统中个性化定制"校区"这一明确标识,学校能够对每个固定资产的存放地点进行精确记录。这一举措不仅有助于快速定位固定资产,而且在固定资产处置时,能够以校区为单位进行快速处置,显著缩短处置周期。

其次,个性化定制的资产管理系统使得学校能够根据资产的变化,多个维度进行统计和分析。例如,学校可以按照校区、部门等不同口径,对固定资产进行统计,从而更好地掌握固定资产的分布和使用情况。这种多维度的统计不仅为学校提供了全面的固定资产管理视图,也为多校区的空间融合提供了精准的决策支持。

此外,个性化定制的资产管理系统模块还强化了固定资产信息的动态管理。随着固定资产的购置、使用、维护和处置等环节的变动,该系统能够实时更新固定资产信息,确保数据的准确性和完整性。这对于及时掌握全校固定资产的状态,合理调配和使用固定资产具有重要意义。

五、总　结

在固定资产处置管理方面采取一系列创新措施提升效率和准确性。

首先,优化处置流程,通过与北京产权交易所的紧密沟通,设立了提前清运环节,将入校评估、入校预展和入校清运同步进行,减少了固定资产在校内的停留时间。此外,利用集中

仓储,一次性完成固定资产的存放和等待手续,避免了长时间存放带来的风险。

其次,改变了传统的跨校区分散处置模式,实施按校区集中处置固定资产的策略,减少了资产管理人员的跨校区衔接工作,提高了处置效率。通过分校区、分类申报,学校能够更加清晰、高效地整理处置清单,并在同一个校区内完成所有相关流程。

再次,提升资产管理人员的专业能力,定期开展培训,及时更新资产管理人员的知识和技能,明确了三级管理模式下的责任体系,确保各级人员高度重视并精准执行固定资产管理制度。

最后,通过个性化定制资产管理系统模块,强化了固定资产信息的动态管理,实现了多维度统计和分析,为多校区空间融合提供了精准的决策支持。这些措施共同确保了固定资产信息的完善和准确,为学校的教学和科研工作提供了有力的支撑。

参 考 文 献

[1] 张有.多校区高校固定资产协同管理模式探析[J].中国现代教育装备,2019(15):1-3.
[2] 杨晶.高校多校区国有资产处置工作提升路径探析[J].投资与创业,2022,33(8):196-198.
[3] 徐飞.多校区高校固定资产集中处置策略研究[C]//中国高等教育后勤协会.高等教育后勤管理与服务研讨会论文集.长春:吉林大学出版社,2018:74-76.
[4] 赵婷.高校资产管理信息化建设的问题与对策[C]//中国教育信息化论坛.教育信息化与教学改革研讨会论文集.北京:科学出版社,2020:45-47.
[5] 刘波.高校固定资产处置中的问题与对策分析[C]//中国财经研究会.财经理论与实践研讨会论文集.广州:广东人民出版社,2021:156-159.
[6] 周杰.高校固定资产处置效率提升的路径探索[C]//中国高等教育财政研究会.高等教育财政与资产管理研讨会论文集.成都:四川大学出版社,2020:92-95.
[7] 吴亮.高校固定资产管理责任体系构建研究[C]//中国高等教育评估研究会.高等教育评估与质量保障研讨会论文集.南京:江苏教育出版社,2021:58-60.

高校青年助力乡村振兴实践探索
——以北京信息科技大学机电工程学院为例

北京信息科技大学　机电工程学院　吴可桐

摘　要　随着乡村振兴战略的深入实施,高校青年作为社会发展的生力军,在乡村振兴中扮演着日益重要的角色。本文以北京信息科技大学机电工程学院为例,探讨高校青年如何通过专业实践和社会服务助力乡村振兴,并分析其实践成效与经验启示。研究结果表明,通过发挥高校的人才优势、高校青年的专业特长和社会责任感,可以有效推动乡村经济、文化、教育等多方面的发展,为实现乡村振兴战略目标提供有力支持。

关键词　高校青年;乡村振兴;实践工作坊

随着我国城镇化的快速推进,乡村地区面临着人口外流、老龄化加剧、经济发展滞后等多重挑战[1]。青年作为社会的新生力量,具有思维活跃、敢于创新、社会责任感强等特点[2]。高校作为人才培养和科学研究的重要基地,拥有丰富的教育资源、科研实力和人才储备,应在乡村振兴中发挥更大的作用[3]。高校青年通过参与社会实践、志愿服务等活动,将所学知识与乡村实际需求相结合,为乡村振兴注入新的活力。同时,他们也是文化传播和文明交流的重要使者,能够推动城乡文化的交流与融合[4]。本文以北京信息科技大学机电工程学院为例,深入剖析高校青年如何助力乡村振兴,以期为我国高校服务乡村振兴提供有益借鉴。

一、高校青年助力乡村振兴的实践探索

北京信息科技大学机电工程学院积极响应国家乡村振兴战略号召,落实学校党委工作部署,依托学院专业优势,深入乡村一线开展各类实践活动。依托学院持续推进的"红专并举传承工程",由学院党委牵头成立深化校地合作工作领导小组,搭建"美丽乡村实践工坊"(以下简称工坊)。工坊成员由学院师生组成,成员专业涵盖机械设计、自动化控制、电子信息、艺术设计等多个领域。以工坊为实践创新平台,通过设计开发适合乡村需求的产品、提供技术咨询与培训服务等方式,为乡村振兴贡献自己的力量。

(一)坚持党的领导核心,发挥高校党的政治优势

在推进乡村振兴的伟大事业中,坚持党的领导是核心与灵魂。学院深刻认识到,只有在党的坚强领导下,才能确保乡村振兴工作始终保持正确的政治方向,凝聚起广大师生的磅礴

力量,共同为乡村的繁荣与发展贡献力量。学院坚持把党的政治建设摆在首位,通过强化政治引领、优化顶层设计、整合资源优势等举措,充分发挥高校党的政治优势,为乡村振兴提供坚强的政治保障。

1. 强化理论学习,提升政治素养

定期举办乡村振兴专题党课,邀请校内外专家、学者为师生深入解读党的乡村振兴战略和政策方针,引导师生深刻理解乡村振兴的重大意义。利用"学习强国"等线上平台,组织师生开展日常政治理论学习,确保党的创新理论成果深入人心,使其成为推动乡村振兴实践的强大思想武器。开展"不忘初心、牢记使命"主题教育活动,通过重温入党誓词、参观红色教育基地等形式,增强师生的党性观念和使命担当。

2. 优化顶层设计,确保工作实效

由学院党委牵头成立深化校地合作工作领导小组,认真研究乡村振兴相关理论和文件精神,以"美丽乡村实践工坊"为抓手,统筹协调学院在积极助力乡村振兴中的各项工作,确保各项任务均得到有效落实。制定详细的乡村振兴工作规划和实施方案,明确工作目标、任务分工、时间节点和保障措施,确保工作有序推进。加强与地方政府、企业等合作单位的沟通协调,建立长效合作机制,共同推动乡村振兴项目的落地实施。

3. 激发党员活力,助力乡村振兴

加强基层党组织建设,完善党组织生活制度,提升党组织的凝聚力和战斗力。将乡村振兴主题积极融入"三会一课"、主题党日等活动,激发党员参与乡村振兴的热情和动力。鼓励党员师生在乡村振兴实践中发挥先锋模范作用,带头深入乡村一线开展调研、服务和创新活动,以实际行动践行党的初心和使命。建立党员师生乡村振兴服务队,定期开展志愿服务活动,为乡村提供技术支持、教育帮扶、文化推广等多方面的服务。

4. 整合资源优势,形成工作合力

依托学院的专业优势和科研力量,整合校内外各种资源,为乡村振兴提供强有力的智力支持和技术保障。加强与校友会等组织的联系与合作,争取更多的资金、项目和技术支持,共同推动乡村振兴事业的发展。通过举办乡村振兴主题研讨会、设计展览等活动,搭建交流平台,汇聚各方智慧和力量,形成推动乡村振兴的强大合力。

5. 强化宣传引导,营造良好氛围

充分利用学院网站、微信公众号等新媒体平台,加强对乡村振兴工作的宣传报道,展示学院在乡村振兴中的实践成果和典型经验。举办乡村振兴成果展、经验交流会等活动,展示学院师生在乡村振兴中的贡献和风采,激发更多师生参与乡村振兴的热情和动力。加强与媒体的沟通与合作,扩大乡村振兴工作的社会影响力和知名度,营造全社会关注和支持乡村振兴的良好氛围。

（二）构建团队建设机制，发挥高校师生组织优势

构建高效、协同的团队建设机制是确保高校师生在乡村振兴中发挥最大组织优势的关键。学院通过精心策划和实践，形成了一套完整的团队建设体系，旨在充分激发师生的潜能，提升团队的整体效能，为乡村振兴提供坚实的人才保障和智力支持。

1. 明确团队目标，凝聚师生共识

在团队组建之初，明确乡村振兴的总体目标和具体任务，确保每位团队成员对项目的愿景、使命都有清晰的认识和共同的追求。通过团队建设活动、项目启动会等，增强团队成员之间的沟通与了解，促进彼此间的信任与合作，形成强大的团队凝聚力。

2. 跨学科组建团队，实现优势互补

根据乡村振兴项目的实际需求，跨学科组建团队，吸纳不同专业背景的师生，以实现专业知识与技能的互补与融合。定期举行跨学科研讨会、实践经验交流会等，促进不同专业领域的思想碰撞并激发灵感，为乡村振兴提供多元化的解决方案。

3. 机制灵活促执行，高效协同助振兴

制定团队管理制度与规范，明确团队成员的角色与职责，确保项目任务的合理分配与高效执行。引入敏捷管理方法，如 Scrum 等，以提高团队响应速度与灵活性，确保项目能够快速适应助力乡村振兴实践过程中的各种变化与挑战。设立项目里程碑与关键绩效指标，定期对团队工作进行评估与反馈，及时调整策略以优化项目进展。

4. 强化协作与沟通，团队合力克难关

通过团队建设培训、角色扮演、情景模拟等方式，提升团队成员的协作能力与沟通技巧，确保信息在团队内部顺畅流通。鼓励团队成员之间进行知识分享与经验交流，建立知识库与案例集，为后续项目提供参考与借鉴。定期举行团队复盘会议，总结经验教训，提炼最佳实践，为团队持续优化提供有力支撑。

5. 激励创新勇突破，乡村振兴新动力

设立创新激励机制，如创新大赛、创意提案征集等，鼓励团队成员积极提出新思路、新方法，为乡村振兴注入源源不断的活力。为团队成员提供必要的资源与支持，如资金、设备、实验室等，以保障创新活动的顺利进行。加强与业界、学界的交流与合作，引入外部智慧与资源，拓宽团队视野，提升创新能力。

6. 关注人文重心理，和谐团队共前行

关注团队成员的心理健康与职业发展需求，提供必要的心理支持与辅导服务。通过组织团建活动、节日庆祝等方式，增强团队成员的归属感与幸福感，营造良好的工作氛围。鼓

励团队成员参与社会公益活动,提升社会责任感与公民意识,为乡村振兴贡献更多力量。

(三)依托不同学科领域,发挥高校专业知识优势

学院依托其多元化的学科背景和专业优势,将专业知识与乡村振兴实践紧密结合,通过跨学科的合作与交流,为乡村地区提供科学、高效的技术支持和解决方案。学院充分利用机械设计、自动化控制、电子信息、艺术设计等多个学科领域的专业知识,为乡村产业升级、环境治理、信息化建设等方面提供有力支持,助力乡村实现可持续发展。

1. 定制化解决方案,精准对接乡村需求

学院组织学科专家团队深入乡村一线进行实地调研,全面了解乡村发展的具体需求和挑战。根据调研结果,定制化设计解决方案,确保解决方案既符合乡村实际,又能充分发挥学院的专业优势。例如,针对乡村环境治理,提供智能环保解决方案;针对产业升级,引入智能制造技术。

2. 推动产业升级,增强乡村经济活力

依托机械工程、自动化控制等专业知识,学院帮助乡村企业优化生产流程,提升产品质量和生产效率。通过引入物联网、智能制造等先进技术,推动乡村产业向智能化、绿色化转型,增强乡村经济的内生增长动力。同时,通过产学研合作,促进科研成果在乡村的转化应用,助力乡村产业升级。

3. 强化人才培养与交流,促进知识传播

学院实施"乡村人才振兴计划",通过举办学术讲座、实践经验交流会等形式,为乡村培养本土技术和管理人才。同时,建立校地合作机制,鼓励师生深入乡村开展实践活动和科学研究,促进学术交流与合作,推动知识在乡村的传播与应用。

4. 探索文化创新,传承发展乡村文化

结合人文社科、艺术设计等学科资源,学院积极挖掘和保护乡村文化遗产,推动乡村文化的传承与发展。通过设计具有乡村特色的文化创意产品,如旅游纪念品、手工艺品等,提升乡村文化的附加值和影响力。同时,协助乡村打造文化品牌,增强乡村文化的市场竞争力。

5. 搭建实践平台,实现产学研深度融合

学院以大学生创新创业计划训练项目、"互联网+"大学生创新创业大赛、挑战杯等大学生科创竞赛为依托,为师生搭建实践平台,将理论知识、科创成果与乡村振兴实践紧密结合。通过组织社会调查、志愿服务、创新创业、科技实践等活动,不仅提升了学生的实践能力和社会责任感,也促进了学院科研成果在乡村的转化应用,实现了产学研深度融合。

（四）完善人才培养体系，发挥高校教育资源优势

在乡村振兴战略背景下，学院深知人才培养对于乡村可持续发展的重要性。学院积极整合教育资源，完善人才培养体系，旨在培养出一批既有深厚专业知识，又具备强烈社会责任感和实践能力的高素质人才，为乡村振兴提供源源不断的人才支持和智力保障。

1. 不断丰富课程体系，融合乡村振兴实践

根据乡村振兴的需求，学院完善现有课程体系，增设与乡村振兴相关的选修实践活动，如乡村规划、农业信息技术、乡村治理等，拓宽学生的知识面。强化实践教学环节，鼓励学生参与乡村振兴项目，将理论知识与实际应用相结合，提升学生解决实际问题的能力。通过实习实训、社会实践等方式，让学生在真实环境中学习和成长。

2. 建立产学研合作机制，促进多元化协同创新

与地方政府、乡村企业、研究机构等建立紧密的产学研合作关系，共同开展乡村振兴相关课题研究和技术开发。鼓励学生参与校企合作项目，通过参与项目研究、技术开发等活动，提升学生的创新能力和团队合作精神。建立成果转化机制，推动科研成果向实际应用转化，为乡村振兴提供技术支持和解决方案。

3. 强化"双师型"队伍，加快教学与实践融合

加强教师队伍的建设，引进具有丰富实践经验的行业专家和企业高管担任兼职教师或客座教授，提升教学团队的实战能力。鼓励专任教师到乡村一线进行调研和实践，增强教师对乡村振兴实际问题的认识，并提高教师解决乡村振兴实际问题的能力。开展教师培训与交流活动，提升教师的教学水平和科研能力，促进教师队伍的持续发展。

4. 开展创新创业教育，激发高校师生创业热情

设立创新创业教育中心或平台，提供创业培训、项目孵化、资金扶持等一站式服务，鼓励学生参与创新创业活动。举办乡村振兴相关主题的科创比赛、创业计划大赛等活动，激发学生的创业热情和创新能力，培养未来乡村振兴的领军人物。

5. 加强国际交流与合作，拓宽青年人才国际视野

加强与国际知名高校和研究机构的交流与合作，了解国际先进的乡村振兴理念和技术，提升学院的教育国际化水平。鼓励学生参与国际交流项目，拓宽学生的国际视野，学习并借鉴国际上乡村振兴的成功经验。

6. 构建全方位育人体系，强化高校青年素质教育

注重学生综合素质的培养，开展丰富多彩的课外活动和社会实践，提升学生的团队协作能力、沟通能力和社会责任感。实施"德育为先"的教育理念，加强学生的思想道德教育和爱

国主义教育,培养学生的家国情怀和奉献精神。建立学生评价体系,该体系不仅关注学生的学业成绩,更注重学生的综合素质和创新能力,促进学生全面发展。

二、实践成效与经验启示

通过多年的努力和实践探索,北京信息科技大学机电工程学院的美丽乡村实践工作坊在助力乡村振兴方面取得了显著成效:一是推动了乡村经济的快速发展,通过引进新技术新产品,提高了农业生产效率和质量;二是促进了乡村文化的传承与发展,通过组织文化活动和志愿服务活动,丰富了村民的精神文化生活;三是增强了高校青年的社会责任感和使命感,激发了他们投身乡村振兴事业的热情和动力。

1. 坚持党的领导是核心

高校青年在助力乡村振兴过程中,必须坚持党的全面领导,确保实践活动始终沿着正确的政治方向前进;同时要加强党的建设工作,提高党组织的凝聚力和战斗力,为乡村振兴提供坚强的组织保障。

2. 发挥专业优势是关键

高校青年在助力乡村振兴过程中,要充分发挥自身的专业优势,将科研成果转化为实际生产力,并将其推广应用到乡村地区中去;同时要注重与乡村地区的实际需求相结合,确保服务方向和内容具有针对性和实效性。

3. 注重团队建设是基础

高校青年在助力乡村振兴过程中,要建立一支结构合理、素质过硬的师生团队,加强团队管理和激励机制建设,确保团队长期稳定发展并持续发挥作用;同时要注重团队与乡村地区的双向互动和优势互补,形成合力,共同推动乡村振兴事业的发展。

三、结　　语

本文以北京信息科技大学机电工程学院为例深入剖析了高校青年助力乡村振兴的具体做法和成效经验,为我国高校服务乡村振兴提供了有益的借鉴和启示。展望未来,随着乡村振兴战略的深入实施和社会各界的共同努力,我们有理由相信高校青年将在乡村振兴事业中发挥更加重要的作用,为实现农业强、农村美、农民富的美好愿景贡献自己的力量!

参 考 文 献

[1] 刘合光.激活参与主体积极性,大力实施乡村振兴战略[J].农业经济问题,2018,39(01):14-20.
[2] 郭占锋,张森,乔鑫.参与式行动:中国乡村振兴实践的路径选择[J].南京农业大学学报(社会科学版),2023,23(02):24-32.
[3] 罗英姿,顾剑秀,陈尔东.高等教育服务乡村人才振兴:理论框架、现实观照与政策路径[J].高等教育研究,2022,43(12):53-66.
[4] 李建军.高校助力乡村振兴的实践路径[J].中国高等教育,2022(18):7-9.

新工科背景下基于 OBE 理念的"以学生需求为中心"研究生课程教学改革
——以精密测量理论与技术课程为例

北京信息科技大学　仪器科学与光电工程学院　何彦霖　祝连庆　鹿利丹　张　雯

摘　要　在新工科交叉学科建设及研究生创新能力培养的背景下，针对仪器科学与工程学科的研究生培养工作仍然存在创新思维及实践能力不足的问题。本文以北京信息科技大学的精密测量理论与技术专业学位课为例，从课程体系、教学内容、实践平台建设、教育评估等方面入手，开展一系列教育改革实践，构建了"以学生需求为中心"，注重学生能力培养的培养模式，形成了与导师团队协同指导的课程模式。通过改革有效提升了课程教育质量，本次改革针对个体，增强了研究生独立思考和创新实践能力。

关键词　OBE 理念；精密测量理论与技术；课程体系优化；教育改革

一、引　言

随着社会经济的快速发展和全球化进程的加快，高等教育面临着深刻的变革与挑战。传统的教育模式已无法满足日益多元化和复杂化的社会需求，这促使各国高校纷纷进行教学改革，以提高教育质量、增强学生的实践能力和创新意识[1-4]。其中，研究生教育作为高层次人才培养、推动先进生产力和先进文化、实现国家可持续快速发展的重要力量，是我国高等教育的重心所在[5-7]。近年来，我国研究生招生规模不断扩大，如何提高硕士研究生的培养质量，全面、深入地改革现阶段硕士研究生教学模式，进而实现理论教学与实际科研活动的高度结合，受到越来越多高等教育人士关注。

研究生教育主要由理论课程教学、实践教学以及工程实习三个部分组成，其中理论课程教学是基础。对于仪器类专业学生而言，其本科阶段学习的有关传感器技术、信号分析和精密控制及测量等的课程较少，而且课程中每一部分的内容都是一个独立的体系，内容较多，学生学习时的畏难情绪较重。另外，跨专业学生的基础薄弱，传统的教学方法主要以理论讲解为主，辅以少量实验，学生在学习过程中的主动性不够，学习目标性不强，概念理解困难，缺乏自主性和创新性,这与社会的实际需要存在较大差距。针对这些问题,本文以北京信息科技大学的精密测量理论与技术课程为例,尝试在教学中引入成果导向教育(Outcomes-Based Education,OBE)理念[8-9],改变课程的教与学方式,以学生为中心,充分发挥学生在学习中的主体作用。

二、精密测量理论与技术课程教学现状与挑战

精密测量理论与技术课程是北京信息科技大学仪器科学与技术学科的专业基础课程。本课程从计量基准、测量系统等概念入手,结合学科背景,通过分析精密测量技术在几何量测量、光学量测量中应用的实例,归纳和总结不同尺度下几何量、光学量的精密测量技术原理、特点和应用方法,使学生能够了解精密测量领域的基础知识、前沿技术与发展趋势,为从事精密测量相关的课题研究和工作奠定基础。然而,课程教学依然面临着如下挑战。

(一)学时少、内容多、任务重

根据北京信息科技大学学科特色,精密测量理论与技术课程教学内容涵盖多个特色研究领域,所涉及的新知识、新理论及前沿技术繁多且复杂,以教师"倾倒式"教学模式为主的讲解形式抽象繁杂、晦涩难懂,导致学生学习过程索然无味,难以激发学生学习兴趣。因此,如何在有限的学时下提高课堂效率成为首要改革目标。

(二)培养模式单一,理论与实验脱节

新工科建设明确指出,实践能力是新工科人才必须具备的基本能力之一。由于资源及时间的限制,传统的教学模式难以结合实验,学生仅被动接受理论知识,无法将理论知识应用于实践,这违背了创新创业型大学的人才培养、知识创新和科技成果之间的转化,严重阻碍了学生多维度能力的发展。

(三)缺乏创新实践锻炼,学科交叉融合较少

在长期应试教育的背景下,学生所形成的思维惯性难以改变,在科研实践中普遍缺少独立思考及解决问题的能力。尽管教师在教学中强调创新意识,但该意识难以落到实处,造成科教分离现象,达不到创新能力培养的目的。

(四)个性化的学习资源匮乏

由于教学资源紧张、师生比例失调等客观原因,导致课堂上师生沟通机会较少,教师难以深入了解学生,对学生因材施教。学生由于其背景、研究方向及学习需求各不相同,而课程资源的一致性难以满足学生的个性化学习需求。

三、基于OBE教育理念的课程教学改革实践探索

精密测量理论与技术课程涉及多领域前沿技术,具有很强的研究领域导向。因此,在教学过程中融入OBE教育理念,改变传统教师讲解模式,以学生不同研究方向为基础,引导学生对本研究领域进行自主调研及探索;以学生为中心,明确课程学习目标,满足不同学生的学习需求和节奏。教师应根据学生学习进度和实际情况调整教学策略,确保每个学生都能达到预期的学习成果,培养学生自主思考能力。本文将从课程体系、实践教学、课堂模式及课程考核方式等方面对教学模式的创新进行探讨。

(一)优化教学内容,完善课程体系

作为研究生学位必修课程,精密测量理论与技术共32学时。根据学校对仪器科学与技术专业学位研究生培养的目标定位,适当考虑学生的相关知识基础,对课程的教学内容和知识模块进行合理选取和优化组合。根据教学目标要求及课程特点,将课程分为7个理论基础模块及1个研讨模块。理论基础模块围绕测量系统分析、测试数据处理、量值传递与计量检定、几何量精密测量技术、光学量精密测量技术、精密测量的发展趋势和精密测量热点及前沿技术(研讨)展开。课程理论基础模块的知识体系及主要教学内容如图1所示。

在课程设置上,理论基础模块将重点放在拓宽理论知识上,其核心包括测量系统标定校准、误差分析、数据测量及分析等专业基础课程,确保学生知识体系的完整性,为整个研究生期间奠定理论基础。为了能够激发学生自主学习兴趣、激发学生自主思考能力,使学生了解新工业、互联网背景下精密测量技术的发展趋势,课程中有关精密测量的热点内容以前沿讲座的形式开展,确保知识体系的前沿性。最后设置研讨模块,该模块需要学生围绕自身研究课题中的具体测量问题开展文献调研,分析测量原理、测量方案、测量系统构成、静动态特性、溯源方法、测量数据处理方法、应用范围等,培养学生自主学习探究能力。各个模块之间以学生自身研究课题为目标导向进行串联,为后续研究工作奠定基础。

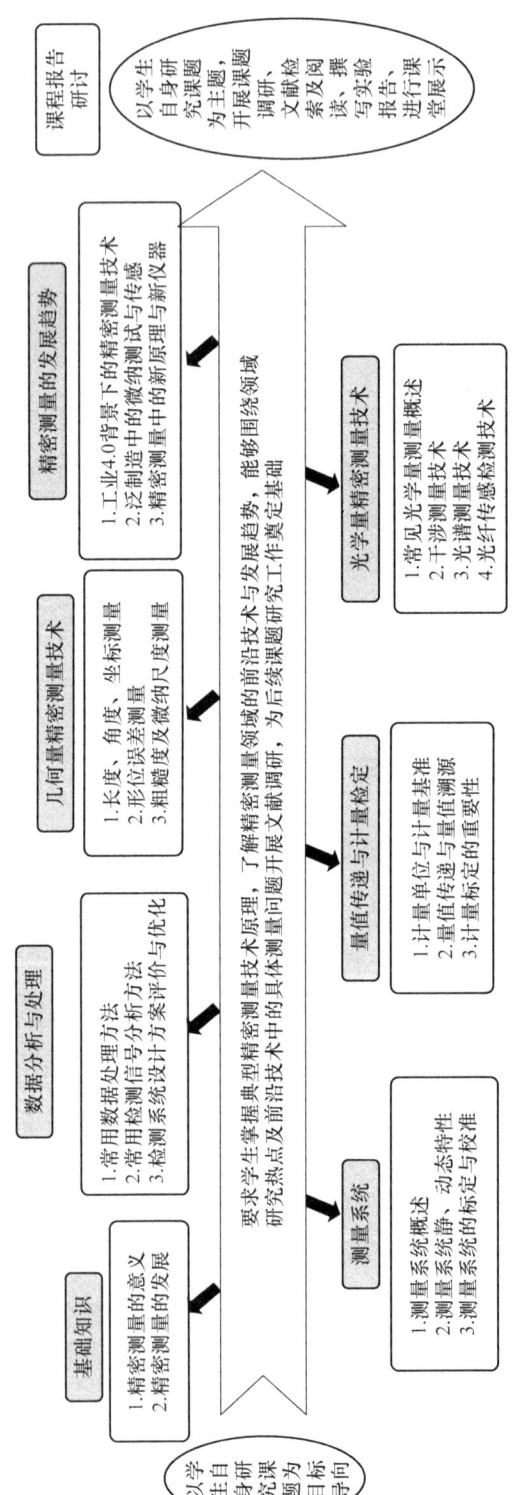

图 1 课程理论基础模块的知识体系及主要教学内容

(二)注重实践教学,提升应用能力

引入OBE理念的工科教育应明确培养目标(如设计能力、工程实践能力等),通过项目式教学、实验课程等多种形式,确保学生具备解决实际工程问题的能力。实验教学是提升学生应用能力的关键,因此,本课程在理论讲解的基础上引入3个实验模块,分别为针对几何量精密测量技术模块开展三坐标测量机测量综合实验,针对几何量精密测量技术模块开展影像测量仪验证实验,针对光学量精密测量技术模块开展白光干涉仪测量实验。在实验过程中,培养学生学以致用的能力,提升学生的动手能力和团队协作能力,使学生掌握基本实验原理,熟悉实验仪器的基本操作流程,能够应用所学理论知识,掌握测量实验过程,能够对所采集的测量数据进行数据处理、误差评定。

另外,实践能力培养注重以学生为中心,以问题为导向,以典型案例为引导,引发学生自主思考,培养学生发现问题和解决问题的能力。本课程在教学基础上结合了学生自身研究领域,从而培养其查阅文献、总结文献、独立思考的能力。本课程以行业应用需求为背景,鼓励项目与企业合作,课程与竞赛结合等教学形式,既加强了课程教学内容的行业应用背景,又实现了教学内容的及时更新。同时,学校鼓励学生参加"互联网+"大学生创新创业大赛、大学生创新创业计划训练项目等大型比赛。学生通过组建团队,实现跨专业、跨领域合作,能够在应用需求下,学习更全面、更复杂的理论知识,掌握实用的实践内容,培养学生的团队意识、创新能力及表达沟通能力,为新工科的建设提供创新型工程精英人才。

(三)引入个性化课堂模式,丰富教学方式

在OBE模式中,教学过程的个性化程度较高,将其与导师制的研究生培养方式密切结合,根据学生的不同需求和学习节奏,提供差异化的支持和辅导,使每个学生都有机会达到学习目标。近年来,随着核心算法的突破、计算能力的提升及海量互联网数据的支撑,人工智能技术也迎来了质的飞跃,现已成为高等教育最强大的变革推动力量之一[10-11]。利用数字化资源激发学生的主动学习兴趣,采取线上线下混合的SPOC教学方法已逐渐成为主流。基于学习通、慕课、雨课堂等线上平台,学生在线上平台观看推送的视频资源,阅读相关文献资料,对典型测量问题进行文献检索;课堂上教师以案例分析的教学形式为主,启发学生主动思考,助力学生将知识转变为能力。利用数字化平台的课前预习、课堂测验、课后讨论等功能,对学生的学习效果进行及时反馈,并对教学内容进行适时调整。这种混合式的教育方式充分利用了线上和线下的优势,使得教学更加灵活和高效。在有限的学习资源下,混合式的教育方式能够满足学生自主学习需求,丰富课堂教学内容,有效调动学生的积极性。

(四)改善评估方式,精准反馈教育成果

OBE教学模式强调教学活动与成果评估的高度一致性。所有教学活动都应服务于学习成果的实现,而评估则用来衡量学生是否达到了这些成果。OBE理念注重评估的多样性和有效性,通常采用形成性评估(如过程性评价)和终结性评估(如期末考试、项目报告等)相

结合的方式,以确保学生的学习成果得到全面评价[12]。课程考核方式主要有课堂测验、实验设计及操作能力、课程大作业研讨和课堂互动情况等,同时以竞赛与自身课题项目作为辅助,具体课程考核方式如表1所示。

表1 精密测量理论与技术课程考核方式

考核目标	考核项目	考核内容	成绩占比
形成性评估	课前预习	课堂测验、线上预习成果	15%
	课堂表现	课堂互动情况、课堂考勤	10%
	课后巩固	课堂测验、作业完成情况	15%
终结性评估	实验能力	实验设计及操作能力、项目完成情况	20%
	课程研讨	课程大作业研讨、调研报告完成情况	35%
辅助评估	竞赛、自身课题项目		5%

四、结　语

精密测量理论与技术课程作为仪器类研究生的学位必修课,是后续开展科研工作的基础。本课程根据仪器类研究生的实际需求,通过完善课程体系,丰富教学方式,优化评估考核方式,在完成教学目标的基础上,促进了产学研紧密结合,提升了研究生教育的整体质量和效果,培养了研究生的创新能力、实践水平和综合素质,为未来社会的发展提供更多高层次人才。

参 考 文 献

[1] 裴群羽,李春英,陆虹.习近平关于教育的重要论述对高等教育产生影响的关键特质刍议[J].东华大学学报(社会科学版),2024,24(02):118-126.

[2] 管培俊.高等教育综合改革:关键、难点与方法论[J].中国高教研究,2024(05):1-12.

[3] 满忠坤,王文馨.教育强国建设专题研究的历程、经验与启示[J].宁波大学学报(教育科学版),2024,46(03):68-79.

[4] 王小梅,周光礼,周详,等.2023年全国高校高等教育科研论文分析报告——基于23家教育类最具影响力期刊的发文统计[J].中国高教研究,2024(04):71-84.

[5] 魏利胜,邓雄峰,陆华才.创新人才培养模式下的研究生智能控制课程教学改革[J].科技风,2024(12):115-117.

[6] 李永刚,王晓程,张立迁.我国研究生教育教学改革的特征、重点与发展前瞻——基于首届研究生教育国家级教学成果奖的分析[J].学位与研究生教育,2024(03):7-16.

[7] 黄宝印,薛新龙.中国特色专业学位研究生教育的创新成就与实践贡献——以三项国家级教学成果奖特等奖为例[J].学位与研究生教育,2024(03):1-7.

[8] 姚琦,龚彬彬,胡阿香.OBE理念下高校课程混合式教学改革路径剖析[J].高教学刊,

2024,10(22):124-127.

[9] 张雪松,刘信香.基于OBE的研究生课程教学改革探讨——以"现代检测及控制技术"课程为例[J].科技风,2024(23):19-21.

[10] 郭佳楠.生成式人工智能助推大学课程创生中面临的机遇、挑战与应对——以ChatGPT为例[J].应用型高等教育研究,2023,8(04):43-50.

[11] 张兴莉,高明亮,金劲,等.探索人工智能技术在高等教育改革中的应用[J].科技资讯,2024,22(14):203-206.

[12] 黄彪,敖世发,邹世平,等.基于OBE模式的大学生创新创业能力培养探析[J].创新创业理论研究与实践,2020,3(15):115-116.

嵌入式系统设计与应用课程实践教学改革与探索

北京信息科技大学 信息与通信工程学院 马园园 徐湛 职如昕

摘 要 近年来,随着我国高等教育改革以及信息技术的发展,信息与通信工程专业实践教学面临新的挑战。嵌入式系统设计与应用课程作为理论与实践紧密结合的信息与通信工程专业学科选修课,其实践教学改革尤为重要。针对信息与通信工程专业课程实践教学中存在的问题,本文从课程教学方式、授课技巧、教学内容和考核方法等方面进行了改革与探索,取得了良好的教学效果,有效提升了学生的动手实践能力,加深了学生对理论内容的理解,并为信息与通信工程相关理论与实践紧密结合课程的改革,尤其是实践教学改革,提供了参考。

关键词 信息与通信工程;嵌入式系统设计与应用;实践教学改革

近年来,6G、人工智能、智能物联网、互联网大数据和可重构计算等信息技术的快速发展,极大地推动了信息与通信工程专业的进步。同时,国家对高校本科教育的重视程度持续加大,高校应全面推进建设一流本科课程,树立新理念,促进课程改革与创新,并实施科学的课程评价。在新时代的背景下,信息与通信工程专业的课程,特别是实践类课程,面临着全新的机遇和挑战。党的二十届一中全会提出,要迅速适应信息技术快速发展的新趋势,培育形成规模宏大的优秀文化人才队伍,激发全民族的文化创新和创造力[1]。因此,如何结合高等教育教学改革及信息技术的发展,对嵌入式系统设计与应用课程的实践教学进行创新与调整,成为一个值得深入探讨的课题。本文探讨了该课程实践教学中的问题,并从教学模式、方法、内容和考核方式等多个角度提出了改革建议,旨在为嵌入式系统设计与应用的实践教学改革提供参考,同时也为电子信息专业其他课程的实践教学提供借鉴[2-3]。

一、课程概况

嵌入式系统设计与应用课程是电子信息类专业的学科基础课程,也是计算机科学与技术专业的专业核心课程。与其他信息与通信工程专业课程相比,嵌入式系统设计与应用的专业度和实用性很鲜明,其既与硬件关系紧密,又与嵌入式操作系统、嵌入式软件关系十分紧密,非常重视嵌入式在应用方面的实践能力[4-6]。以作者所在的北京信息科技大学通信工程专业的嵌入式系统设计与应用课程为例,通过对嵌入式操作系统工作原理的讲解,学生能够对嵌入式操作系统有全面、清晰的认识,熟练使用嵌入式开发软硬件编程工具,掌握嵌入式应用程序开发设计方法及应用。最终实现让学生适应新技术发展,并提高学生的创新能力,提高学生解决实际问题的基本能力,为后期学习电子信息相关课程及毕业设计打下基础的目的。

二、实践教学中存在的问题

目前嵌入式系统设计与应用课程实践教学主要存在以下 4 个问题。

(一) 课程思政隐性教育不足

党的二十届三中全会提出,教育、科技、人才是中国式现代化的基础性、战略性支撑。思想政治理论课改革创新要坚持"八个相统一",其中包括"要坚持显性教育和隐性教育相统一",这就要求教育工作者在教学实践中挖掘专业课程和教学方式中蕴含的思想政治教育资源,实现"全员、全程、全方位育人"。高校的建设和发展要加强大学生的思想政治教育,针对专业课程也要深入挖掘思想政治元素,进一步探索和丰富高校思想政治教育的途径与方式。在专业课程实践教学过程中融入思想政治教育,可以有效提升专业实践教学在课程思政隐性教育方面的效果,更好地培养具备社会主义核心价值观的高素质人才。

(二) 实践教学内容滞后

从技术更新角度来看,近年来嵌入式系统技术得到了广泛应用和爆发式增长,这对嵌入式系统设计与应用课程设计提出了更新和更高的要求。目前的嵌入式系统设计与应用课程在理论授课和实践操作环节出现了脱节的情况,没有根据嵌入式的发展及时更新、补充嵌入式开发与处理方面的前沿技术,即制约嵌入式系统设计与应用高质量发展的突出问题依然是不能充分利用并结合当前先进技术与理论,如新的物联网、可重构计算、安全与隐私保护以及无线传感器等。

(三) 实践教学模式保守

传统的嵌入式系统设计与应用课程的教学模式缺乏师生互动,大多数采用教师演示,学生跟着做的形式,这使得学生处于被动接受状态,教师容易忽视学生的主动性和创造性。这种实践教学模式对学生独立思考能力和创新能力的培养不足,不利于培养学生解决信息与通信系统实际应用中复杂工程问题的能力。

(四) 实践考核方式单调

传统的实践考核方式通常由考勤和报告两部分组成。嵌入式系统设计与应用课程强调理论与实践相结合,但是该考核方式过于依赖出勤记录和实习报告的质量,而没有充分考虑学生在实际操作中的表现和技能掌握程度,不利于调动学生学习的积极性,可能导致无法准确评估学生在嵌入式系统设计与应用课程中的实践能力以及对课程内容的理解程度。

三、实践教学改革建议

从教育大国到教育强国是一个系统性跃升和质变,通过深化教育综合改革,可以有效促进教育质量的提升,实现从教育大国到教育强国的质变与跃升。这不仅关乎国家的未来发展,也对提高国民素质和社会进步具有深远意义[7]。北京信息科技大学作为北京市属高校,势必在推动京津冀地区更好发展中发挥高质量发展动力源作用。

针对嵌入式系统设计与应用课程在实践教学中存在的相关问题,建议从课程思政隐性教育、实践课程内容体系、案例教学、以学生为中心、过程考核等方面进行改革。

(一)在教学中充分挖掘课程思政隐性教育

在高等教育的范畴内充分挖掘课程思政隐性教育工作深度,在思政隐性教育工作中,让思想政治教育成为专业教育的有机组成部分,让学生在思想政治理论课之余,在辅导员灌输的社会主义核心价值观之余,在学习专业课程知识的同时,引导学生树立正确的价值观和理想信念,实现立德树人、润物无声的思政隐性教育。这就需要专业课教师深入发掘课程中蕴含的思政元素,实现知识传授与价值引领的统一,构建全员、全过程、全方位的教书育人。

在实践教学过程中,教师应阐述我国嵌入式系统技术发展从无到有的艰辛历程,增强学生的使命感与荣誉感。基于嵌入式系统设计与应用课程内容,通过对我国在通信卫星、信息技术、无线通信等方面的突破性进展介绍,帮助学生理解嵌入式系统在现代通信技术中的关键作用。此外,讨论嵌入式系统在国家安全和信息基础设施建设中遇到的相关问题也能增强学生的社会责任感和使命感。学生应学习科研工作者不屈不挠的赶超精神,增强民族自豪感和自信心,深耕信息与通信工程专业土壤。学校应培养讲情怀、有温度、心系社会的电子信息类研究人员,并培养学生对电信类专业的自豪感、使命感。同时,学校应号召学生向英模人物学习,组织创新爱国主义教育和各类群众性主题活动,学生用心学进去,老师用情讲出来,师生用力做起来,采用潜移默化的方法将国家的强国梦想与专业紧密结合、与学生的职业生涯紧密结合。这可以有效提升学生系统分析问题的能力,帮助学生养成严谨细致的工作作风,推动全社会崇尚英雄、缅怀先烈、争做先锋,有助于培养学生热爱祖国的情怀,让学生成为社会主义现代化建设奋斗的优秀人才。

(二)更新实践课程内容体系

随着技术的快速发展,嵌入式系统的设计与应用也在不断演进。传统课程中涉及的内容,如 ARM7/ARM9 处理器架构、嵌入式发展历程和传统嵌入式分类方法等,已显得相对不那么重要,需要适当精简。同时,实践课程应强化目前嵌入式系统设计与应用前沿技术,使其能更好地适应当前技术发展的形势,为学生提供更具前瞻性和实用性的知识体系。重点补充内容包括 Qt 图形界面应用程序开发与 SQLite 数据库等。增加 Qt 和 SQLite 数据库相关知识,以满足日益增长的嵌入式系统图形用户界面设计与数据处理需求,更符合学科特点和满足智能移动平台需要。

近年来,随着嵌入式技术的不断发展和各种移动终端的纷纷涌现,图形用户界面作为人机交互的重要手段和方法,对轻量级嵌入式系统提出了进一步要求。例如,Qt 是一个跨平台应用程序和图形用户界面开发框架,可跨不同桌面和嵌入式操作系统部署应用程序,具有模块设计和软件构件可重用性较高的特点,但是嵌入式系统设计与应用在实践教学中通常忽略了轻量级、高可定制的 Qt 图形界面开发的内容,大多直接基于 ARM、LINUX 进行教学实践。

随着计算环境的发展,采用标准关系数据模型的嵌入式数据库系统已经成为数据库领域的新焦点。嵌入式数据库系统的开发不仅需要对嵌入式硬件和软件的深入理解,还需整合数据库、云计算及通信技术的知识,以实现高效、可靠的数据管理和处理。在课程设置上,强调多学科交叉将有助于培养全面的开发人才,适应快速变化的技术需求。以 SQLite 为代表的嵌入式数据库因其小型、快速、最小化的管理,以及开源且无任何商用限制的特征,提供了丰富的数据库接口,能够在 Windows、Linux、UNIX、Android 等各类操作系统上运行,同时支持多种编程语言。因此,SQLite 数据库十分适合开发嵌入式产品。

同时,我们从实例出发,结合交叉学科知识,从理论上深化拓展嵌入式系统设计方法和理念,学以致用,促进物联网、5G 等技术与嵌入式开发的紧密结合。

(三)强化案例教学

近年来,工程教育专业认证的实施有效推动了高校工程教育的改革与创新,为培养能够应对复杂工程挑战的高素质人才提供了保障,进而提升了我国工程教育的整体水平。工程教育认证标准强调了培养学生解决复杂工程问题能力的重要性[2,6]。党的二十大提出,要推动基础学科、新兴学科、交叉学科的发展,同时培养出更多适应时代发展的拔尖人才。嵌入式系统设计与应用就是培养新兴交叉学科创新能力的土壤。

在嵌入式系统设计与应用课程内容设置方面,课程内容既需要包含嵌入式系统的基本原理与经典理论,又需结合具体的案例,反映学生在电子信息类专业中遇到的实际问题。例如,通过分析真实的嵌入式项目案例,让学生了解系统设计过程中的步骤,增强其应用能力。同时,课程引入典型通信领域的前沿研究,如物联网、5G 通信和智能传感技术等,激发学生的创新思维,通过研究最新的技术趋势和应用,帮助学生认识所学专业的广泛应用前景及其重要性。此外,在教学中强调不同学科知识的交叉融合,鼓励学生参与跨学科的团队项目,如结合机械、计算机科学和电子工程的综合项目,培养其综合思维和创新能力。

传统的嵌入式系统设计与应用教学模式虽然通过理论知识配套的实践操作可以提升学生对专业知识的掌握,但这种教学模式容易导致理论学习与实践操作之间存在割裂,学生在理论学习与实践操作之间建立的关联较弱,无法形成完整的知识体系。这种割裂使得学生在面对复杂工程问题时,难以灵活运用所学知识对嵌入式工程进行综合分析并解决。

将理论教学与实践操作紧密结合,强调理论指导实践,引入真实的工程案例,这些都可以促进学生对复杂工程问题的深入分析,打破学科界限。因此,我们设计若干电子信息综合应用案例,通过设计综合性项目,让学生在一个完整的工程过程中同时应用理论知识与实践技能。将产业工程实践项目纳入课程体系,并通过具体工业实例将信息与通信系统中各通信模块有机组合在一起,强化学生对嵌入式系统在基础研究领域、交叉前沿领域等具体应用的认识,拓宽学生的视野,增强了学习的趣味性,还培养了学生的创新思维。

(四) 以学生为中心

在世界百年变局加速演进,新一轮科技革命和产业变革深入发展的当下,围绕高素质人才和科技制高点的国际竞争空前激烈。当前和今后一个时期是以中国式现代化全面推进强国建设、民族复兴伟业的关键时期[8]。落实人才自主培养之路,实现高水平科技自立自强,是推动中国式现代化的重要基石,这需要教育、科技、人才三个方面形成合力,共同支持民族复兴的伟大事业。作为教师,在教学中应让学生深刻体会到自己作为当代青年的责任与担当。在推进教育数字化的过程中,学生应加强终身学习的意识,为成为赋能学习型社会建设中的中坚力量做准备。

工程教育认证的核心理念包括"以学生为中心""以结果为导向""持续质量改进"[9]。"以学生为中心"强调将学生的满意度作为专业评价的重要参考依据,在教学过程中要强调学生的主体位置;"以结果为导向"强调确保学生能够达到行业认可的质量标准;"持续质量改进"要求建立有效的质量监控和持续改进机制[10-11]。

通过多样化的教学和研讨方式,可以有效调动学生的主观能动性,培养学生主动思考问题的意识和能力。这不仅有助于学生达成预期的学习成果,还能为学生未来在嵌入式技术领域的发展奠定坚实的基础。具体的实际问题或案例可激发学生的好奇心与探索欲,问题引导可以帮助学生在思考中理解知识的重要性,并鼓励学生积极参与解决方案的设计。通过组织课堂讨论,学生可以分享各自的见解与解决方案。在教师的引导下,课堂讨论不仅能够提升学生的表达能力,还能促进他们对复杂问题的多视角理解并锻炼他们的批判性思维。采用动画演示等现代化的教学手段,使抽象概念和技术原理更加直观易懂。生动的视觉呈现能够帮助学生更好地理解嵌入式系统的工作机制和应用场景,提升学习的兴趣。同时,跟踪历年学生毕业后的情况,收集1~2届以及毕业5年后学生的情况,借此加深学生对该课程就业方向和应用领域的理解。

例如,设置集中讨论环节,鼓励学生自主选择讨论主题或研究领域。通过团队合作探索,培养他们的协作能力和解决问题的实践能力。同时,加深对嵌入式技术应用于实际场景的认识。集中讨论时,将学生分割成若干学习小组,在课堂教学过程中,教师根据授课内容进行课堂内容外延问题的提问,不同学习小组轮流发表观点和提出解决方案。设计研讨问题时,需偏重于能力应用类题目,注重信息与通信系统实际问题与嵌入式开发的结合。通过动画或者视频、网络热点、近期新闻等导入嵌入式教学情境,设计贴近学生生活经验的真实情境,使学生能够感受到学习内容与实际生活的联系,引导学生主动探究答案,从而提高他们的学习兴趣。设置"开放研讨"环节,让学习小组调研汇报 ARM、LINUX、Qt 等工具在嵌入式系统设计与开发中的应用,其他小组有权针对报告内容进行提问,并根据报告小组的表现对其进行评分,此分数作为小组成员的平时成绩之一。"开放研讨"环节是提升学生在嵌入式系统学习中的重要部分,通过文献调研,学生能够探索嵌入式系统领域的最新研究和应用案例,加深其对理论知识的理解,增强他们对行业动态的敏感性。学生在制作 PPT 和进行汇报的过程中,能够锻炼其信息整合与表达能力。这种互动式的学习环境增强了学生的参与感和学习动机,使得课堂氛围更加活跃,提高了整体教学质量。教师也能及时了解学生的理解程度和需求,从而调整教学策略。经上述精心设计和实施,学生不仅能掌握嵌入式系统的理论知识,而且能在实践中灵活运用,提升综合素质,为未来的工程实践打下坚实的基础。

(五)重视过程考核

基于嵌入式系统设计与应用课程特点,课程考核强调了学习过程的重要性,多元化过程考核从考核维度、评分方式两方面进行。首先,考核维度包含实践课堂学习态度(参与度、合作精神、纪律性)和课后实践报告(报告质量、问题解决能力和创新性)。其次,多元化评分模型能够反映他们在课后复习和分组讨论中不同的学习效果。评分方式采用"平时成绩(线上、线下)＋实验实践＋期末考试"综合评价体系。平时成绩占比 25％,包括线上和线下两种形式。线上主要是网络在线学习和慕课在线研讨,占平时成绩的 30％,以提高学生在集体学习中的参与感;线下包括学生出勤、课堂提问、课堂练习、小组研讨、课后作业,占平时成绩的 70％,以增强上课的仪式感并有效维持课堂秩序,评估学生的阶段性学习成效,同时督促学生按时完成学习任务。实验实践占比 25％,实验环境主要以嵌入式实验箱为主。每位同学一个试验箱,接线按要求完成并根据嵌入式操作系统选择相应的硬件描述语言进行程序编写,然后对比结果,培养学生严谨的工作态度。期末考试占比 50％,开卷考试,评估学生的课程整体学习效果。

对于综合性实践部分,如嵌入式协同设计等内容,从实践课堂学习参与度、实践问题解决能力和报告内容质量与互动性等多维度进行综合评估,并设计不同维度的评分占比。相较于验证性实践,综合性实践部分可以更好地评估学生在课堂上分析和解决实际问题的能力,从而更准确地反映他们在嵌入式系统设计与应用方面的实践技能。考核方式的综合性与多维能够较全面地反映学生在课堂学习、实践操作及团队协作中的表现,提高了考核的公正性和有效性。此外,通过这种方式,学生不仅能够获得即时反馈,还能促使他们在以后学习中不断改进,进而提高整体学习效果和实践能力。整体上,课程考核应通过不同比例的不同考核方式,以多样化、多渠道、全方位的考核计分方式,全面评价全体学生在教学过程中和教学后的效果。

期末考试作为重要的考核环节,其题型和评分标准的设计旨在全面评估学生的知识掌握情况和实际应用能力。期末考试题型丰富且分数分配合理。题型包括名词解释、填空题、选择题、判断题、简答题、综合应用题和计算题等。期末考试作为终结性评价,结合平时成绩以及实验实践的过程性评价,能够全面评估学生的学习成果和实际应用能力。通过比对教学目标进行统计与分析,深入剖析总结,精准定位教学过程中存在的细节和关键性问题,并以此进行达成度分析和教学质量评价,为教学体系的完善提供有力支持。本课程的教学评价体系为涵盖全过程、全方位、全员参与的课程考核方式,有助于激励学生在课堂中的积极发言和互动,培养学生的综合素质。同时,双向交流的方式能够有效促进学生的参与感和归属感,使每位学生在学习过程中都能感受到自身的重要性。通过小组互评和教师评价等方式,可以进一步提升学生的团队合作能力和沟通表达能力,有利于提高教学质量,形成适用于嵌入式系统设计与应用课程的"学生中心＋问题导向＋开放研讨"过程考核方案。

四、结　语

在工程教育认证、一流课程建设等教学改革的大背景下,高校应不断优化人才培养方案,加强实践教学,注重跨学科教育,这种背景为嵌入式系统设计与应用课程的优化与提升提供了契机,同时也要求教师对教学内容和方法进行创新。嵌入式系统设计与应用课程作为电子信息类专业的重要实践课程,不仅为学生提供了应对实际工程问题的工具和思路,而且为未来的人才培养奠定了坚实的基础。此外,课程实践教学能力的提升能够更好地服务于学生的发展和行业的需求。为应对新时代的发展需求,提升电子信息专业人才的培养质量,使学生能够更好地适应社会和经济发展的需要,本文分析了嵌入式系统发展以及嵌入式系统设计与应用课程实践教学存在问题,提出融入思政隐性教育、多样化教学方法、丰富教学案例、全过程考核改革的建议,有助于提升嵌入式系统设计与应用课程的教学质量和实践效果,有利于培养具有创新精神和社会责任感的高素质人才,为嵌入式系统的持续发展贡献力量。

参 考 文 献

[1] 张沁园,张绪忠.邓小平农村改革思想的内涵、作用与当代启示[J].观察与思考,2024(08):98-108.

[2] 徐永明,祝善友.《遥感数字图像处理》课程实践教学改革与探索[J].地理空间信息,2022,20(8):155-157.

[3] 黄龙,吴佳桐.图像识别在互联网"问题地图"监控中的应用[J].测绘通报,2020(6):145-148.

[4] 罗欢,洪远泉,苏镜,等.新工科背景下嵌入式系统原理课程教学改革探讨[J].物联网技术,2024,14(09):159-162.

[5] 朱春燕.专业认证背景下《嵌入式系统开发》课程思政育人路径探索与实践[J].时代汽车,2024(18):120-122.

[6] 吴玲,曹青青,赵蕾.面向创新型技能人才培养的嵌入式系统实训平台设计[J/OL].实验科学与技术,1-7[2024-09-20].http://kns.cnki.net/kcms/detail/51.1653.N.20240914.1710.024.html.

[7] 何玉芳.为发展新质生产力培育急需人才[J].红旗文稿,2024(14):41-44.

[8] 中共中央举行新闻发布会介绍和解读党的二十届三中全会精神[J].中国产经,2024(14):8-21.

[9] 佘艳华,曾磊,黄文雄,等.工程教育认证标准下土建类专业毕业设计改革与实践[J].教育教学论坛,2018(18):153-154.

[10] 李宇松.以学生为中心的《网络安全与攻防》课程课堂教学变革[J].网络安全技术与应用,2024(09):118-121.

[11] 赵文华."以学生为中心"的高校教学管理探讨[J].科技风,2024(24):13-15.

AI4SE：面向新质生产力的软件工程教育改革探索

北京信息科技大学　计算机学院　邹智元

摘　要　随着国内传统经济发展转型,新质生产力已成为推动社会进步和产业升级的重要动力。软件工程作为信息技术领域的核心专业,其教育改革必须紧跟时代步伐,面向新质生产力的需求,培养具备创新能力、工程实践能力和良好职业素养的高素质人才。人工智能理论与技术的飞速发展为软件工程教育改革提供了新机遇。本文基于当前软件工程教育面临的挑战,从人工智能赋能软件工程(AI for Software Engineering,AI4SE)角度,探索面向新质生产力的软件工程教育改革思路和方法,以期为我国高等教育教学改革提供参考。

关键词　教育改革；软件工程教育；新质生产力；人工智能；AI4SE

一、引　言

新质生产力是指以信息技术为核心,融合大数据、云计算、人工智能等新兴技术,推动传统产业转型升级和新兴产业快速发展的生产力形态。软件工程作为信息技术应用的重要载体,其教育质量直接关系到新质生产力的培育与发展[1-3]。教育、科技、人才是全面建设社会主义现代化国家的基础性、战略性支撑。党的二十大报告强调"实施科教兴国战略,强化现代化建设人才支撑",并把"完善科技创新体系"作为我国教育发展的重要手段之一。习近平总书记关于加快人工智能发展作出系列重要指示批示,北京市教委也要求高校结合特色优势将人工智能通识课纳入本科人才培养方案。然而,当前软件工程教育在教育模式、课程体系、实践环节等方面与人工智能结合的教学改革尚在探索阶段,难以满足新质生产力的需求[4-5]。因此,面向新质生产力的软件工程教育改革势在必行。

人工智能概念最早由约翰·麦卡锡(发明LISP语言)、马文·明斯基(获得首个人工智能领域图灵奖)、纳撒尼尔·罗彻斯特(设计IBM第一代通用机)、克劳德·香农(创立信息论)等在1956年达特茅斯会议上讨论提出。早期的代表成果是以数理逻辑和认知心理学为理论基础,并通过计算机编程实现的专家系统。其后,艾伦·纽厄尔(发明IPL语言)和赫伯特·西蒙(创立决策模式理论)成功研制"逻辑理论家"数学定理证明程序,发展了人工智能符号主义理论,并共同获得1975年图灵奖。现在,人工智能已经发展成为由计算机科学、控制科学、心理学、数学等多个学科支撑并交叉融合的研究领域和新兴学科。计算机软件与硬件技术突破为人工智能领域发展提供有力支撑,而软件工程作为开展原创性科技创新的应用实现基础,也具有创造颠覆性科技创新的潜力。例如,英伟达公司发布的CUDA软件,从早期的图形并行计算框架逐渐成为深度学习的主流指令集,目前已经成为人工智能产业的经典计算模型。随着基于大语言模型(Large Language Models,LLMs)的 ChatGPT 发布,这款由 OpenAI 公司研发的在线聊天机器人软件引发了新一轮人工智能产业竞争,各国科技公司、研究机构争相推出更先进的大语言模型产品。可见,人工智能与软件工程是密不可分的有机整体。

目前随着人工智能技术的飞速发展,LLMs 正逐步渗透到各行各业,在软件工程这一高度依赖知识积累、创新思维与实践能力的学科中,如何应用大语言模型为教育改革提供新的视角和工具,如何辅助软件工程教育进行深层次改革,是本文重点探讨的方向。

二、软件工程教育发展现状

我国软件工程教育已经发展为理论讲授和实践应用并重的教学模式,课程考核方式多样化,包括试卷、课堂实验、课程项目等,一定程度上已经能够对学生能力进行全面性评价,真实反映学生的工程实践能力和创新能力[6-7]。这种教育模式既侧重理论知识的传授,也重视对学生实践能力和创新能力的培养,使学生能够在实际工程项目中锻炼动手能力和解决问题的能力。然而,为满足新质生产力对高素质软件工程人才的需求,现有软件工程教育模式在创新教育方面仍存在诸多问题。部分高校软件工程课程体系设置过于专业化,课程内容面向基础科研且与实际产业需求脱节[8]。基础课程与专业课程之间缺乏有效衔接,导致学生较难建立完整的知识体系,无法适应快速变化的技术环境[9]。现有的软件工程课程体系在注重理论知识传授的同时,同步加强对学生实践能力的培养,对老师和学生的整体素质水平也提出更高要求,老师和学生都必须实时跟进最新的技术发展并掌握工程实践技能[10]。此外,软件工程教育在产学融合方面也存在明显不足。软件工程是一门实践性很强的学科,但当前教育体系中实践环节普遍由老师结合授课内容进行设计和安排,实验内容的难易程度和课时安排不匹配。特别是与企业实际项目结合的实验内容,对于动手能力较弱的学生而言,其短时间难以跟进,最终导致教学效果不佳、整体教学质量下降[11]。然而,在新质生产力的背景下,创新能力和产学融合对于软件工程人才的培养至关重要。缺乏创新教育和产学融合的教育模式将导致学生在解决实际问题时缺乏灵活性和创造力,难以适应复杂多变的工程实践环境。

三、软件工程教育改革探索

在软件工程教学中引入人工智能技术,特别是大语言模型,可以帮助教师快速跟踪软件工程领域的最新技术动态,如自动代码补全、代码审查自动化、软件需求智能分析等[12],并将这些前沿技术融入教学内容中。通过案例分析和项目实践,让学生亲身体验新技术带来的变革,培养其适应未来技术发展的能力。许多软件工程经典教材将软件的定义简单归纳为"软件=程序+数据+文档"[13-14],软件工程的一般过程包括分析、设计、实现[15-16],本文将从软件工程的内涵和生命周期出发,探索"人工智能+"软件工程教学模式创新和课程内容改革思路。

(一)"人工智能+"软件工程教学模式创新

人工智能大语言模型在教育领域应用潜力巨大,包括个性化学习、智能辅导、习题内容生成、知识检索与整合、模拟实践环境等,也为教育改革提供了新的视角和工具。本文从软件工程教育模式创新、课程体系结构、实践教学环节等方面进行探讨。

1. 推动软件工程教育模式创新

教育模式创新是面向新质生产力培养高素质软件工程人才的重要途径,其利用人工智能大语言模型构建智能助教系统,实现师生之间的即时互动。学生可以随时向模型提问,获取个性化的解答和反馈。同时,模型还可以向学生提问,并根据学生的回答情况,动态调整提问难度和深度,实现差异化教学。高校应采用案例教学、项目驱动教学等先进教学方法,让学生在解决实际问题的过程中掌握知识、提升能力。同时,高校还应引入创新创业教育,培养学生的创业精神和创新能力,为未来的职业发展奠定坚实基础。为了推动教育模式创新,高校可以借鉴国内外先进的教学方法和经验。案例教学是一种有效的教学方法,通过引入实际案例,让学生在解决问题的过程中掌握知识、提升能力。项目驱动教学也是一种有效的教学方法,通过让学生参与实际项目,提升他们的实践能力和团队协作能力。此外,通过创新创业教育,学生可以了解创业过程、掌握创业技能,并为未来的职业发展奠定坚实基础。

2. 优化软件工程课程体系结构

面向新质生产力的需求,高校应构建科学合理的软件工程课程体系。通过人工智能大语言模型能够促进软件工程与其他学科的融合,如人工智能、数据科学、心理学等。通过跨学科的教学内容设计,拓宽学生的知识视野,培养其综合运用多学科知识解决复杂问题的能力,实现理论与实践的有机结合。课程体系应涵盖基础素质教育、公共基础课程、计算机科学与技术基础课程、软件工程基础课程以及专业方向领域的课程模块,确保学生知识体系的完整性和前沿性。为了构建科学合理的软件工程课程体系,高校可以借鉴国际先进经验,并结合国内IT企业的需求,制定符合新质生产力要求的课程大纲。通过科学合理的课程设置,确保学生知识体系的完整性和前沿性。

3. 加强软件工程实践教学环节

加强实践教学环节是提升软件工程教育质量的关键。通过人工智能大语言模型为学生提供丰富的学习资源和工具,鼓励学生进行自主学习和探索。学生可以通过与大模型互动,发现新的问题,提出新的观点,并在实践中验证自己的想法。这种主动学习的模式有助于培养学生的创新思维和解决问题的能力。高校应增加实验课程比例,根据软件工程项目进行有步骤、有规划的安排,确保学生在校期间能够参与多个实际项目,提升动手能力和团队协作能力。同时,建立校内外工程实践基地,与知名IT企业合作,为学生提供真实的企业环境进行实训,实现人才培养与企业需求的无缝对接。为了强化实践教学环节,高校可以采取多种措施。首先,高校可以增加实验课程比例,确保学生有足够的时间进行实践操作。其次,高校应根据软件工程项目进行有步骤、有规划的安排,使学生在校期间能够参与多个实际项目,提升其动手能力和团队协作能力。

(二)"人工智能+"软件工程课程实践探索

大语言模型具有强大的文本生成、理解、推理能力,为软件工程教育改革提供了新的可能,本文从人工智能辅助软件分析、软件设计、软件实现和软件文档等四个方面,探讨软件工程课程实践内容改革的思路。

1. 人工智能辅助软件分析

经典软件工程教学通常将需求分析方法分为结构化需求分析、面向对象需求分析。这一教学环节往往是最难安排课堂实践的。然而,大语言模型可以对学生收集到的需求文档、用户访谈记录等文本进行深度分析,自动识别并提取出关键需求点。这可以大大减轻人工阅读和理解文档的工作量。然后,大语言模型将提取出的需求点进行自动分类和归纳,形成结构化的需求列表。这有助于后续的需求评审和优先级排序。利用大语言模型对需求进行智能分析,检测潜在的需求冲突和不一致性。通过及时发现和解决问题,可以避免在后续开发过程中出现重大变更和延误。结合历史项目数据和领域知识,大语言模型可以对需求进行优先级排序。这有助于开发团队在有限的资源下,优先满足最重要的用户需求。通过自然语言交互界面,用户可以直接与大语言模型进行对话,明确和确认需求细节。这种交互方式更加直观和便捷,有助于提高需求确认的准确性和效率。在需求确认过程中,大语言模型可以根据用户的反馈和意见,对需求进行迭代优化。通过不断迭代和完善,确保最终需求满足用户的期望和需求。

2. 人工智能辅助软件设计

从设计方法角度,软件设计可以分为结构化程序设计、面向对象程序设计;从项目管理阶段角度,软件设计可以分为概要设计(总体设计)、详细设计;从技术设计内容角度,软件设计可以分为结构设计、数据设计、过程设计、接口设计。基于用户需求和领域知识,大语言模型可以辅助生成初步的设计方案。这些方案包括系统架构、模块划分、接口设计等关键内容。模型基于其智能推理和生成能力,可以快速生成多个设计方案供团队参考。进而,团队可以利用大语言模型对设计方案进行自动评估和优化。通过对比不同方案的优缺点、分析潜在的风险和挑战,模型可以提出改进建议和优化方案,帮助团队不断完善设计。大语言模型可以根据设计需求自动生成软件界面的初步原型。通过自然语言描述界面布局、元素和功能,模型可以将其转化为可视化的界面原型图,方便团队进行评审和修改。利用大语言模型模拟用户与软件之间的交互过程,通过模拟用户的行为和反馈,模型可以帮助团队发现潜在的用户体验问题,并提出改进建议。

3. 人工智能辅助软件实现

软件实现通常包括开发、测试和部署,是根据"设计图纸"构建软件产品,并最终将其交付客户使用的过程。大语言模型可以根据设计文档自动生成部分基础代码,其中包括一些重复性的、标准化的代码片段,如数据模型定义、接口实现等。通过减少这些基础性工作的工作量,团队可以更加专注于核心功能的实现。进一步,大语言模型还可以对现有的代码进行分析和评估,提出优化建议。通过识别潜在的代码缺陷、性能瓶颈等问题,模型可以帮助团队提高代码的质量和可维护性。

4. 人工智能辅助软件文档

根据《计算机软件文档编制规范》国家标准,软件工程项目的主要文档包括《可行性分析报告》,软件需求文档包括《系统需求规格说明书》《接口需求规格说明》《数据需求规格说明》,软件设计文档包括《系统设计说明》,软件实现文档包括《软件测试报告》《项目开发总结报告》《软件产品规格说明》等。基于设计过程中的各种输入和输出,大语言模型可以自动生成详细的设计文档。这些文档包括系统概述、功能描述、接口定义等内容,有助于团队成员更好地理解项目设计和实现细节。此外,大语言模型还可以辅助编写用户手册和帮助文档。通过自然语言生成技术,模型可以将复杂的技术细节转化为易于理解的语言描述,以提升用户使用体验,提高用户满意度。

四、结　　语

面向新质生产力的软件工程教育改革是一项长期而艰巨的任务。高校应紧跟时代步伐,不断创新教育理念和方法,构建科学合理的课程体系和实践教学体系,培养具备创新能力、工程实践能力和良好职业素养的高素质软件工程人才。未来,随着技术的不断进步和产业的不断升级,软件工程教育改革将面临更多挑战和机遇。高校应持续关注行业动态和技术发展趋势,不断调整和优化教育方案,为经济社会发展培育更多优质人才。

参 考 文 献

[1] 杨溢龙,张润坤,赵正阳.基于OBE理念的软件工程基础实验课程教改方案[J].计算机教育,2024(06):62-66.

[2] 周泽寻,林晓珊,邱树伟.融合AI与软件工程的OBE-CDIO创新创业实践教学改革[J].计算机教育,2024(04):139-143.

[3] 郭锐,林显宁.应用型本科以实训赋能理论教学的路径探索[J].计算机教育,2024(08):176-181.

[4] 郭威,盛刚.工程教育认证背景下软件工程专业课程体系建设[J].教育教学论坛,2024(08):38-42.

[5] 陈雷.基于实践任务的软件工程课程教学分析与实践[J].电子技术,2024,53(03):250-251.

[6] 黎晓凤.基于OBE理念的计算机专业课程思政教学改革与实践研究——以软件工程课程为例[J].大学教育,2024(14):101-105.

［7］ 许文庆.CDIO理念下软件工程专业实践教学改革[J].电脑与电信,2024(04):31-34.
［8］ 曲海成,孙宁,刘腊梅.新工科背景下软件工程专业实践能力提升改革与实践[J].高教学刊,2024,10(15):133-137.
［9］ 张其文,冯涛,张玺君.软件工程专业创新人才培养模式改革探究[J].教育教学论坛,2024(13):101-104.
［10］ 梁瑞仕,周艳明,曾荔枝.工程教育专业认证背景下软件工程专业综合改革探索与实践[J].工业和信息化教育,2023(12):41-44.
［11］ 蔺一帅,李青山,鲍亮,等.基于学用互助的软件体系结构课程教学探索与实践[J].软件导刊,2022,21(03):10-13.
［12］ 杨和稳.人工智能算法研究与应用[M].南京:东南大学出版社,2021.
［13］ 熊焕亮,吴沧海,赵应丁,等.软件工程导论[M].北京:中国铁道出版社,2022.
［14］ 张仁津,唐翠芳.软件设计开发方法与技巧[M].北京:中国铁道出版社,2022.
［15］ 李宗花,朱林.软件工程原理与实践[M].南京:南京大学出版社,2020.
［16］ 周平.软件成本度量国家标准实施指南[M].北京:电子工业出版社,2020.

数智化背景下的商务数据分析课程教学改革路径探索

北京信息科技大学　管理科学与工程学院　马晓洋

摘　要　结合当前电子商务发展数智化的特点,针对商务数据分析课程中存在的问题和不足,本文提出基于应用能力培养的课程架构。该课程架构从课程框架、案例设计、实践教学和考核方法等方面探索教学改革路径,设计和考核方法方面介绍具体教学实践,实现从"以教师主讲为中心"向"以学生主动为中心"转变。

关键字　商务数据分析;数智化;教学改革

一、引　言

2023年中共中央、国务院印发《数字中国建设整体布局规划》,提出"到2025年,基本形成横向打通、纵向贯通、协调有力的一体化推进格局,数字中国建设取得重要进展,数字治理体系更加完善"[1]。当前,数智化转型成为国家重要发展任务。同时,随着大数据、人工智能、云计算等新技术的发展,其在经济活动中应用逐步广泛和深入,数据治理、高阶智能以及数智赋能正在成为数字经济社会发展的关注焦点,激烈的市场竞争环境也对电商企业的后台数据分析能力提出了更高的要求[2]。2024年《国务院政府工作报告》中提出"大力推进现代化产业体系建设,加快发展新质生产力"。

袁云博等[3]通过对高校教师和学生、校企合作企业及电子商务企业调研得出,当前在电子商务朝向数字化、网络化、智能化方向发展的趋势下,熟练掌握计算机操作技术已经不再是电子商务行业高素质人才的标准之一,而是职场的必备技能。熟悉网络技术、网络安全、数据库管理、大数据分析、人工智能等相关专业知识和技能的人才成为企业和社会的重要需求。因此,本文建议根据电子商务行业的发展趋势和人才需求,调整和优化高校电子商务专业人才培养方案,提高人才培养质量和就业竞争力,其中商务数据分析作为电子商务专业的专业性和应用性兼具的课程,该课程的改革探索对于应用型人才培养和电子商务发展具有重要意义。

随着数字化和智能化的发展,社会对数据分析等方面的专业人才需求显著增加。这些技能不仅涉及对大数据的处理和分析,还包括对新兴技术的理解和应用。同时,该需求也对电商人才的综合素质提出了更高的要求,包括专业能力、创新思维、协作能力,以及对新兴市场和消费趋势的敏锐洞察力[4]。

二、商务数据分析课程教学现状

商务数据分析课程作为一门兼具应用性和学术性的课程,随着计算机技术和电商行业的发展,已成为电子商务本科生专业必修课之一。目前,该课程的教学内容和教学软件各不相同,难度差异较大,其在理论与实践教学环节中也存在各种不足。

(一)学生对于数据分析课程认识存在偏差,研究基础不足

对于商务数据分析类的课程,学生容易陷入两种极端思维:一种是纯技术思维,这种思维只关注数据的部署、采集,数据分析的工具、技术、模型等,忽略了商业应用场景的重要性,缺乏管理思维;另一种是业务思维,这种思维更多地侧重于具体的业务问题,缺乏对数据处理的把握及专业技术和工具的使用,导致后续数据分析和应用缺乏科学合理的理论支撑,最终也影响了数据分析的结果及应用效果的提升。如图1所示,CRISP-DM 理论的完整的数据分析流程包括六个步骤:商业理解—数据理解—数据准备—建模—评估—部署。整个数据分析流程以数据为基础,既涵盖了管理学角度的业务分析,又包括一系列专业工具和分析方法的使用,二者缺一不可。因此,商务数据分析课程既不是计算机专业的编程课,也不是纯管理类的课程。当前,很多学生对于计算机编程存在畏难心理,遇到编程相关的问题时容易恐慌与挫败,从而容易出现对整个专业课程信心不足的情况,不利于整体能力的提高。如果能设计出合理的课程结构与体系,同时兼顾数据分析流程的完整性与计算机编程难度,将可以极大地提高学生的积极性,从而帮助学生提高专业技术能力和应用能力,进一步提高学生的就业竞争力。

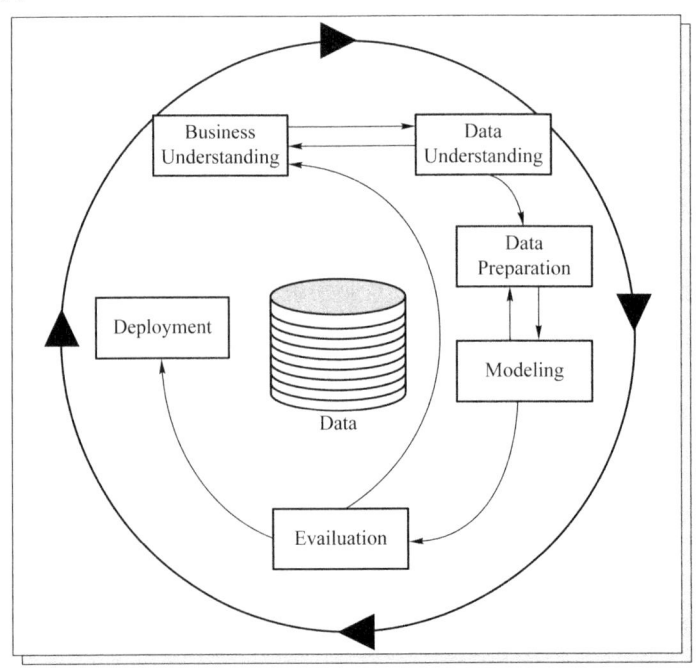

图1 CRISP-DM 理论的数据分析流程

（二）教学模式单一，教学内容陈旧，理论与现实社会脱节

目前的教学模式为给学生指定一本参考书，并且教师按照参考书的内容进行讲解，其中实验部分一般是针对算法部分进行验证，课时量有限，仅能让学生熟悉特定场景或算例，很难让学生学会举一反三，自主创新。同时，随着信息技术的发展，电子商务和数据科学领域发展日新月异，工业界中的新范式、新技术、新工具、新算法等都快速发展，已有教材往往比较陈旧，或者是实验软件版本较低，缺乏对学生创新意识的培养。即使学生掌握了课程中所学的内容，但是在实际应用或者就业选择时，仍然跟不上社会的实际需求，让学生有一种"读书无用"的挫败感，从而也降低了学生对于本专业的认可度。因此，如何对课程教学模式和教学内容进行改革，将经典理论与社会发展相结合，理论学习和实际应用相结合，通过提高学生的专业能力从而提高专业认可度，是一个亟须解决的问题。

（三）实践环节配置不合理，社会需求导向较弱

商务数据分析课程是一门工管结合的应用型课程，因此，课程设计也应该强调实践的重要性。当前的课程设计存在与其他信息技术类课程理论重合度较高的问题，例如，前言概述部分，这些课程基本上都会讲解数据挖掘和数据分析的基本概念、定义、流程等，这虽然能保证单个课程结构的完整性，但在整个课程体系中存在教学冗余，浪费学时的情况。除此之外，有些学生由于先修课程基础不扎实，在后续课程讲解时不能及时跟进教学进度，导致关键理论部分还需要很多学时去进行回顾和二次讲解。这些内容占用了很多理论学时，导致课上实践环节学时被压缩，48学时的课程中可能只有8个学时可以用来进行实践操作，这很容易导致学生因为时间紧张而"凑数"，低质量地完成课程设计，非常不利于学生真正掌握该门课程要求的方法以及计算机技术要求，更不利于学生在课程基础上进行更加深入的拓展性学习，从而影响学生未来在就业市场上的表现。因此，在课程设计中，如何通过合理的课程改革实现理论与实践并重，强调实践能力培养，从而提高学生实际操作能力，使其更好地适应社会需求，是商务数据分析课程体系改革需要研究的另一个问题。

（四）教学软件难易程度差别大，学时要求、学生能力与社会需求难以平衡

商务数据分析类课程的技术内容部分主要包括数据采集、数据预处理和数据分析三个环节。数据采集既包含可视化的采集工具如八爪鱼采集器、FME等，也包括需要学生自己编写程序的爬虫软件。目前，开发网络爬虫的语言主要有PHP、Go、C++、Java、Python等。数据预处理环节主要是对于数据的统计性描述及可视化的过程。数据的描述性统计实现过程既可以使用经典的Excel、SPSS软件，也可以依赖于市场上比较受欢迎的低代码软件R、SAS、Python等，还可以使用代码量较大的专业能力要求较高的Java等软件。上述软件都可以进行相应的图表可视化，但除此之外，还可以利用一些专业可视化工具，表1列出了一些常用的可视化工具。数据分析环节在教学软件选择过程中和数据预处理环节类似。综上所述，在进行授课软件选择时，教师需要从多个环节进行综合考量，有所侧重和取舍。

从社会需求和学生发展角度考虑,应选择代码量较大,适用性范围较广,难度较大的软件。但是受限于学时要求,一门课程很难兼顾编程的学习和具体应用的实践,而且电子商务的学生和计算机类的学生相比,编程能力较弱,若选用难度过高的软件,很难保证课程教学质量。然而,过于简单的"傻瓜式"分析工具,又对学生的实践能力提高帮助不大。因此,在课程改革时,必须考虑教学软件的合理搭配,以平衡学时要求、学生能力与社会需求。

表1 一些常用的可视化工具

工具名称	难易程度	是否免费	用户体验	支持平台
Excel	简单易学	收费授权	一般	以Windows为主
Tableau	灵活易用	收费授权	精美直观	以Windows为主
Power BI	集成度高	免费版、专业版	动态交互式	以Windows为主
Java Script	有一定难度	免费开源	扩展库丰富	跨终端、跨平台
Python	简单容易	免费开源	组件丰富	跨平台

三、商务数据分析课程教学改革路径探索

新质生产力的提出,指明了我国经济加速发展的前进方向,契合高质量发展的需求。特别是在数字时代,新质生产力更体现出以数字化、网络化、智能化为基石,呈现高效率、高质量等特点的生产力形态[5]。而这一切发展,都离不开数据科学的高质量发展。只有关注数据分析领域的最新发展,将理论教学和实践相结合,才能培养出真正合格的数据科学人才。因此,针对当前商务数据分析课程体系中的问题与不足,结合当前社会发展需求,本文提出以项目驱动为中心,教授理论内容为辅的教学改革方案,使得学生在实践训练中理解数据分析的原理和核心技术,增强学生自主学习的主导性,降低学生对课堂和特定软件的依赖,切实提高其解决实际问题的能力。最终让学生通过掌握数据分析的全流程中思想、理论、方法论和实践能力,成为数据科学综合型人才[6]。

(一)以学生为中心,打造数字化教学模式

在数字化时代,学习资源的获取更加容易,作为高校老师,需要更加有效地利用数字化资源来提高教学效果,由原来的"以教师主讲为中心"的传统教学方式,升级成"以学生主动为中心",利用数字化资源有效地激发学生的主动学习兴趣,鼓励学生积极参与到课堂中。首先,打铁必须自身硬,教师应该保持持续学习和不断进步,以保证教学内容的及时更新。这不仅需要教师学习专业知识,及时补充前沿研究,如通过在线学习国家级教育平台中国MOOC、中国教育在线等,还要关注行业发展,及时将前沿案例更新到实践教学中。其次,在教学过程中,教师也要积极利用各种数字化平台,如线上的雨课堂和学习通平台,采用多样化的方法,如在线讨论、协作编辑和远程实验等,给学生答疑解惑,鼓励学生提问,有效调动学生的积极性。同时,教师需要对学生的学习效果进行及时反馈,提高学生的学习积极性,对教学内容进行动态更新和调整。

（二）增加实践环节，以"项目式"的教学过程加强对学生的实践能力培养

首先，调整教学安排，将理论与实践的学时安排比例由原来的5∶1调整到1∶1，增加实践环节时长，保证学生有足够的实践学习时长。其次，引入"项目式"教学方式，实践环节提供真实的场景和数据分析要求，让学生以团队合作的方式独立完成整个数据分析的流程与分析报告的书写和汇报，亲身体验商务数据分析的各个环节，掌握实际操作技能，培养学生的创新能力和团队合作精神。再次，可以通过各种资源联系企业导师或行业专家，实现校企合作，指导学生进行实际项目的参与，培养与实际场景相符合的能力。最后，为保证实践环节的团队式合作有效性，团队成员不得超过3人，每人都必须有相应的角色和任务。团队内部成员进行自主选题、商业需求分析、数据抓取、数据处理、数据分析，以及结果汇报和内容可视化。必要时可请求教师的指导，其他小组成员的"外协"，从而促进团队间的合作与交流。在考核环节，分别有自评、组内互评以及教师考核等多种方式综合检测学习效果，尽量避免团队中存在"摸鱼"的情况。鼓励学生参加数据分析类竞赛，如全国大学生电子商务"创新、创意及创业"挑战赛的数据分析赛道，通过课程加分的方式强化学生对商务数据分析学习内容的理解和运用。

四、结　语

在数智化快速发展的时代，商务数据分析课程必须结合社会需求，进行教学改革路径的创新与探索，以帮助学生提高实践能力和市场竞争力。针对当前课程教授环节中遇到的痛点问题，通过调整教学内容，增加实践环节，优化教学方法与手段，以赛促学，改革评价机制等一系列探索手段，增强课程的适用性，提高学生的数据分析能力。通过引入案例教学和企业导师，加强与企业合作，给学生创造更多的真实实践场景和机会，培养出高素质的数据分析人才。

参 考 文 献

[1] 中共中央、国务院印发《数字中国建设整体布局规划》[J].国家图书馆学刊,2023,32(02)69.
[2] 张伟,吴晶琦.数字文化产业新业态及发展趋势[J].深圳大学学报(人文社会科学版),2022,39(1):60-68.
[3] 袁云博,丁晨.电子商务人才创新培养路径研究[J].对外经贸,2024(07):104-107.
[4] 眭素芳.数智时代电商人才培养模式探究[J].山西青年,2024(14):82-84.
[5] 焦烜,高超民,姜亚彩.新质生产力视域下审计数智化转型研究[J].会计之友,2024(16):27-32.
[6] 李志杰,刘基旺,廖旭红等.专业认证背景下大数据分析课程教学改革与实践[J].计算机教育,2022(3):134-138.

会计信息系统课程的"融合式"教学改革与实践探索[①]

北京信息科技大学 商学院 孙龙渊

摘 要 本文以会计信息系统课程为基础,立足"新工科"理念,从立足业务、融合财务、结合实务三个方面,将"融合式"教学融入会计信息系统课程,进行会计信息系统的"融合式"教学改革与实践探索,并将其应用于2021—2022学年第二学期的教学,有提高学生成绩,增强学生注意力,丰富教学成果的显著成效。因此,"融合式"教学可以帮助教师打破知识壁垒,重塑课程骨架,提升专业技能,从而帮助学生更好地掌握知识。"融合式"教学在提升授课效果的同时,贯彻落实"新工科"理念,对培养具有跨界整合能力的复合型人才,政策落实,专业建设都做出了贡献。

关键词 会计信息系统;"融合式"教学;改革创新与探索

一、引 言

2017年2月起,为主动应对新一轮科技革命和产业变革,支撑服务创新驱动发展,"中国制造2025"等一系列国家战略,教育部提出"新工科"理念。"新工科"理念要求"问产业需求建专业,问技术发展改内容",培养具有跨界整合能力的复合型人才。为响应此理念,2020年,审计专业基于"新工科"理念修订了培养方案,在原有的财会审计类课程体系外,增设信息安全管理与风险评估等信息系统课程,同时修订的还有中国人民大学等知名院校。但是,专业教师团队通过调研发现,各大院校在实施新方案时都存在课程多、课时少、壁垒高的问题。基于以上问题,本文认为:如何使用"融合式"教学方法,让学生在有限的课时内融会贯通信息系统与财会审计两套知识,成为各大高校培养复合型人才时必须解决的问题。而会计信息系统位于两套体系的交叠位,上承财务会计,下启计算审计,且常年存在"偏重信息系统,无法兼顾财会"的痛点,是最适合采用"融合式"教学的科目。

所谓"融合式"教学,是一种通过将不同学科交叉融合,使学生全面了解各学科知识的教学方法。它符合"新工科""问产业需求建专业,问技术发展改内容"的理念,符合审计专业的培养宗旨,可在一定程度上解决审计专业面临的课程设置问题。因此,本文立足"新工科"理念,从立足业务、融合财务、结合实务三个方面,将"融合式"教学融入会计信息系统课程,帮

[①] 基金项目:本文系北京信息科技大学校级教学改革项目(2024JGYB33)研究成果。

助教师打破知识壁垒,重塑课程骨架,提升专业技能。"融合式"教学在提升授课效果的同时,贯彻落实"新工科"理念,对培养具有跨界整合能力的复合型人才,政策落实,专业建设都做出了贡献。

二、课程简介与问题提出

(一)课程简介

会计信息系统课程是审计学专业的专业必修课程之一,开设于大三上学期,主要讲述会计信息系统的模块、核算、联结与应用。学生学习该课程前,需要学会前置课程财务会计学与数据库,并且需要具备一定的财务会计学与数据库知识。本课程在审计学教学体系的大纲中,起着"上承财务会计,下启计算审计"的作用,是一门中坚学科。

会计信息系统的课程内容为系统介绍会计信息系统的理论体系与构建方法,包括基本概念、框架结构、开发流程、数据文件结构、具体应用模式及各子系统的主要功能、关联关系、会计核算、控制、管理等。

教学目标和考核方式如下。

1. 教学目标

会计信息系统的教学目标包括如下四点:

(1)掌握理论:学生通过学习本课程,需了解会计信息系统的概念,明白会计信息系统是什么和有什么,即会计信息系统的概念是什么,包括哪些子系统,各子系统间如何关联,涉及的重要会计核算包括哪些,子系统如何控制管理等。

(2)熟悉实践:本课程包含8课时上机实验,通过上机实验及本课程的实验课程(会计信息系统实验),学生需熟练掌握会计信息系统的载体软件——用友 u8。

(3)了解前沿:学生不仅要学习会计信息系统的基础知识,还需熟悉会计信息化、供应链、区块链、计算机审计的前沿知识,实现与时俱进,了解学科前沿,并深化对计算机审计概念的理解。

(4)传递价值:通过本课程的学习,学生需要了解科研工作者不折不挠的赶超精神,从而培养学生对于民族科技发展的自信感、荣誉感和自豪感。

2. 考核方式

本课程的考核方式为"考试",成绩由70%的考试成绩和30%的平时成绩构成,平时成绩根据学生的课堂表现确定,及格线为60分,具体如表1所示。

表 1　会计信息系统的考核方式

考核方式	考核方式(根据课程实际需要填写)	成绩比例%	备注
学习表现	课堂互动、纪律、作业等	5	
阶段小测	章节测验、案例讨论等	5	
期中考试	期中考试、大作业、小组研讨等	10	
实验	实验报告、实验完成情况等	10	
期末考试	考试(笔试、机考、口试)、大作业(论文)、项目报告等	70	√闭卷 □开卷

3. 课程内容

会计信息系统作为承上启下的重要学科,课程同时包含了 24 课时的理论与 8 课时的实践,课程共十三章,章节体系如图 1 所示。

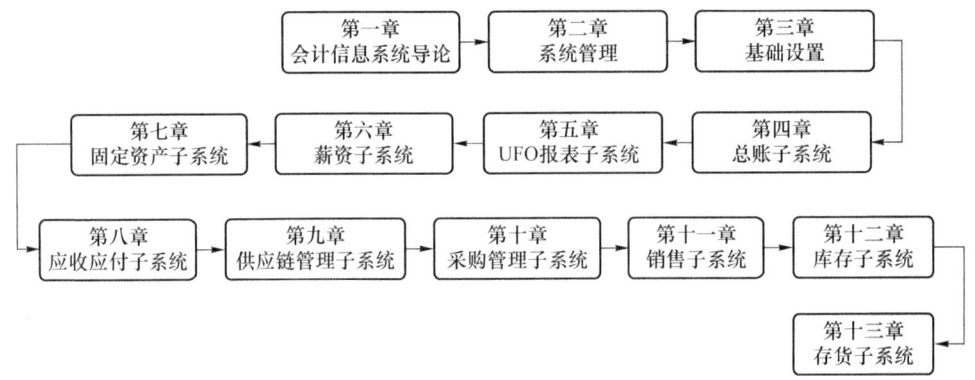

图 1　会计信息系统的章节体系

会计信息系统理论课程体系排列按照"总—分"模式,主要分为三大模块。

第一模块,基础:主要关注会计信息系统的运行基础,包括概念、基本语言、基础设置等,对应课程前三章。

第二模块,进阶:主要关注会计信息系统的后端及业务基础。系统后端为总账子系统和 UFO 报表子系统,业务基础为主管发放薪资的薪资子系统与主管固定资产构建的固定资产子系统。

第三模块,核心知识:以"进—销—存"这条企业常见的供应链为核心,关注会计信息系统的核心业务,分别为主管进货的采购管理子系统、主管入库的库存子系统、主管核算的存货子系统、主管销售的销售子系统、主管收付款的应收应付子系统与主管供应链的供应链管理子系统。学生进行学习时,需要了解"进—销—存"这条完整的供应链,掌握"进—销—存"所有业务的核算,及其在会计信息系统中如何设置。

(二) 问题提出

如上所述,会计信息系统位于两套体系的交叠位,上承财务会计,下启计算审计,具有极其重要的地位。但是,这门课程常年存在"偏重信息系统,无法兼顾财会"的痛点。针对此痛点,会计信息系统专业教师团队通过调研发现,各大院校在实施新方案时都存在课程多、课时少、壁垒高的问题。

（1）课程多：各大院校的会计信息系统培养方案多为财会审计与信息系统两套体系并行,都需从入门学习至高级,且会计信息系统位于大三上学期,学生需要学习多种专业课知识,课程数量多、密度大,学生负担过重,易"贪多而嚼不烂"。

（2）课时少：为兼顾两套体系,各大院校多压缩课时,要求教师在有限课时内完成知识传授,这不仅弱化了学生的学习精度,也增加了教师的授课压力。

（3）壁垒高：项目负责人通过对学生进行访谈发现,学生虽兼习两套体系,但并不了解体系间的对应关系,无法将知识融会贯通,知识壁垒严重,这与培养复合型人才的教学理念背道而驰。

三、教学改革与实践探索创新

针对上述痛点,参照前人研究,作者在授课过程中,拟对会计信息系统的授课体系做出以下方面的改革与创新。

(一) 立足"业务",重塑课程骨架

众所周知,会计核算的寻常流程并非先总账后业务,而是先业务后总账,即"原始凭证—记账凭证—明细账—总账—报表",而非课本所讲授的"总—分"。换言之,课本所讲述的"总—分"思路虽然符合授课逻辑,却不符合企业日常运营的构建思路。企业建立流程亦非"总—分"模式,而是需要经历建立、筹资、构建、招聘、业务、汇总一系列流程,具体如图2所示。

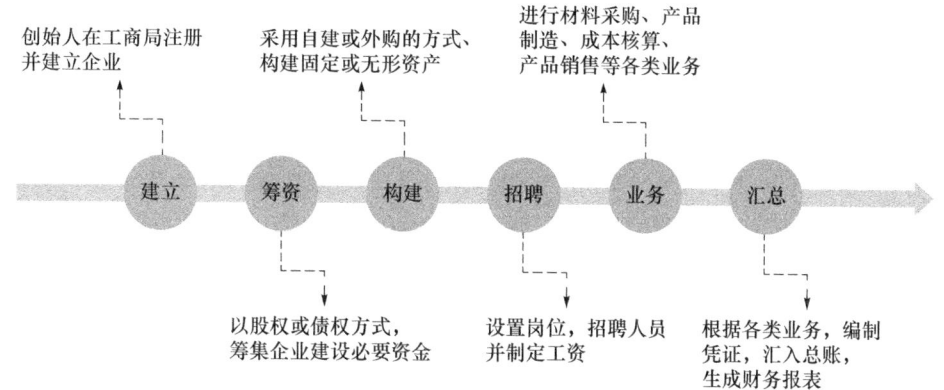

图 2 企业建立流程

如图2所示,企业的日常运营需要经历"建立—筹资—构建—招聘—业务—汇总"一系列流程,照此逻辑,授课时应先讲业务后讲总账,而非先讲总账后讲业务。虽然这符合课程

设置的"总—分"结构,但是不符合制造业供应链的业务流程。因此,作者在授课过程中,参照制造业业务,将原来的"总—分"课程骨架重塑为贴合制造的"采购—加工—核算—销售"架构,并秉持业财融合理念,将库存、存货、销售、供应链子系统作为课程重点,结合制造业核心的"进—销—存"业务详细讲解。调整后的授课顺序如图3所示。

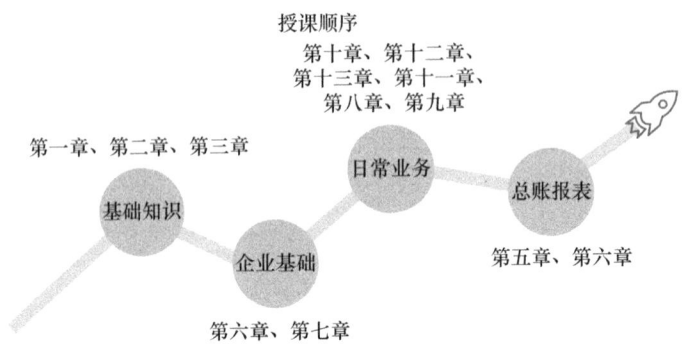

图3 授课顺序调整

基础知识:完成第一章、第二章和第三章的授课,完成会计信息系统的基础知识构建。

企业基础:按企业成立的基本逻辑,完成第六章和第七章的授课,并融入投资融资、注册成立、薪酬发放等财务管理学、经济法知识,为学生讲解企业是如何完成筹资融资,构建固定资产,聘请员工,发放薪酬的。

日常业务:按日常业务逻辑,按照"原料购入—原料入库—加工核算—销售产品—审核付款—汇入供应链"这一顺序,为学生讲解企业日常业务核算和系统处理,结合日常业务,让学生充分理解会计信息系统的应用和设置。

总账报表:按照会计循环,讲授第四章和第五章的总账、UFO子系统的内容。

实践证明,调整后的授课顺序不仅能让学生按照日常业务流程更深入地理解会计信息系统的知识,也更加符合供应链的特征,能让学生从供应链的宏观视角理解会计信息系统。

(二) 融合"财务",打破知识壁垒

为解决课程多、课时少的痛点,作者针对信息系统中每一个节点的信息流,引入财务流,讲授每一个信息节点对应的会计核算与资金流动,从而将信息流与财务流结合,实现物流、财流、信息流的统一,进而打破信息系统与财务审计的知识壁垒,提升学生的学习成效,达到学一门课,会两门课的目的,举例如下。

1. "会财"结合,实现业财融合

在讲述销售、采购等业务流子系统时,为深化学生对知识的理解,作者将财务会计的知识融入会计信息系统中,在讲解会计信息系统业务流时讲解财务流,实现"会财"结合,将会计信息系统对应到会计业务上,提升学生的业务和财务能力,具体实现如图4所示。

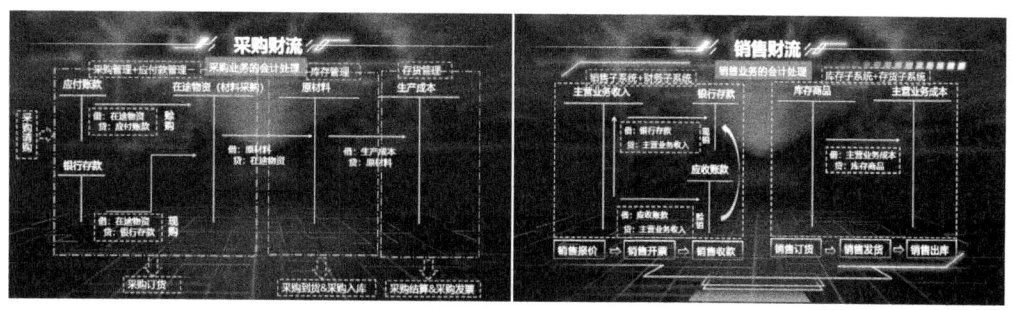

图 4　采购、销售子系业务流与财务流的结合

2. "会税"结合,深化知识内涵

将会计和税法结合,将税法的"增值税""企业所得税"知识融入会计,让学生明白采购发票、销售发票的重要性,回忆税法知识,巩固之前学过的税法,亦加深学生对会税知识的理解,具体实现如图 5 所示。

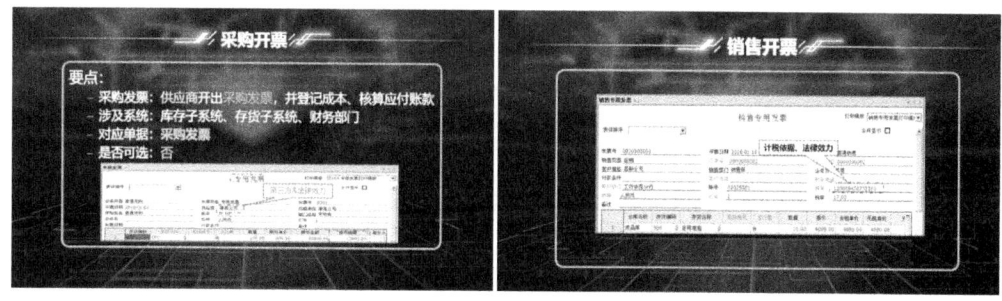

图 5　采购发票、销售发票与税务的对应

3. "会战"结合,拓展知识外延

作者将公司战略、风险管理、管理学中新兴的一些概念,如区块链等融入会计信息系统的授课中,让学生在了解基础知识的同时,了解课程前沿,拓展知识并加深课程的时效。例如,在讲述第九章供应链管理子系统时,很多教师在授课时往往在课程刚开始时便讲核算,作者则先引入供应链的概念,并辅以案例,先让学生对供应链的概念有一个宏观认知。同时,作为知识的扩展,作者又引入与供应链非常类似的区块链,将二者的概念进行对比和更新,使学生了解前沿知识,深化学生对供应链的理解,如图 6 所示。

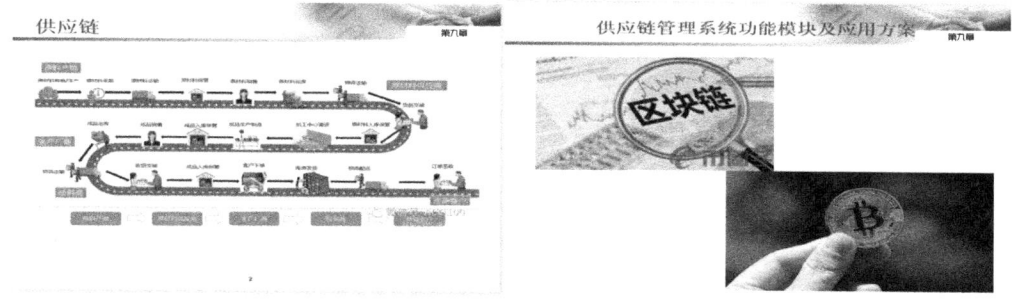

图 6　供应链与区块链示例

(三)引入"实务",提升专业技能

作者在会计信息系统的授课过程中引入审计"实务"知识,要求学生站在审计人员的角度发现系统漏洞,并修改课程实验的方式,要求学生在进行课程实验时,运用课上所学知识审计系统漏洞,从而将课程落地,提升审计系学生作为未来审计人员的专业技能。例如,使用古典名著《红楼梦》中大观园建造中的采购舞弊案例或瑞幸咖啡造假事件来解析采购或销售子系统,让学生从与会计对立的审计视角了解会计信息系统的业务流程,在体现审计专业特色的同时,深化学生对知识的理解,培养学生作为审计人员的职业精神和能力,如图7所示。

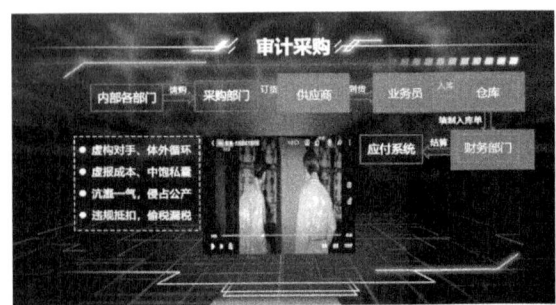 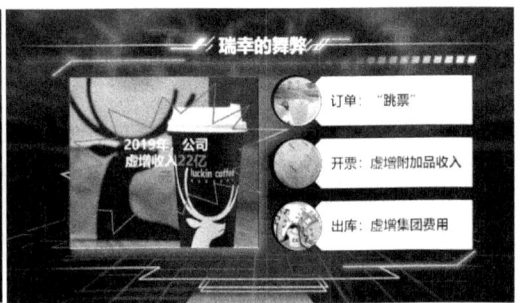

图7 《红楼梦》案例与瑞幸咖啡造假事件

四、教学成果

本文的主要特色为结合财务会计与信息系统的知识,重塑会计信息系统的知识体系,具体如图8所示。

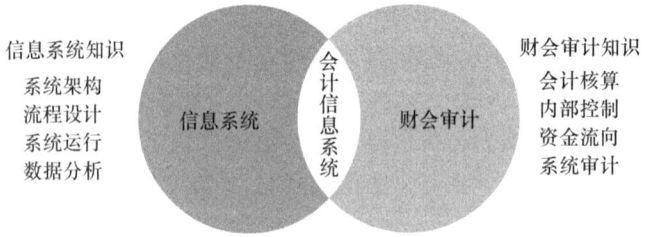

图8 会计信息系统的"融合式"教学特色

作者于2021—2022学年第二学期给2020级本科生授课期间,做出调整,调整后取得了如下成果。

(1)学生注意力明显提升:在2019—2020学年第一学期授课时,学生注意力较为涣散,这可能是作者教学方法过于传统所致,之后作者将四个创新融入教学,在第二学期的授课过程中,观察到学生的注意力明显提升。

(2)学生成绩明显提高:2019—2020学年第一学期授课时,可能由于作者是第一年参与教学,教学经验较少,对知识的理解不够深入,教学方法存在欠缺,因此,学生的成绩并不理想,80分以上的学生不足10名。在第二学期的教学过程中,作者将四个创新融入教学,观察到学生的成绩明显提高,有15名学生考到80分以上。

(3)教学成果和科研成果增加:作者将四个创新的理解贯彻至教学科研,获得了许多教学成果,并发表4篇CSSCI级别论文,其中一篇更是被教育部第四轮学科评估遴选的A类期刊收录。

五、结　　语

本文所提到的会计信息系统教学改革方案,在理念落地、课程教学和学生培养层面都有一定创新,具体如下。

首先,本文在"新工科"理念的落地层面做出一定尝试,为后续政策的制定实施提供了借鉴。"新工科"理念要求培养具有跨界融合创新能力的复合型人才,但缺乏具体的实施方法。本文拟以会计信息系统课程为试点,将供应链、财务会计、审计等多门学科的知识融入会计信息系统的教学,实现课程骨架的重塑,知识壁垒的打破与专业能力的提升,这符合"新工科""问产业需求建专业、问技术发展改内容"的理念,为"新工科"的理念落地做出尝试,成果也可以为"新工科"建设的后续政策制定提供借鉴。

其次,本文改善了会计信息系统课程教学和审计专业培养中的痛点,使课程教学和专业培养更加科学。审计专业现行培养方案除存在课程多、课时少、壁垒高的问题外,会计信息系统的课程教学也存在偏重信息系统,无法兼顾财会等问题,这是因为信息系统与财会审计知识壁垒过高,无法融会贯通。基于此,本文以会计信息系统现有的课程教学体系为基础,引入信息系统相对应的财会审计知识,实现物流、财流和信息流的统一,进而改善会计信息系统教学和审计专业培养过程中的痛点,在完善审计专业培养方案的同时,也为审计专业的科学发展提供助力。

最后,本文有助于培养符合国家要求的复合型人才。目前的培养方案或侧重财会审计,或侧重信息系统,缺乏不同知识的融会贯通,不利于学生培养跨界融合的综合意识,也不利于培养符合国家要求的复合型人才。本文拟将信息系统与财会审计知识结合起来,在信息系统的教学过程中融入财会审计知识,实现财会审计与信息系统知识的相互对应,这在扩大学生的知识视野,健全学生的知识体系,培养符合国家要求的具有跨界融合创新能力的复合型人才方面,具有一定意义。

这次教学创新让作者对会计信息系统这门课有了进一步的认知,也取得了一定的成绩,但这是远远不够的。在教学创新的流程中,作者意识到有时会过分注重创新而失了知识的本真,让学生只顾创新而不顾知识。例如,学生听完作者的课,也许会记住《红楼梦》案例和瑞幸咖啡造假事件,而记不住知识本身,这种授课其实是失败的。所以作者在每次课结束时,会通过课堂回顾的方法强调知识,在一定程度上缓解这个问题。然而,这还是不够的。"路漫漫其修远兮,吾将上下而求索",作者会继续探索教学创新的办法,将毕生的热情付诸教学工作,做到以学生为中心,以提升学生学习成绩为本,一切为了学生,为了一切学生。

参 考 文 献

[1] 叶钦华,叶凡,黄世忠.财务舞弊识别框架构建——基于会计信息系统论及大数据视角[J].会计研究. 2022(3):3-16.

[2] 贾文博.基于XBRL的管理会计信息系统研究——以中石油为例[J].财会通讯. 2022(19):167-171.

[3] 项丽霞,吴书博.会计专业教育教学必备教材——评《会计信息化》[J].中国教育学刊. 2016(3):130

[4] 谌灿霞,张秋芬.科技创新型企业管理会计信息系统构建探析[J].财务与会计. 2021(20):64-67.

[5] 王巍.人工智能在会计管理中的应用——评《大数据背景下智能会计信息系统构建与应用》[J].中国科技论文. 2021,16(4):468-469.

数智时代的新闻传播教育：
高校教学模式创新与实践探索

北京信息科技大学　公共管理与传媒学院　江苏佳

摘　要　在数智时代，人工智能和大数据迅速改变了新闻传播的生产和消费方式，传统的新闻教育模式面临着前所未有的挑战与机遇。高校作为新闻传播人才的培养基地，必须适应这一变革，通过教学模式的创新与实践探索，培养具备数智技术应用能力与人文素养兼备的复合型人才。本文旨在探讨高校新闻传播教育在数智时代下的转型路径，分析新兴技术对教学模式的影响，提出适应未来新闻行业需求的教育改革策略，以期为新闻传播学科的发展提供参考。

关键词　数智时代；人工智能；新闻传播教育

一、数智时代高校新闻传播教育生态变革

在以人工智能、算法、大数据等技术为代表的数智时代，信息技术迅速发展并渗透到各行各业，新闻传播领域也不例外。作为一门依赖于信息采集、分析、传播的学科，新闻传播学在技术的推动下，正在经历前所未有的变革。这些变革不仅深刻影响了新闻的生产和传播流程，也对新闻传播教育提出了新的要求[1]。

（一）内容生成与新闻生产流程的变革

人工智能技术的发展使得自动化新闻内容生成成为可能。如今，越来越多的新闻机构使用 AI 工具来撰写简单的新闻报道，尤其是在财经新闻、体育报道等数据密集型的领域。AI 不仅能够快速生成内容，还可以自动更新和修正，显著提升新闻生产的效率[2]。

这一技术进步对新闻传播教育提出了新的要求。传统的新闻采写课程，强调的是学生的写作能力和新闻敏感度，但在 AI 背景下，教育者需要重新审视这些技能的价值。未来的新闻从业者不仅需要掌握写作技巧，更需要懂得如何与 AI 协同工作，利用 AI 生成内容，以及管理和监督 AI 的输出。因此，新闻传播教育需要在课程设置上做出调整，引入与 AI 相关的技术培训，让学生在熟悉传统新闻采写的基础上，掌握 AI 工具的使用和新闻内容的自动化生成技术。

(二)大数据与新闻分析

大数据分析是 AI 的重要应用领域之一,而新闻传播业作为信息处理和传播领域,与大数据技术天然契合。AI 可以通过处理海量数据,识别出隐藏的新闻线索和趋势,以帮助新闻从业者做出更精准的新闻报道。这种数据驱动的新闻生产模式,正在改变传统的新闻调查和报道方式。

对于新闻传播教育来说,大数据的应用要求教育者重新设计课程,加入数据科学的基础知识和技能培训。学生需要学习如何使用 AI 工具进行分析数据,挖掘新闻线索,并将数据结果转化为有意义的新闻报道。这不仅拓宽了新闻传播学科的知识体系,也提升了学生的职业素养,使他们能够在未来的职业生涯中适应数据驱动的新闻生产环境。

(三)智能编辑与内容推荐系统

随着信息爆炸时代的到来,新闻传播机构面临的一个重大挑战是如何将海量信息精准传递给目标受众。AI 驱动的智能编辑和内容推荐系统能够基于用户的浏览历史和兴趣偏好,自动推送个性化内容,从而提高信息传播的效率和效果。

这一技术对新闻传播教育的影响是多方面的。首先,学生需要了解智能推荐算法的基本原理,理解它们如何影响新闻内容的分发和传播。其次,学生需要意识到 AI 算法在新闻传播中的伦理问题,特别是算法偏见和信息茧房效应对公共舆论的潜在影响。因此,高校新闻传播教育在教授技术的同时,还应强调对这些技术的批判性理解和伦理思考,培养学生的社会责任感和批判性思维能力[3]。

二、模式创新:高校新闻传播教育的数智化转型

传统的教学模式主要依赖教师的课堂讲授和学生的被动学习,而智能技术的引入,为教学模式的创新和优化提供了新的可能性。通过智能化的教学平台、混合式学习模式以及虚拟现实(VR)和增强现实(AR)技术的应用,新闻传播教育的教学方式正在变得更加多元化、个性化和互动化。

(一)智能化教学平台与工具的应用

人工智能技术赋能的教学平台和工具,极大地改变了新闻传播教育的教学模式。传统课堂往往采用"一刀切"的教学方式,难以满足不同学生的个性化需求。智能化教学平台通过大数据分析和机器学习技术,能够为每位学生提供个性化的学习路径,实时跟踪学习进度,并根据学生的学习情况调整教学内容和难度。

例如,智能辅导系统可以根据学生的学习表现,自动生成个性化的练习题,并提供即时反馈,帮助学生加强薄弱环节的练习。这种个性化的教学方式,有助于提高学生的学习效

果,促进他们的全面发展。对于新闻传播学科,学生可以通过智能平台进行新闻写作、编辑、数据分析等技能的在线练习,得到实时的反馈和改进建议。这不仅提高了学生学习效率,也使教学资源得到了更有效的分配。

此外,智能化教学平台还支持开展远程学习和在线课程,使得学习活动打破了时间和空间的限制,学生可以根据自己的时间安排,灵活选择学习内容。这种灵活性尤其适合需要平衡学业和实践的新闻传播专业的学生。

(二)混合式教学模式

混合式教学模式正在逐渐成为高校新闻传播教育的一种重要形式。如暨南大学新闻与传播学院利用教学团队自建的 MOOC 资源《新媒体文化十二讲》和《融合新闻:通往未来新闻之路》开设的媒介文化课程和融合新闻学课程,探索出了基于"翻转+直播+实训"三维互动逻辑的线上线下混合式教学模式。这一教学模式将传统的面对面授课与在线学习相结合,通过线上线下的互动,为学生提供更加丰富的学习体验[4]。

在混合式教学模式中,学生可以通过在线平台预习课程内容,参与在线讨论,完成在线测验;而课堂时间则用于更深入的讨论、案例分析和实践活动。这种模式充分利用了线上和线下的优势,使得教学更加灵活和高效。新闻传播专业课程可以通过在线平台提供大量的新闻案例和资源,实现学生课前自主学习;而在课堂上,教师继续利用这些案例进行深入剖析,帮助学生加深理解。此外,AI 技术还可以通过分析学生的在线学习数据,帮助教师了解学生的学习进度和难点,从而在课堂上更有针对性地进行教学。对于新闻传播学科的学生来说,这种教学模式不仅有助于学生深入掌握理论知识,同时也培养了他们的批判性思维和实践能力。

(三)虚拟现实与增强现实技术赋能新闻教学

VR 和 AR 技术在新闻传播教育中的应用,为教学模式的创新提供了新的可能性。这些技术可以为学生提供沉浸式、场景化、交互式的学习体验,使他们能够在虚拟环境中进行实践操作,从而大大提高教学效果。

通过 VR 技术,学生可以模拟真实的新闻报道场景,体验从新闻采集、拍摄到编辑、发布的全过程。这种沉浸式的学习方式,能够帮助学生更好地理解新闻生产的每一个环节,并在实践中掌握相关技能。对于那些难以在现实中获得的实践机会,VR 技术提供了一种替代方案,使学生能够在虚拟环境中积累实践经验。AR 技术则可以将虚拟信息叠加到现实世界中,为学生提供全新的学习体验。例如,学生可以通过 AR 设备观看实时的新闻数据分析、3D 模型的新闻报道演示,或者在校园中设置虚拟的新闻事件进行实地报道练习。这种结合了虚拟与现实的教学方式,不仅提升了学习的趣味性,还增强了学生的动手能力和创新思维。

三、实践探索：高校新闻传播教学的体系创新

随着数智技术的迅猛发展，传统的新闻传播学科教学体系显得滞后，亟须从教学内容、师资力量、实践活动、教学评估等多方面、多维度进行更新与优化，以适应时代发展的要求。

（一）教学内容：新闻教育的术与道

新闻传播课程的设计需紧密围绕数智技术的发展，在保留批判性思维、伦理判断和调查报道等核心技能的基础上，着力培养学生运用新技术的能力，培育既具备技术能力又拥有深厚人文素养的复合型人才。课程应引入与人工智能、区块链、虚拟现实等新兴媒体技术相关的内容，如数据新闻、算法新闻和新闻自动化等课程，以帮助学生掌握利用智能技术进行新闻生产的技能。

与此同时，新闻传播教育应突破单一学科的局限，推动跨学科合作。一方面，新闻传播教育应加强与计算机科学、数据科学、信息管理等学科的协作，开设数据分析、机器学习和自然语言处理等课程，以帮助学生在智能时代的新闻实践竞争中打下坚实基础。目前，中国传媒大学、中国人民大学、清华大学等高校已将相关技术课程纳入新闻传播学专业。另一方面，新闻传播教育与社会学、心理学、法学等人文学科的深度融合也不容忽视，这对于探讨技术对社会、文化与伦理具有深远影响。例如，社会学课程可以研究 AI 如何改变媒体中的社会结构与舆论，心理学课程则可以分析 AI 驱动的内容推荐对用户行为的影响。通过这些跨学科课程，学生能够全面理解 AI 技术的复杂性，提升自身综合素养与创新能力。

此外，随着智能技术在新闻传播中的广泛应用而引发的诸如虚假信息、隐私侵犯等社会问题日益凸显，高校新闻传播教育应深化伦理与社会责任教育，培养学生在技术应用中关注其潜在的负面影响的思维。因此，新闻传播专业应通过开设伦理课程，加强技术伦理问题的探讨，深化学生对算法分发加剧信息茧房效应、自动化新闻影响新闻真实性等新闻生产中的伦理困境的认识，引导学生思考如何利用技术服务公共利益和社会福祉，培养学生成为有责任感的技术使用者。

（二）师资力量：能力提升与队伍建设

智能时代对教师的技术素养和教学能力也提出了更高的要求。随着智能技术在新闻传播领域的广泛应用，提升教师的技术素养与教学能力，以及建立有效的人机协作教学模式，成为当下教学改革的核心。

教师必须掌握基本的 AI 技术和工具。高校应为专业教师提供相关培训，帮助他们熟悉和应用如数据分析、自然语言处理和机器学习等技术。教师需了解智能技术涉及的计算机科学、数据科学和伦理学等学科的基础知识与发展前沿，增强多学科背景下的教学能力。高校还应当鼓励教师参与行业合作与实践研究，提升教师的行业敏感度和教学经验。此外，考虑新闻传播学的跨学科属性，教师队伍中应当适量加入新闻传播学科之外的，如社会学、

心理学、计算机科学、信息管理等科学背景的专业教师,从师资层面实现多学科交融。

(三) 实践活动:校企联动共创平台

在智能时代,高校新闻传播教育不仅要依赖理论教学,还需要通过实践教学与行业联动,培养学生的实际操作能力和职业素养。实践教学是新闻传播教育的重要组成部分,通过与行业的深度合作,高校可以为学生提供接触实际新闻工作环境的机会,使学生更好地理解行业需求和发展趋势。

首先,高校可以与新闻媒体、科技公司等行业机构建立战略合作伙伴关系,共同开发和设计新闻传播专业的课程内容。高校可以建立新闻传播创新实验室,配备先进的新闻生产工具和AI技术设备,为学生提供一个模拟真实新闻环境的实验平台,使其体验到新闻生产的各个环节。其次,高校还可以邀请行业专家和从业人员到校授课或举办工作坊,让他们与学生分享他们的工作经验和行业见解。最后,高校可以通过组织学生到合作的新闻机构、科技公司进行实习,或者参与实际项目的开发,让学生在真实的工作环境中运用所学知识,解决实际问题。

(四) 教学评估:反馈机制的精准化和个性化

传统的教学评估方法往往依赖于定期的考试和课程反馈,人工智能技术的引入,使得高校能够通过智能评估工具,实时监测和分析学生的学习进度和表现,从而为每个学生提供个性化的学习反馈。这些智能评估工具不仅能够提高评估的效率,还能够帮助教师更好地了解学生的学习状况,进而做出有针对性的教学调整。智能评估系统可以通过数据分析技术,实时收集和处理学生在学习过程中的作业完成情况、课堂参与度、考试成绩、在线学习活动等各类数据。智能评估工具还可以进行自适应测试,根据学生的表现动态调整测试难度,从而更精准地评估学生的真实能力。

基于此,个性化学习路径的设计与实施成为可能。传统的教学模式往往采用统一的课程进度和学习目标,难以满足不同学生的个性化需求。而AI技术的应用,能够为每位学生设计个性化的学习路径,帮助他们在最适合的学习环境中取得最佳的学习效果。例如,基于AI的学习管理系统可以根据学生的学习风格、兴趣爱好和学习表现,为他们定制个性化的学习计划;混合式教学模式,通过线上线下结合的方式,实现灵活的学习进度安排。

四、结 语

在智能技术迅猛发展的时代,高校新闻传播教育正迎来前所未有的深刻变革。智能技术不仅为教学内容和模式的创新提供了丰富的工具与平台,也为师资建设和实践教学的行业联动打开了新的局面。然而,伴随技术的进步,新闻传播教育还需正视并解决日益凸显的伦理与隐私问题。

因此,新闻传播教育的未来不仅在于技术的革新,更在于技术与人文的深度融合。高校应以创新为驱动,持续推进教学改革,探索更具前瞻性的教学方法和策略,确保学生在智能时代中不仅具备领先的技术能力,还能肩负起社会责任。唯有通过这种全方位的教育革新,新闻传播学科才能在智能时代绽放光彩,为社会输送应对复杂挑战、引领行业进步的卓越人才。

参考文献

[1] 任孟山,甘凌博.人工智能变局下新闻传播教育革新:基于技术社会学视角的考察[J].现代出版,2024(07):9-19.

[2] 郑满宁.人工智能技术下的新闻业:嬗变、转向与应对——基于ChatGPT带来的新思考[J].中国编辑,2023(04):35-40.

[3] 彭兰.算法社会的"囚徒"风险[J].全球传媒学刊,2021,8(01):3-18.

[4] 刘涛."翻转+直播+实训":新闻传播学类课程的混合式教学模式探索[J].新闻与写作,2020(09):78-84.

构建以学生为中心的大学物理实验课程体系与实践

北京信息科技大学　理学院　李　伟

摘　要　本文旨在探索并实践一套以学生为中心的大学物理实验课程体系,全面培养学生的基础实验能力、科学思维及创新精神。该体系在传统物理实验课程体系的基础上进行针对性改进,特别聚焦于课前预习、实际操作与数据处理三个关键环节,以确保改进机制既有效又便于实施。课前预习环节引入互动式预习材料,结合多媒体与虚拟仿真技术,可提高学生的自主学习能力。实际操作环节是体系改进的重点,通过强调"做中学"的教学理念,优化实验设计、提供个性化指导及引入智能实验设备,注重培养学生的问题解决能力,主动探索物理现象背后的科学原理。数据处理环节引入现代化数据处理软件与工具,教授学生如何科学地收集、整理、分析实验数据,并培养其批判性思维能力。通过改进这三个关键环节,有效提升学生的学习兴趣、实践能力与创新能力,有效培养学生基础能力。

关键词　以学生为中心;大学物理实验;课程体系改革;做中学;个性化指导

一、引　言

学生的基础实验能力不仅是其专业素养的重要组成部分,更是其未来在科研、工程等领域中创新与实践的基石。物理实验作为理工科教育体系中不可或缺的一环,对于培养学生的观察分析、动手能力和创新思维具有不可替代的作用。然而,传统物理实验课程体系存在诸多不足,主要表现在:一是教学内容陈旧,难以跟上学科发展的步伐;二是教学方法单一,缺乏互动性和创新性;三是实验设备落后,难以满足现代实验教学的需求;四是评价体系不完善,过于注重基础实验的验证和理论知识的传授而忽视实验过程和学生能力的培养。这些问题严重制约了学生实验能力的提升和创新思维的发展。

在国内,大学物理实验课程体系逐步向多元化和现代化发展,很多高校开始注重大学物理实验课程体系的创新,通过引进先进的实验设备和技术手段,提升实验教学的质量和效果。然而,从整体上看,国内大学物理实验课程体系仍需进一步优化和完善,以适应新时代对理工科人才培养的需求。[1]国外大学物理实验课程体系相对较为成熟和多样化,许多高校注重实验教学的创新性、实践性、开放性和灵活性,通过开设跨学科实验课程、引入前沿科技项目等方式,鼓励学生自主选择实验项目和研究方向,培养其独立思考和解决问题的创新能力。

随着信息技术的飞速发展,其在大学物理实验课程中的应用日益广泛。[2]一方面,信技术为实验教学提供了丰富的资源和手段,如虚拟仿真实验、在线课程、实验数据处理软件等;另一方面,信息技术还促进了实验教学的创新和发展,如翻转课堂、混合式教学等新型教学模式。这些应用不仅提高了实验教学的效率和效果,还拓宽了学生的学习视野和思维空间。未来,随着人工智能技术的不断发展,智能化实验教学将成为可能。通过引入智能教学系统和机器人等设备,可以实现实验教学的自动化和个性化。通过整合线上线下资源、优化教学流程、参与前沿科技项目和跨学科实验课程等方式,实现实验教学的全面升级和革新。

近年来,以学生为中心的教育理念在全球范围内得到了广泛的关注和推广。这一理念强调学生在教学过程中的主体地位和主动性,在教学过程中尊重学生的主体地位和个性化需求,关注学生的全面发展和创新能力培养。在大学物理实验课程中,以学生为中心的实验课程设计注重激发学生的兴趣和好奇心,通过引入实际问题和情景模拟等方式,引导学生主动探索和学习。利用小组合作、实验分析等新型教学方法,建立多元化、过程性的评价体系,不仅关注实验结果,更重视实验过程、学生表现和创新能力的评价。[3]

本文的目的是构建一套以学生为中心的大学物理实验课程体系,并聚焦于课前预习、实际操作和数据处理三个环节。将针对传统物理实验课程体系的不足,提出切实可行的改进方案,包括设计互动式预习材料、引入虚拟仿真技术、优化实验设计、提供个性化指导、引入现代化数据处理软件与工具等。尊重并关注学生的个体差异和兴趣需求,设计符合学生认知水平和发展特点的教学活动。在这一理念下,教师不再是单纯的知识传授者,而是学生学习的引导者和促进者,负责为学生提供必要的学习资源和支持,帮助学生实现自我发展和成长。同时,本文还将关注改进机制的实施效果,确保其既有效又便于推广。

二、构建以学生为中心的大学物理实验课程体系

(一)课前预习环节

通过课前预习,学生可以提前了解实验目的、原理、步骤和注意事项等内容,使听课时更加有针对性,提高课堂学习效率。课前预习要求学生主动获取知识和信息,这有助于培养学生的自主学习能力和终身学习习惯。课前预习过程中,学生可能会遇到一些难以理解的问题或产生新的疑问,这有助于激发他们的学习兴趣和求知欲。

1. 互动式预习材料的设计与开发

互动式预习材料应涵盖实验原理、背景知识、实验步骤、注意事项及预期结果等方面,同时融入互动元素,如问题导向的学习任务、案例分析、模拟操作等,以激发学生的思考和学习兴趣。利用视频、动画、图表等多媒体形式呈现实验内容和过程,使互动式预习材料更加生动直观,易于理解。根据学生的专业背景、学习水平和兴趣偏好,设计不同难度和深度的互动式预习材料,满足学生的个性化需求。

2. 虚拟仿真技术的应用

开发虚拟仿真实验平台,让学生在课前预习阶段就能通过虚拟环境模拟实验操作过程,熟悉实验设备和步骤,减少实际操作中的错误和风险。虚拟仿真系统能够即时评估学生的操作并给出反馈,帮助学生及时纠正错误,加深对知识的理解。

3. 预习效果评估与反馈机制

设计在线预习测试题目,通过系统自动评分和即时反馈,评估学生的预习效果。要求学生提交预习报告或学习心得,教师根据报告内容给予个性化反馈和指导。建立预习讨论区或社交媒体群组,鼓励学生分享预习心得、提问和解答疑惑,形成良好的学习氛围。

(二) 实际操作环节

通过实际操作实验器材、观察实验现象并记录实验结果,学生可以更直观地理解物理概念和原理,为他们将来从事科研工作或工程实践打下坚实基础。在实验过程中,学生可能会发现新的现象或问题,这有助于激发他们的创新思维和探究精神。

1. 实验设计的创新性与实用性

设计跨学科实验项目,将大学物理实验与其他学科(如光电、信息、机械、自动化等)相结合,培养学生的综合应用能力和创新思维。选择与学生生活密切相关的实验项目,增强实验的实用性和趣味性,激发学生的学习兴趣。

2. 个性化指导与智能实验设备的引入

教师根据学生的学习情况和实验表现,提供个性化的指导和建议,帮助学生解决实验中遇到的问题。引入智能实验设备和传感器技术,实现实验过程的自动化和智能化,减轻学生的操作负担,提高实验效率和安全性。

3. 团队合作与问题解决能力的培养

鼓励学生以小组合作的形式进行实验,通过分工合作、讨论交流等方式共同完成实验任务。在实验过程中设置一些挑战性问题或故障情境,引导学生通过团队合作和自主思考解决问题,培养其问题解决能力和团队协作能力。

(三) 数据处理环节

通过科学的数据处理方法可以减小测量误差和随机误差等因素的影响,提高实验数据的可靠性和准确性。数据处理结果可以为实验结论的推导提供有力支持,使结论更加科学合理。准确可靠的数据处理结果为后续的研究提供了有价值的参考信息,有助于推动学科领域的发展。

1. 现代化数据处理软件与工具的教授

利用人工智能或数据处理软件(如 Excel、Origin、MATLAB 等)和工具,教授学生如何使用这些软件进行数据收集、整理和分析。通过实际案例演示数据处理过程和方法,帮助学生掌握数据处理的基本技能。

2. 数据收集、整理、分析的科学方法

教授学生如何准确、规范地记录实验数据,确保数据的可靠性和准确性。引导学生对数据进行分类、排序和清洗等预处理工作,为后续分析打下基础。教授学生运用统计学和数学方法对数据进行深入分析,提取有用信息并形成科学结论。

3. 批判性思维能力的培养

引导学生对实验结果进行客观评估和科学解释,培养其批判性思维和科学精神。组织学生对实验结果进行讨论和交流活动,鼓励其提出不同观点和见解,促进其批判性思维能力的提升。

三、实践案例与效果评估

(一)实践案例选取与实施过程

1. 选取典型物理实验项目

为全面验证以学生为中心的教学改革效果,可以选取涵盖力学、电磁学、光学等多个领域的典型物理实验项目,如"杨氏模量的测定""惠斯通电桥测电阻""光栅的衍射"等。这些实验项目既具有代表性,又能有效考查学生的实验能力和创新思维。

2. 实施以学生为中心的教学改革

按照上述提出的方案,准备互动式预习材料和开发虚拟仿真实验平台,确保学生在实验前对实验原理、步骤和注意事项有充分了解。在实验设计中融入创新性和实用性元素,引入智能实验设备,加强个性化指导和团队合作,提高实验的趣味性和实效性。教授现代化数据处理软件与工具的使用方法,引导学生掌握科学的数据收集、整理和分析方法,培养学生批判性思维。

(二)效果评估方法与指标

1. 学生实验能力前后测对比

在实验教学改革前后,分别对学生进行实验能力测试,包括理论知识掌握情况、实验操作技能、数据处理与分析能力等方面。通过对比分析,评估教学改革对学生实验能力的提升效果。

2. 学生学习兴趣与参与度调查

采用问卷调查、访谈等方式,收集学生对物理实验课程的学习兴趣、参与度及满意度等方面的数据。通过分析这些数据,了解教学改革对学生学习态度的影响。

3. 教师与学生反馈收集与分析

定期收集教师与学生的教学反馈意见,包括教学方法、课程内容、实验设备等方面。通过整理和分析这些反馈意见,发现教学过程中的问题和不足,为后续的教学改革提供参考。

(三) 实践成果与经验总结

1. 学生基础实验能力的提升情况

经过以学生为中心的教学改革实践,考查学生的基础实验能力提升情况。具体表现为实验操作技能是否更加熟练、数据处理与分析能力是否增强、创新思维和团队协作能力是否得到培养等。

2. 研究教学改革中的亮点与不足

互动式预习材料和虚拟仿真技术的应用是否有效提高学生的课前预习效果和实验兴趣;个性化指导和智能实验设备的引入是否满足了学生的个性化需求;团队合作和问题解决能力是否得到了充分的培养,是否促进了学生的全面发展;考查学生在课前预习环节是否缺乏主动性和自觉性;进一步提升部分实验设备的智能化程度;要求教师在个性化指导方面加强针对性。

3. 可供借鉴的经验与启示

课前预习是实验教学的重要环节之一,应充分利用现代技术手段提高学生课前预习效果。引入智能实验设备可以提高实验效率和安全性,降低教师的工作负担。教师应密切关注学生的学习状态和反馈意见,及时调整教学策略和方法,以满足学生的学习需求。实验教学不仅要注重学生的实验技能培养,还要关注学生的创新思维、团队协作和批判性思维等综合素养的提升。

四、结论与展望

(一) 结论

本文通过构建以学生为中心的大学物理实验课程体系,并对课前预习、实际操作、数据处理三个环节进行改进。该体系注重学生的个性化需求和主体地位,通过互动式预习、创新性实验设计、个性化指导和智能实验设备的引入等手段,提高实验教学的质量和效果,拟提高学生的实验能力、学习兴趣和参与度,分析以学生为中心的教学理念在物理实验课程中的有效性和可行性。

互动式预习材料和虚拟仿真技术的应用可提高学生的预习效果和实验兴趣。通过课前预习,学生能够更好地理解实验原理,熟悉实验步骤和注意事项,为实际操作打下了坚实基础。实验设计的创新性与实用性和个性化指导与智能实验设备的引入,使得实验操作更加生动有趣,同时也提高了实验的安全性和效率。学生在实际操作过程中能够充分发挥主观能动性,培养其创新思维和团队协作能力。现代化数据处理软件与工具的教授,以及科学的数据收集、整理和分析方法的传授,使学生掌握有效的数据处理技能。本文对于学生基础实验能力的培养具有积极作用,能够帮助学生更好地掌握实验技能和方法,培养其创新思维和团队协作能力。同时,本文也为大学物理实验课程改革提供了有价值的参考和借鉴,对于推动大学物理实验教学的创新和发展具有重要意义。

(二) 展望

随着信息技术的不断发展,如何将其更深入地融入大学物理实验课程中,提高教学效率和效果,是未来研究的重要方向。例如,开发更加智能化的虚拟仿真实验平台,利用大数据和人工智能技术优化教学资源的配置等。为了培养学生的综合素养和创新能力,可以进一步开发跨学科实验项目,将物理实验与其他学科相结合,形成综合性的实验课程体系。这将有助于拓宽学生的知识视野,提高其综合运用知识解决实际问题的能力。除注重学生实验技能的培养外,还应注重学生的创新能力和综合素质的培养,同时关注学生的心理健康和人文素养的培养,促进其全面发展。

参 考 文 献

[1] 王海科. PBL教学模式在大学物理实验教学中的设计与实践——以"分光计的调整和使用"为例[J]. 大学物理实验,2024,37(3):124-127.

[2] 潘葳,叶曦,陈列文,等. 面向高阶思维训练的实验教学模式设计与实践[J]. 物理与工程,2024,34(2):46-53.

[3] 万志龙,谢金楼,王刚,等. 大学物理实验线上线下混合式教学探究[J]. 中国教育技术装备,2024(12):106-110.